臺灣歷史與文化 研究輯刊

二 編

第 21 冊

閩臺唸歌研究（上）

吳 姝 嫱 著

花木蘭文化出版社

國家圖書館出版品預行編目資料

閩臺唸歌研究（上）／吳姝嬙 著 — 初版 — 新北市：花木蘭
文化出版社，2013〔民 102〕
目 2+228 面：19×26 公分
（臺灣歷史與文化研究輯刊 二編：第 21 冊）
ISBN：978-986-322-245-3（精裝）
1. 臺灣文學　2. 說唱文學　3. 文學評論
733.08　　　　　　　　　　　　　　　102002854

ISBN-978-986-322-245-3

9 789863 222453

臺灣歷史與文化研究輯刊
二　編　第二一冊　　　　　　ISBN：978-986-322-245-3

閩臺唸歌研究（上）

作　　者　吳姝嬙
總 編 輯　杜潔祥
出　　版　花木蘭文化出版社
發 行 所　花木蘭文化出版社
發 行 人　高小娟
聯絡地址　235 新北市中和區中安街七二號十三樓
　　　　　電話：02-2923-1455／傳真：02-2923-1452
網　　址　http://www.huamulan.tw 信箱 sut81518@gmail.com
印　　刷　普羅文化出版廣告事業
初　　版　2013 年 3 月
定　　價　二編　28 冊（精裝）新臺幣 56,000 元

閩臺唸歌研究(上)

吳姝嬙　著

作者簡介

吳姝嬙，臺灣新北市人，生於一九七四年，中國文化大學中國文學博士，目前於中國文化大學中國文學系、真理大學臺灣文學系擔任兼任助理教授，研究專長為民間文學、通俗文學以及華語文教學。著有博士論文《閩臺唸歌研究》、碩士論文《賽夏族民間故事研究》以及〈歌仔冊「大舜耕田坐天歌」試探〉、〈魯迅小說中的女性關懷〉、〈賽夏族的洪水神話〉等論文。

提　　要

　　「唸歌」，是盛行於閩南及臺灣一帶的說唱藝術。它於清道光年間已經存在，二百多年來，深入民眾的生活，不僅是人們重要的生活娛樂，也發揮了勸善教化、新聞傳播、政治宣導、宗教宣揚、歷史傳述等種種的社會功能。它的題材非常豐富，有大量的民間故事，還有新聞、歷史、宗教、政治、禮俗、敘情等各類題材，傳統與現代並蓄，蘊含了豐富的文化內涵。它的表演型態隨著時代變遷不斷地改變，閩南和臺灣因為文化和政治環境的差異，也漸漸發展出各具特色的表演型態和內容。本論文運用當代豐富的文獻和研究成果，並透過長時間的田野調查，深入探究「唸歌」發展的脈絡、文學的內涵、社會的功能、表演的型態、說唱者的經歷及唸歌當前的現況，對「唸歌」進行總體的研究和探討。

上 冊

目
次

第一章　緒　論

第一節　研究的動機和目的

　　「唸歌」，是盛行於閩南及臺灣一帶的說唱藝術。它於清道光年間（清宣宗 1821～1850）已經存在〔註1〕，兩百多年來，深入民眾的生活，不僅是人們重要的生活娛樂，也發揮了勸善教化、新聞傳播、政治宣導、宗教宣揚、歷史傳述等種種的社會功能。它的題材非常豐富，有大量的民間故事，還有新聞、歷史、宗教、政治、禮俗、敘情等各類題材，傳統與現代並蓄，蘊含了豐富的文化內涵。它的表演型態隨著時代變遷不斷改變，閩南和臺灣因為文化和政治環境的差異，也漸漸發展出各具特色的表演型態和內容。唸歌的傳播方式除了立體的說唱活動之外，因為廣受民眾喜愛，連帶也促使唱本——「歌仔冊」〔註2〕和唱片、錄音帶等相關商品的發行和暢銷。

　　「唸歌」早期被視為俚俗的表演活動，甚少受到重視。日治時期，日人伊能嘉矩在一九二八年出版的《臺灣文化志》中甚至稱它為「俚俗歌謠」，認為它的內容低俗卑下〔註3〕。但一九三二年發行的歌仔冊《好笑歌》附錄的〈好笑歌卷尾評〉〔註4〕卻說道：

〔註1〕　見本論文第六章，頁141～142。

〔註2〕　又稱「歌仔簿」。

〔註3〕　伊能嘉矩：〈講古・演戲及び歌謠〉，《臺灣文化志》第5編第6章附錄（日本東京：刀山書院，1928年初版，1965年8月複刻本）中卷，頁211。

〔註4〕　《好笑歌》（臺北市日新町：林文德，昭和7年（1931）），臺灣大學圖書館「楊雲萍書庫」入藏。〈好笑歌卷尾評〉雖未署名，然該文九年後見於林清月的〈歌謠拾遺〉《風月報》107期（1940年4月15日）頁8～9。

俗歌真天籟也，出自村夫村婦之口，歌意風雅，別開生面，性靈傳神，其所以能致此者，非全無因，大凡農村之青年，男女自幼，即為山水生涯，受新鮮之空氣，觀宇宙之大，察月日星辰之躍升，長靈聖之區，日夕與山花水禽為伍，養成自然之詩思，而所發出之歌謠，多是天真爛漫，遠勝描寫，情微至善至美，誰謂俗歌無研究之價值乎？

由文字的風格推測作者應是一個知識份子，他沒有使用歌仔冊慣用的閩南語擬音字，而以古文寫作該篇「評介」，從民間文學和通俗文學的角度，稱讚唸歌（即文中所稱的「俗歌」）具有自然天真的特色，並且提出「誰謂俗歌無研究之價值乎？」肯定了唸歌的研究價值。但是，當時尚無研究唸歌的紀錄。

一九三三年連橫於《雅言》中提到：

「孔雀東南飛」為述事詩，猶今之彈詞也。台南有盲女者，挾一月琴，沿街賣唱；其所唱者，為「昭君和番」、「英台留學」、「五娘投荔」，大多男女悲歡離合之事。又有采拾臺灣故事，編為歌辭者，如「戴萬生」、「陳守娘」及「民主國」，則西洋之史詩也。今之文學家，如能將此盲詞而擴充之，引導思潮、宣通民意，以普及大眾；其於社會之教育，豈偶然哉！〔註5〕

由演唱的型態、樂器和曲目來看，連橫所說的「盲詞」即是「唸歌」，他也已經注意到唸歌的文學價值和社會功能。後來陸續有幾位日本人開始對唸歌感到興趣，進行蒐集、紀錄的工作，如平澤丁東〔註6〕、片岡嚴〔註7〕、東方孝義〔註8〕、稻田尹〔註9〕等人。一九四一年稻田尹更發表了第一篇專門研究唸歌的文章〈臺灣の歌謠に就て〉〔註10〕，探討唸歌的形式、分類和歌仔冊的出版狀況。

〔註5〕 連橫：《雅言》（臺北：臺灣銀行經濟研究室，臺灣文獻叢刊第166種，1963年2月），頁36。後收於《連雅堂先生全集：臺灣語典雅言》（南投：臺灣省文獻委員會，1922年3月）。

〔註6〕 平澤丁東：《臺灣の歌謠と名著物語》（臺北：晃文館，1917年2月），後來收於妻子匡編：《亞洲民俗・社會生活專刊》，第78、79冊，封面書名改為《六十年前臺灣俗文學》（臺北：東方文化書局，1976年）。

〔註7〕 片岡嚴：《臺灣風俗誌》（臺北：臺灣日日新報社，大正10年（1921））。

〔註8〕 東方孝義：《臺灣習俗》（臺北：同仁研究會，昭和17年（1942）10月）。

〔註9〕 稻田尹：《臺灣歌謠集》（臺北：臺灣藝術社，昭和18年（1943）4月）。

〔註10〕 稻田尹：〈臺灣の歌謠に就て〉，《臺灣時報》第25卷第1期（臺北：臺灣時報社，1941年1月），頁86～90。

　　國民政府來台以後，臺灣的知識份了，黃得時、賴建銘、工育德、吳瀛濤等人也相繼投入研究。一九五二年，黃得時在〈臺灣歌謠之形態〉〔註11〕一文中討論臺灣歌謠的體制、曲調，其中包含唸歌。一九五八年，賴建銘於〈清代臺灣歌謠〉〔註12〕刊出他所收藏的唸歌唱本，並有導讀和註解。一九六○至一九六四年間，王育德於日本的《臺灣青年》發表「臺灣話講座」，第十七講至第二十講以唸歌的唱本「歌仔冊」為主題〔註13〕，從歷史、語言、文化的角度進行探討，他是第一位將「歌仔冊」定位為「臺灣人的文化遺產」的學者〔註14〕。一九七五年，吳瀛濤在《臺灣諺語》〔註15〕一書對唸歌的形式和內容作概要性的介紹，並予以分類。

　　由於早期研究者的努力，開啓了唸歌的研究道路。另一方面因為社會的快速現代化，「唸歌」面臨消失的危機，政府、研究單位以及文化工作者，無不致力於「唸歌」的保存、研究和推廣。近年來，由於許多珍貴的文獻得以公諸於世，如中研院傅斯年圖書館、臺灣大學圖書館、國家圖書館均將珍貴的「歌仔冊」製成微捲；中央研究院「歷史語言研究所」將一百四十二本的歌仔冊影本收入《俗文學叢刊》〔註16〕；「臺灣大學圖書館」將「楊雲萍文庫」的四百餘本歌仔冊翻拍成數位影像，公開於「臺灣大學典藏數位計畫資源中心」〔註17〕的網站；王順隆與中央研究院的計算中心合作，將他個人蒐得的

〔註11〕黃得時：〈臺灣歌謠之形態〉，《文獻專刊》第 3 卷第 1 期（臺北：臺灣省文獻會，1952 年 5 月 27 日），頁 1～17。（臺北：成文出版社，1983 年影印本）。

〔註12〕賴建銘於：〈清代臺灣歌謠〉（上），《臺南文化（舊刊）》第 6 卷第 1 期（臺南：臺南市文獻委員會，1958 年 8 月 31 日），頁 66～71。〈清代臺灣歌謠〉（中）《臺南文化（舊刊）》第 6 卷第 4 期（臺南：臺南市文獻委員會，1959 年 10 月 1 日），頁 87～89。〈清代臺灣歌謠〉（下）《臺南文化（舊刊）》第 7 卷第 1 期（臺南：臺南市文獻委員會，1960 年 9 月 30 日），頁 85～92。（臺北：成文出版社，1983 年影印本）。

〔註13〕王育德：〈談歌仔冊（I）（II）（III）（補講）〉，《王育德全集 3：臺灣話講座（華文譯版）第 18 講》（臺北：前衛出版社，2000 年 4 月），頁 179～223。

〔註14〕丁鳳珍：《「歌仔冊」中的臺灣歷史詮釋──以張丙、戴潮春起義事件敘事歌為研究對象》（臺中：東海大學中國文學研究所博士論文，民國 93 年），頁 35～36。

〔註15〕吳瀛濤：《臺灣諺語》（臺北：台灣英文出版社，民國 90 年 5 月 13 日）。

〔註16〕《俗文學叢刊》第 362 冊至 366 冊（臺北：中央研究院歷史語言研究所、新文豐出版公司，民國 93 年 10 月）。

〔註17〕「臺灣大學典藏數位計畫資源中心」網站說明：「本館典藏之歌仔冊來源有二：其中大宗為楊雲萍文庫之典藏，共有六百餘種，包括臺灣與大陸出版者。少部分則為彰化縣溪湖鎮宿儒者老楊水先生之收藏。出版時間甚早，多為五

八百多本歌仔冊建立「閩南語俗曲唱本「歌仔冊」全文資料庫」〔註18〕；「國家臺灣文學館」將該館典藏的歌仔冊電子化後，建置「台灣民間文學歌仔冊資料庫」〔註19〕，均為唸歌的研究提供了豐富的材料。

　　許多學者紛紛投入唸歌的研究，從文學、歷史、語言、禮俗、性別、傳播等各種研究角度著手，提出許多重要的研究成果，並開展了寬廣的研究視角。因此，本論文擬運用當代豐富的文獻和研究成果，探究「唸歌」發展的脈絡、文學的內涵、社會的功能、表演的型態、說唱者的經歷及唸歌當前的現況，對「唸歌」進行總體的研究和探討。

第二節　研究的範圍和方法

　　「唸歌」所處的時代，從清代至今，歷經了政治和社會環境劇烈的變遷。它根植於民眾的生活，隨著時空的更迭，為了適應各種不同的環境，發展出豐富的面貌。它從立體的說唱表演，發展出唱本、廣播電台和視聽產品等多樣的傳播方式，在民眾的生活中產生深刻的影響。

　　本論文的研究範圍，包括唸歌各種傳播的形式和內容，試圖探索它於兩百多年間的興衰起落、文學的價值及其在社會中發揮的功能。研究的材料主要有以下幾類：

　　一、文獻資料

　　二、唱本（歌仔冊）

　　三、視聽資料

十年以前出版者。」目前已公開的歌仔冊數位影像共有四百餘本，為彩色影像檔，可以清楚見到唱本的原貌，對唸歌的研究貢獻極大。見「臺灣大學典藏數位計畫資源中心／臺灣大學典藏數位化計畫／臺灣文獻文物／歌仔冊」網址：http://www.darc.ntu.edu.tw/。

〔註18〕王順隆先生的歌仔冊來源，他在該資料庫的「序言」清楚說明：「『英國牛津大學東方圖書館』、『中央圖書館台灣分館』、『傅斯年圖書館』及『日本國立亞非語言文化研究所』等公家機構都曾提供館藏的『歌仔冊』影本；而私人方面則有台灣文史學家黃天橫先生、劉峰松先生、杜建坊先生，廈門的答嘴鼓曲藝家林鵬翔先生、陳勁之先生，日籍樋口靖教授、波多野太郎教授及三田裕次先生，自由時報記者林良哲先生等人也都不吝惠賜個人私藏的「歌仔冊」副本或相關資料給予筆者。除了家藏的數十種戰後出版的唱本之外，以上這些典藏就是本資料庫原稿的主要來源。」（王順隆2002年修訂）見「閩南語俗曲唱本「歌仔冊」全文資料庫」，網址：http://hanji.sinica.edu.tw/?tdb=kua-a-chheh。

〔註19〕參見「國家臺灣文學館」網站，網址：http://www.nmtl.gov.tw/。

四、田野調查紀錄

除了文獻與文本，「視聽資料」和「田野調查紀錄」亦是本文重要的研究材料。唸歌的唱片、錄音帶、錄影帶乃至近年來發行的 CD、DVD、有聲書，還有公開於網路的影音檔，它們在形式和內容的表現上與書面的「歌仔冊」呈現極大的差異，在社會中扮演的角色和發揮的功能也多有不同，因此它們也是本論文重要的研究對象。另外，本研究採用「田野調查」的方式，於 2007 年至 2011 年間採訪北部說唱者，包括楊秀卿、王玉川、鄭來好、陳美珠、王寶貴、洪瑞珍等人，並觀察唸歌表演團體如「洪瑞珍唸歌團」、「臺灣唸歌團」、「楊秀卿說唱藝術團」等的運作，深入瞭解其表演的方式、歷程和背景，並且實地觀察現今唸歌的表演型態，運用第一手的「田野調查紀錄」，期能使本論文對唸歌的研究提出具有貢獻性的研究成果。

第三節　唸歌的定義

「唸歌」是以閩南語為表達語言的說唱藝術，以「七字句」說唱民間故事為主，盛行於閩南及臺灣。

「唸歌」又稱「歌仔」，過去又有「歌詩」、「七字仔」、「勸世歌」、「勸世文」、「閑仔歌」、「俗謠」〔註20〕、「長歌」、「雜唸」、「博歌」〔註21〕、「俗歌」〔註22〕、「雜謠」〔註23〕等各種異名。其中以「歌詩」、「歌仔」、「唸歌」最具代表性。

一、「歌詩」

從出版時間較早的大陸歌仔冊中，可以看到當時多以「歌詩」一詞稱之，

〔註20〕 「閑仔歌」、「俗謠」，可見於平澤丁東：《臺灣の歌謠と名著物語》（臺北：晃文館，1917 年 2 月），後來收於婁子匡編《亞洲民俗・社會生活專刊》第 78、79 冊，封面書名改為《六十年前臺灣俗文學》（臺北：東方文化書局，1976 年）。

〔註21〕 「長歌」、「雜唸」、「博歌」，可見於陳鏡波：《臺灣の歌仔戲の實際考察と地方男女に及ぼす影響》，《臺灣教育》第 346 期（1931 年 6 月），頁 59～63。第 347 期（1931 年 7 月），頁 107～110。

〔註22〕 「俗歌」，可見於東方孝義：《臺灣習俗》（臺北：同人研究會，昭和 17 年（1942），頁 216～241。

〔註23〕 「雜謠」，可見於稻田尹：〈臺灣の歌謠に就て〉，《臺灣時報》第 25 卷第 1 號（臺北：臺灣時報社，1941 年 1 月），頁 86～90。

如：

> 「聽唱大舜一歌詩，古今第一有孝義」〔註24〕

> 「且唱杏元一歌詩，梅開二度先起致」〔註25〕

> 「唱出江南一歌詩，大明天下嘉靖時」〔註26〕

> 「聽唱本朝一希奇，殺子報冤新歌詩」〔註27〕

閩南語的「歌詩」一詞，即漢語的「詩歌」，為韻文體製的總稱，用於指稱特定的地方曲藝，易造成混淆，並不恰當，但是，閩南民眾借以稱之，約定俗成，也就沿用成習了。

二、「歌仔」

「歌仔」，即漢語的「歌」。閩南語於單字名詞之後經常加上語末助詞「仔」，如「妹仔」、「竹仔」、「鞋仔」等，用以表達較輕鬆、不具嚴肅性的語氣。因此在閩南語裡，「歌仔」較「歌詩」一詞更為通俗。大陸歌仔冊裡已有「歌仔」一詞，如：「下本歌仔接上本」〔註28〕，「通俗歌仔有典謨」〔註29〕等，但仍不普遍。隨著歌仔冊的內容與用語愈來愈口語化、俚俗化，它逐漸取代了「歌詩」。出版時間較晚的臺灣歌仔冊裡已普遍可見「歌仔」一詞，如：

> 「六集歌仔到者（這）盡，七集即（才）有刣（殺）奸臣」〔註30〕

> 「舊色歌仔人無愛，皆換歌仔編日臺」〔註31〕

> 「歌仔我有編恰（較）加（多），兄弟恁着听常細（仔細）」〔註32〕

> 「歌仔好呆（壞）在（由）人作，我念分（的）歌勸人好」〔註33〕

「歌仔」在閩南語裡，本是歌謠的總稱；若欲指稱歌謠的細類，則往往於類別詞之後連綴「歌仔」，如：「流行歌仔」、「日本歌仔」。閩南社會稱呼以七字

〔註24〕《大舜耕田歌》（廈門：博文齋，出版時間待考）。

〔註25〕《梅開二度新歌》（廈門：會文堂，出版時間待考）。

〔註26〕《玉堂春廟會歌》上本（廈門：博文齋，出版時間待考）。

〔註27〕《通州奇案殺子報歌》（上海：開文書局，出版時間待考）。。

〔註28〕《黃鶴樓新歌》（出版處、出版時間待考）。

〔註29〕《人之初歌》（廈門：會文堂，民國21年）。

〔註30〕梁松林：《新編大明節孝歌》（臺北：周協隆書局，昭和10年（1935））。

〔註31〕《國語白話歌》（臺北：周協隆書局，昭和13年（1938））。

〔註32〕林阿頭：《綠牡丹》，（新竹：竹林書局，民國45年）。

〔註33〕《百花相襄歌》（新竹：竹林書局，民國45年）。

句爲主的閩南語俗曲，並未沿襲上述的造詞習慣，而以總稱「歌仔」稱呼它。
這個現象，王順隆於討論臺灣俗曲時說道：

> 臺灣舊有的民間歌謠一直都是以傳統的曲調、旋律配上新詞。亦
> 即，一九三二年之前在台灣總的來說只有一種民間俗曲存在，如平
> 澤氏所稱的「閑仔歌」；片岡嚴所稱的「雜唸」等。在創作歌謠誕
> 生之前，所有的臺灣俗曲因彼此之間的形態特徵不明顯，故無須加
> 以分類，也難以分類，而臺灣民間就以一般名詞的「歌仔」泛指這
> 類的臺灣俗曲。〔註34〕

王順隆所指臺灣俗曲的「歌仔」即本文所指的閩南語俗曲「歌仔」，他雖以
臺灣地區的俗曲爲探討對象，但是他的論述同時也清楚的說明了「歌仔」一
詞泛指閩南語俗曲的原因。王順隆又說：「在一九三二年創作歌謠發生之前，
『歌仔』一詞都還只是一般名詞，直到創作歌謠席捲臺灣之後，『歌仔』一
詞才逐漸升格爲專有名詞。」〔註35〕

三、「唸歌」

　　歌仔冊裡又常見「念歌」一詞，「念歌」即「唸歌」，它的詞性兼含名詞
和動詞〔註36〕。名詞的使用，作爲歌謠種類的名稱，如木刻本《新刻綉像英
臺念歌》〔註37〕及日人《臺灣慣習記事》記載的《土人の念歌》〔註38〕，即
以此入題名。動詞的使用，指說唱的活動，普遍見於大陸及臺灣的唱本。如：

　　「假意念歌清心彈，天光（天亮）上山一直看」〔註39〕

　　「望恁大家退恰（較）闊，靜靜通聽我念歌」〔註40〕

〔註34〕王順隆：〈論臺灣歌仔戲的語源與臺灣俗曲「歌仔」的關係〉，收入《文教大
　　　　學大學部紀要》（日本：文教大學文學部，1998年2月）。
〔註35〕同前註。王順隆認爲1932年臺灣第一首創作歌謠《桃花泣血記》出現之後，
　　　　帶動創作歌謠的流行，因傳統曲調說唱的「歌仔」與創作歌謠風格迥異，「歌
　　　　仔」一詞遂成爲閩南俗曲的專有名詞。
〔註36〕「有些動詞既可表示一種動作行爲，又可以指稱一種具體事物，詞義關係密
　　　　切」。見劉月華等人：《實用現代漢語語法》（臺北：師大書苑，1996年8月），
　　　　頁93。
〔註37〕《新刻綉像英臺念歌》（木刻本）。
〔註38〕臺灣慣習研究會：《臺灣慣習記事》第2冊第9號（臺北：臺灣慣習研究會，
　　　　1902年），頁67。
〔註39〕《最新張綉英林無宜相褒歌》（廈門：博文齋，出版時間待考）。
〔註40〕《最新僥倖錢歌》（廈門：會文堂，出版時間待考）。

「朋友兄弟者（這）多年，听我念歌做文題」〔註41〕

「念歌算是好代誌（事情），讀了那（若）熟加（多）識字」〔註42〕

「聽我念歌正（真）福氣，有真多款新歌書」〔註43〕

因爲閩南語俗曲以敘事性的內容爲主，音樂爲輔，旋律性較弱，說唱的方式似說非說，似唱非唱，以近似於「唸」的方式配合簡單的旋律和節奏爲其說唱特色，故而稱「唸歌」，而不稱「唱歌」。張炫文也說：

> 所謂「唸」，自然是接近語言聲調的，也就是相當於「說唱」的「說」；
> 而所謂「歌」，自然是包含較多「唱」的成分。「唸歌」其實就是「半
> 說半唱」、「說中帶唱，唱中帶說」或「似說似唱」的說唱音樂，只
> 是名稱不同而已。〔註44〕

嘉義玉珍書局的《最新流行萬項事業歌》有「一个商船塊岸大，一個奉倩塊念歌」，以「唸歌」指稱一個職業性的活動，顯見「唸歌」已是一個專有名詞。

以上討論的三種名稱，是眾多名稱中較具代表性者。其它的名稱，從形式的角度，因七字句式而有「七字仔」之名；因多爲長篇，而有「長歌」之名；因常見褒歌的說唱形式，而有「博歌」之名。從內容的角度，因多有勸世的目的，而有「勸世歌」、「勸世文」之名；因其內容繁雜而有「雜謠」、「雜歌」之名；因語言淺白，通俗易曉，而有「俗謠」、「俗歌」之名。又因爲是閒暇的娛樂消遣，而有「閑仔歌」之名〔註45〕。但因個人角度不同，而有不同的說法。

「唸歌」與「歌仔」已成爲閩南語俗曲的專有名詞。「唸歌」兼含動詞與名詞的詞性，可作爲歌謠種類的名稱，也可作爲說唱活動的名稱；「歌仔」一詞是名詞，僅可作爲歌謠種類的名稱，不具動詞屬性，不適於指稱立體的說唱活動。因此本論文的研究採用「唸歌」之名，以含括立體、書面及其他傳播方式的研究範疇。

必須特別說明的是，閩南當地於一九五三年以後將「歌仔」改稱「錦歌」，

〔註41〕《冤枉錢拔輪餃》（廈門：林國清，民國17年）。

〔註42〕《問路相褒歌》（嘉義：捷發漢書部，昭和7年（1932））。

〔註43〕《石平貴王寶川歌》（新竹：竹林書局，民國78年）。

〔註44〕張炫文：《臺灣的說唱音樂》（台中：臺灣省教育廳交響樂，1986年6月），頁1。

〔註45〕吳瀛濤《臺灣諺語》：「本省在來的民謠，俗稱『歌仔』，係每句七個字，四句爲一聯的『七字歌』，因唱爲消遣，也稱『閑仔歌』，即含有空閒時歌唱之意。」（臺北：臺灣英文出版社，民國90年5月），頁351。

陳耕、曾學文說：「早先在閩南多數地方，如廈門、同安、龍溪的大多數地區都叫做『歌仔』，並沒有『錦歌』這一別稱。只是龍海縣石碼地域，由於九龍江在這一地段被稱爲錦江，其地又盛行演唱『歌仔』，當地人自稱其爲『錦歌』。以後又有一些人把這個名稱帶入漳州市區。……錦歌之普遍流傳是在一九五三年之後當時福建省文化廳主要出於其他因素的考慮，……決定將閩南歌仔統稱爲『錦歌』。由於『歌仔』之稱有點被輕蔑的含意，加上政令的推出，『錦歌』很快就傳開了。」〔註46〕福建省群眾藝術館、漳州市錦歌研究社所編的《錦歌》有關於錦歌的定義：「錦歌，乃一九五三年以後閩南學界對流行於漳州一帶的來源於當地的歌子（歌仔），且受到南曲和南詞、外江戲等外來曲種的影響的堂會式演唱形式的定稱，後來也囊括盲藝人和流浪藝人走唱之乞食歌、雲霄縣的四館齊」〔註47〕，可知今日閩南所稱的「錦歌」即是「歌仔」，就其整體的說唱活動而言，也就是本文所指的「唸歌」〔註48〕。

　　綜言之，本研究的「唸歌」一詞，指清代至今，閩南及臺灣使用閩南語演唱，且以「七字句」爲主的說唱活動及其歌謠。

〔註46〕陳耕、曾學文：〈渡臺新歌〉《百年坎坷歌仔戲》（臺北：幼獅文化事業公司，1995 年 11 月），頁 21～22。

〔註47〕轉引自藍雪霏：《閩臺閩南語民歌研究》（福建：福建人民出版社，2003 年 10 月），頁 334。

〔註48〕大陸學者劉向東說：「台灣盲人之『唸歌』、『歌仔調』、『乞丐調』以及『臺灣雜念』，其實就是錦歌，只是名稱不同而已」。見劉向東：〈閩臺錦歌的傳播衍化與同源現象〉，《戲曲研究》2005 年第 1 期，頁 53。

第二章　歷史的沿革和形式

第一節　歷史的沿革

　　「說唱藝術」又稱「曲藝」，在廣大的中國地區，隨著文化背景、語言腔調、音樂內涵的不同，發展出各種具有地方色彩的曲藝。曲藝在漢代《禮記‧文王世子》中記載：「曲藝皆誓之，以待又語」，鄭玄注：「曲藝爲小技能也。誓，謹也，皆使謹習其事。……又語，爲後復論說也。」「曲藝」指許多的小技能、小技藝；唐代元稹的〈代曲江老人百韻〉有：「曲藝爭工巧，雕機變組紃。」則泛指戶外的雜技表演。可知「曲藝」原是包括說唱及雜耍，但雜技是以特技爲主的表演，在悠久的發展過程中已與說唱分流，「曲藝」成爲各種「說唱藝術」的總稱。

　　曲藝和諸多藝術一樣，必須歷經長時間的發展才能成爲一門具有豐富內涵的藝術。曲藝最早可追溯至先秦，春秋時代就有俳優專門以滑稽的表演取悅當權者，他們雖被視爲弄臣，但實藉滑稽的表演寄寓諷諫，他們的表演包括說故事、說笑話、唱歌、跳舞，已初具說唱的形式。《周禮‧春官》：「瞽朦掌播鼗、柷、敔、塤、簫管、弦歌。諷誦詩，世奠繫，鼓琴瑟。」配合音樂頌詩、敘事，也隱約有說唱的雛形。

　　戰國時代的《荀子‧成相篇》是中國最古老的說唱〔註1〕。「成相」是古人於工作時所唱的一種歌曲，曾永義說：「『成相』起源於『杵歌』，即百姓持杵舂米、築地時唱的一種歌曲，後來被說唱藝人借用演唱，以此來娛人」。

〔註1〕曾永義：《俗文學概論》（臺北：三民書局，2003年6月），頁666。

〔註2〕〈成相篇〉：

請成相，世之殃，愚闇愚闇墮賢良！人主無賢，如瞽無相何倀倀！
請布基，慎聖人，愚而自專事不治。主忌苟勝，群臣莫諫必逢災。
論臣過，反其施，尊主安國尚賢義。拒諫飾非，愚而上同國必禍。
曷謂『罷』？國多私，比周還主黨與施。遠賢近讒，忠臣蔽塞主執
移。曷謂『賢』？明君臣，上能尊主愛下民。主誠聽之，天下為一
海內賓。〔註3〕

其體式為三三七四七句式，韻腳在一二三五句，與後來的唱詞很相似，乃荀
子藉說唱的形式來表達他的政治主張。〔註4〕

到了漢魏六朝，說唱仍處於萌芽階段，著名的漢樂府如〈孔雀東南飛〉
和北朝樂府〈木蘭辭〉，配合音樂敘述故事，偶爾加上七字、九字等句式，近
似後代的唱詞，曾永義說：

如果我們讀〈陌上桑〉、〈孔雀東南飛〉和〈木蘭辭〉，則詩中莫不有
敘事有人物有對話有情景，不止能渲染氣氛，而且也能描寫人物性
格，凡此都和說唱文學的技法相近似。〔註5〕

另外，於一九五七年，四川成都天回鎮漢墓內出土一尊陶俑，一九七九年揚
州邗江出土兩件西漢時期的木質陶俑，均被學者認為是形似說唱的「說唱俑」
〔註6〕，亦為漢代說唱藝術的存在提供了佐證。

經過長時間的累積與演變，說唱藝術在唐代終於進入成熟期，大放異彩，
敦煌遺書的發現，使後人得以知曉它的發展。唐時佛教盛行「俗講」，僧人以
通俗化的方式向俗眾宣揚佛教思想，由宣講經文逐漸擴大內容，講唱技巧亦
不斷提升，於是脫胎而成「轉變」。「轉變」是僧人面對著圖畫邊講邊唱，它
的底本即是「變文」，敦煌變文有佛經故事如〈太子成道變文〉、〈破魔變文〉，
有歷史故事如〈伍子胥變文〉、〈李陵變文〉，有民間故事如〈孟姜女變文〉、〈王
昭君變文〉，韻散相間，說唱結合，為典型的說唱體裁。到了晚唐，甚至出現
專門以轉變為業的藝人，如吉師老在〈看蜀女轉昭君變〉詩：

〔註2〕　同註1。
〔註3〕　〔清〕王先謙：《荀子集解》。
〔註4〕　同註1，頁667。
〔註5〕　同註1，頁668。
〔註6〕　欒桂娟：《中國曲藝及曲藝音樂》（北京：人民音樂出版社，1998年3月），頁
　　　　4～5。

妖姬未著石榴裙，自道家連錦水濱。

檀口解知千載事，清詞堪嘆九秋文。

翠眉顰處楚邊月，畫卷開時塞外雲。

說盡綺羅當日恨，昭君傳意向文君。〔註7〕

詩中描述了當時的職業說唱人「畫卷開時塞外雲」，配合畫卷來說唱，說唱時「翠眉顰處」，表情亦生動活潑。

　　唐代還有只說不唱的「說話」，「話」即故事，「說話」就是講故事，如〈廬山遠公話本〉、〈韓擒虎話本〉、〈唐太宗入冥記〉，唐代時「說話」已是一種專門的技藝，重視情節的安排、描繪的技巧和語言的生動，講究表演的藝術性。另外還有「俗賦」和「詞文」，「俗賦」如〈韓朋賦〉、〈燕子賦〉，韻散錯雜，多以四言或四六言相間的整句敷衍故事，唐徐堅等所撰的《初學記》卷十九〈人部下・醜人三〉引錄〈龐郎賦〉開場四句：「坐上諸君子，各各明君耳；聽我作文章，說此河南事。」〔註8〕〈龐郎賦〉屬「俗賦」，由此可知它是說而不唱的說唱藝術。「詞文」如〈大漢三年季布罵陣詞文〉，為七言句的韻文，其結尾：「具說漢書修製了，莫道詞人唱不嗔。」〔註9〕可見詞文是唱詞，而歌唱者自稱詞人。綜上所述，可知說唱藝術在唐代蓬勃發展，建立了廣大的群眾，說唱朝向職業化，使得宋代在唐代穩固的基礎上得以開啟繁榮的局面。

　　宋代時，隨著城市商業的繁榮，娛樂活動也因而盛行，都市裡有許多供人娛樂的場所，通稱「瓦舍」、「瓦肆」、或「瓦子」，瓦舍裡有許多「勾欄」，又稱「棚」，供民間藝人表演和民眾欣賞。另有「路歧人」，不入勾欄，在露天空地表演，稱為「打野呵」，演出場所的不同，呈現表演方式的靈活與多變，各種技藝匯集於此，構成市場性的競爭，從而刺激了說唱藝術的提升和發展。宋代的說唱有幾十種，題材非常廣泛，如用口語說故事的「說話」；說唱相間的「鼓子詞」、「陶真」；以唱為主的「唱賺」、「諸宮調」；只說不唱的令曲小詞「小唱」、「嘌唱」、「唱京詞」、「拔不斷」，還有「商謎」、「學像生」、「學鄉彈」等趣味性的民間說唱。〔註10〕眾多的曲種在演變過程中，

〔註7〕　見《全唐詩》第十冊，卷三四一。

〔註8〕　〔唐〕徐堅：《初學記》。

〔註9〕　又名〈捉季布傳文〉，收入潘重規編：《敦煌變文集新書》卷六（台北：中國文化大學中文研究所敦煌學研究會，1983年）。

〔註10〕　欒桂娟：《中國曲藝及曲藝音樂》（北京：人民音樂出版社，1998年3月），頁8。

逐漸形成不同的體裁和樣式，據《西湖老人繁勝錄·十三軍大教場》：「唱涯詞，指引子弟；聽盡陶真，盡是村人。」〔註11〕不同的說唱者有不同的藝術特色，自然也吸引了不同的欣賞群眾。南宋陸游〈小舟游近村舍舟步歸〉末一首：

> 斜陽古柳趙家莊，負鼓盲翁正作場，
>
> 死後是非誰管得，滿村聽說蔡中郎。

這一首詩描寫說唱的時間、地點，盲人說唱者配合鼓聲講述故事的情形，末句道出故事的內容，以及說唱藝術在民間深受喜愛的狀態。宋代的曲種、書目、曲目可謂繁多，演出場所遍及城市、鄉村，宋代三百年間，說唱藝術呈現大規模的發展。

元代初期，說唱藝術一度遭到限制，《元史》卷一○五〈刑法志·第五十三刑法四〉「禁令」條：「諸民間子弟，不務生業，輒於城市坊鎮演唱詞話，教習雜戲，聚眾淫謔，并禁治之。」〔註12〕部分知識份子因三十年未舉行科舉，淪落街市，與民間藝人為伍，客觀上促進了諸如「散曲」創作的繁榮，說話藝術在元代仍然非常普遍，影響所及，就是書坊對話本的大量整理和印行。〔註13〕「散曲」是一種唱曲形式，包括散套和小令，所唱的內容有敘事也有抒情，風格多樣。「說話」在元代繼續弘揚，以講史類最為發達，應與蒙古入主中國，漢人藉歷史故事，抒發內在的民族意識有關。「說話」在名目上也產生變化，如「詞話」、「平話」、「說書」。元代刊刻印行的話本，成為後代了解元代說書的主要依據，話本有二類，一類是元代刊印的宋代話本，如《新編五代史平話》、《新刊大宋宣和遺事》；一類是元代刊印的元代話本，如《全相平話五種》。《全相平話五種》的文字大多樸拙不經修飾，多是具幻想性的傳說與神話，卻也展現了民間說唱的庶民本色。

明代的說唱藝術有著承先啟後的意義，較具代表性的有延續前代的「平話」，還有「詞話」和「寶卷」。「詞話」，源自宋代的「陶真」，多由盲人說唱者彈唱，就其表演形式而言，稱為「彈詞」，流行於浙江一帶，多為七字句，如《大唐秦王詞話》，也有十句字，如《明成化說唱詞話》已見多處。「寶卷」是一種與民間信仰結合的說唱藝術，源自唐代的俗講，唱詞主要是十字和七

〔註11〕〔宋〕西湖老人：《西湖老人繁勝錄》。
〔註12〕〔明〕宋濂等編：《元史》。
〔註13〕蔡源莉、吳文科：《中國曲藝史》（北京：新華書店，1998年1月），頁50。

字句的詩讚體，分爲「文學寶卷」與「宗教寶卷」，以前者較具文學價值，有神仙成道的故事，如《目連寶卷》；有婦女修行的故事，如《黃氏女寶卷》；寶卷在清代則有更進一步的發展。明代出現了許多造詣極深的說唱名家，如明末柳敬亭，要請他說書，還得於十天前預約，他說水滸故事，刻畫入微，敘事簡潔乾淨，說至慷慨激昂處，聲如巨鐘，叱吒叫喊，震動屋瓦，使觀眾有如身臨其境，忘了其身之所在〔註14〕。

清代中葉以後，道情、蓮花落、俗曲在各地因方言聲腔發展成地方曲種；另外，許多地域性的曲種興起，如蘇州的彈詞、杭州的南詞、揚州的弦詞、北方的鼓詞、子弟書、快書、河南墜子、京津冀魯的大鼓書、江浙滬的灘簧，還有明代延伸而來的評話。〔註15〕南方的「評話」，北方叫做「評書」，只說不唱。清代的「彈詞」擁有廣大的聽眾，以吳語方言演唱，內容以敷衍才子佳人、旖旎風情爲主，說唱者也由明代時的盲女改爲年輕貌美的女子了。彈詞至杭州發展爲「南詞」，至揚州則成爲「弦詞」。「鼓詞」的體例與彈詞相同，韻散並用，唱詞爲七言，多敘歷史和俠義的故事，篇幅很長，需花數天或數月才能唱完。鼓詞到了山東，唱的是短篇故事，稱「段兒書」。「子弟書」、「大鼓書」、「快書」、「河南墜子」等曲種各有其音樂與演唱上的特色，豐富了清代說唱藝術的內容。本論文的研究對象──「唸歌」，即是清代中葉形成於閩南地區的地方曲種。

民國初年，許多形成於清代的曲種在此時期進一步發展，累積眾多的曲目、書目。由於社會風氣的改變，大量的女性成爲專業說唱藝人，使得說唱的行業更爲競爭，各地藝人紛紛成立自己的行業組織，如蘇州的「新裕社」、「普餘社」〔註16〕，說唱藝人無不努力提升其技藝，促成名家紛呈的盛況。然而，隨著時代的發展，各種現代化的娛樂成爲民眾生活的主要消遣，說唱藝術與民眾的關係逐漸改變，如今，無論大陸或臺灣，說唱藝術都成爲政府及文化單位亟欲維護的文化資產，創辦曲藝學校或科系，以培養專業的說唱人才。二十一世紀是一個科技化的新時代，說唱藝術將在傳統與創新之間開闢新的路徑，邁向新的里程。

〔註14〕 〔明〕張岱：《陶庵夢憶》卷五「柳敬亭說書」條。
〔註15〕 同註1，頁738～739。
〔註16〕 姜昆、倪鍾之主編：《中國曲藝通史》（北京：人民文學出版社，2005 年 11 月），頁487。

第二節　唸歌的唱詞結構

一、唸歌的句式

　　句式是構成唱詞的重要元素，唸歌大部分是以「七字句」的詩贊體說唱，故有「七字仔」的別稱。另有部分的唸歌為「三言句」、「四言句」、「五言句」及「雜言」的句式，本文將分別探討唸歌句式的變化及其運用的情形。

（一）三言句

　　以三言句構成的唸歌數量極少，它於唱頌時所產生的節奏感較為短促，對於以閩南口語為表達語言的唸歌來說，每個句子只能表達簡單的意涵，不便描述細膩的事件，較適合陳述簡單的事物和生活化的主題。如木刻本的《新選笑談俗語歌》〔註17〕：

> 一出門，兩漂漂，大仔啼，小仔帶。
>
> 風騷嬸（嬸），去值處，門開之，我來尋。
>
> 我坏呵，都是爾（你），死鬼仔，振不丕。
>
> 拙惡（少）見，來只處，今是食，還是未。

係以女子為第一人稱的敘事角度，敘其與丈夫由相戀至婚後的生活，記述生活中飲食、祭拜、生子、化妝、就醫及用藥等細節，不著重情節的發展，內容主要是女子對婚姻生活的紀錄和感受。又如黃塗活版所的《新樣風流歌》〔註18〕：

> 聽阮說，一歌詩，三嬸婆，
>
> 一女兒，十八歲，正當時。
>
> 綢紗面，木耳耳，鸚哥嘴，
>
> 石榴齒，紅絲線，結腳白。
>
> 白布衫，紅綢裡，紅羅裙，
>
> 八寶邊，紅緞鞋，打花齒。
>
> 有若（多）大，只尺二，綠色褲，
>
> 挑馬齒，金手圈，四兩四。

與上一首《新選笑談俗語歌》的內容相似，在細小的事物上則敘述得更為詳盡，如上面的引文，乃記敘女子成婚時的裝扮，無論化妝儀容、衣服材質、

〔註17〕《新選笑談俗語歌》（木刻本，出版處、出版時間待考）。
〔註18〕《新樣風流歌》（臺北：黃塗活版所，大正 15 年（1926））。

首飾樣式等皆清楚羅列。

（二）四言句

《詩經》以「四言」為體，凝鍊典雅，豎立了典範，對後代文學的影響極大。唸歌的唱詞本為詩讚體的形式，亦有「四言」的作品，但目前僅見於清道光年間的木刻本《新刊勸人莫過台歌》〔註19〕：

> 在厝無路，計較東都，
> 欠缺船費，典田賣租。
> 悖七而來，威如猛虎，
> 妻子眼淚，不思回顧。
> 直至海墘，從省偷渡，
> 不怕船小，生死大數。
> 自帶乾糧，番薯菜補（脯），
> 十人上船，九人嘔吐。〔註20〕

敘閩南男子乘船渡海和來臺工作的艱苦，但不久即因缺乏自制力而沈迷於鴉片、酒色，最終落魄潦倒，客死異鄉。此歌意在勸誡來臺工作者莫忘故鄉的父母妻小，勿入歧途。四言一句，隨口成韻，句句道出離鄉背景的辛酸與艱苦，頗有國風為民而歌的本色。

（三）五言句

「五言句」於漢代時已發展成熟，尤其以長篇的敘事詩最具代表性，如：《孔雀東南飛》，具有高度的藝術性，無論在情節的安排、性格的塑造或景物描寫的技巧均細膩而優美，並表達出深刻的思想，它的語言質樸而動人，呈現出民歌的本色，為後代五言體的敘事歌謠建立了穩固的基礎。唸歌的五言體作品如博文齋的《新樣縛腳歌》〔註21〕：

> 天地創造人，男女腳相同，
> 算是天生成，好走又好行。
> 可惜戇父母，以為縛（綁）腳好，
> 愛子來縛腳，情理講一拋。
> 著縛即是娘，無縛不成樣，

〔註19〕 王金火：《新樣風流歌》（臺北：黃塗活版所，大正15年（1926））。
〔註20〕 《新刊莫往臺灣女人卅六欵歌》（出版處、出版時間待考）。
〔註21〕 《新樣縛腳歌》（廈門：博文齋，出版時間待考）。

查某未曉（不會）想，不識看世上。

別人此號樣，出在爾爹娘，

老母心肝殘，腳帛推緊緊。

乃敘女子纏足的痛苦與不便，勸人莫沿襲此惡習，有改革之意。又如：黃塗
活版所的《酒令雅言句集》〔註22〕：

中心合來忠，象往入舜宮，

鬱陶思君爾，奸臣假盡忠。

王里合來理，紂王寵妲己，

江山難保守，莫非是天理。

公羽合來翁，文王請太公，

國師伊去做，八十的老翁。

是頁合來題，伯夷與叔齊，

餓死首陽山，讓國的問題。

這首歌由題名可知為「酒令」，著重文字形、音、義上的趣味性，兼合歷史知
識，可作酒令遊戲。「五言句」的唸歌僅是偶然之作，數量甚少。

（四）七言句

「七言句」在《詩經》中已經存在，全篇的七言句則始見於《楚辭》，但
仍含有楚語「兮」字，直到魏晉時期曹丕的《燕歌行》，七言詩的發展才臻於
成熟。七言詩的成熟，對於民間詩讚系的說唱藝術影響極深，如陶眞、詞話、
彈詞、鼓詞均以七言句為基礎，有時為改變語氣或配合音樂的旋律可插入襯
字。唸歌發展定型以後，以七言句為正體，故有「七字仔」或「七字仔調」
的別名。

清代木刻本有以二句為一小節，二句押一韻，如《袂應婦人偷食歌》、《曾
二娘歌》。此時期已經發展出四句組成一小節的形式，一般習慣以「葩」為
量詞。有押第1、2、4句的尾韻，如木刻本的《新刻上大人歌》、《繡像荔枝
記陳三歌》；也有每句須押尾韻者，如《新傳臺灣娘仔歌》。木刻本為目前可
見最早的唸歌紀錄，此時期的唸歌尚未定型，三言、四言、七言、雜言皆有，
七言句的形式也尚不固定。一直到廈門的書局文德堂、會文堂、博文齋等大
量發行歌仔冊的時期，唸歌才有趨向定型化的現象，每句七言，每四句一小
節已是唸歌的標準形式，但韻腳的運用仍未統一，有不規則的押韻，如《最

〔註22〕《酒令雅言句集》（臺北：黃塗活版所，出版時間待考）。

新鄭元和三嬌會全歌》、《最新工場歌》；有二句一韻，如《最新重臺分別歌》、
《改良十二生相歌》；也有四句一韻，如《張文貴父子狀元歌》、《最新白話
收成正果歌》、《改良三十勸娘歌》；其中以四句一韻的唸歌佔大多數。唸歌
七言句的定型是臺灣發展的結果，我們由至今唯一銷售中的竹林書局歌仔冊
來看，幾乎全是四句一韻的七言句唸歌，如竹林書局的《八七水災歌》：

> 阮編水災歌未醜，六十外（多）年到現代，
>
> 竹林書局煞紹介，着作是我林有來。
>
> 小弟咸萬（無才）不敢典（現），初回閒者即學編，
>
> 恨我末疏學恰淺，不比親像因先賢。
>
> 國家有設天文台，未來知影做風颱，
>
> 爲咱百姓驚損害，預先警報乎咱知。
>
> 做人不通箱（太）鐵齒，有看警報緊張池，
>
> 水到先走都袟離（來不及），屏流出海水流屍。〔註23〕

臺灣唸歌的說唱者和作者均稱四句一韻爲「湊句」〔註24〕，認爲「湊句」是
唸歌的「必要條件」，據資深說唱者王玉川、鄭來好、楊秀卿等人所述，他們
均認爲這是評量唸歌優劣的首要標準。

七言句的唸歌多爲二、二、三的句式。歌仔冊所見的「七言句」唸歌，
不含襯字，但演唱時，說唱者可依個人演唱風格的不同，有全首以七言句說
唱者，也有因需要而加入襯字者。「七言句」的唸歌，除了展現詩讚體的音韻
之美外，它較三言、四言、五言的句式更爲靈活，便於描述細膩和複雜的敘
事內容，可含括的內容和題材也更加豐富，如古典小說、傳說、民間故事、
新聞時事、勸善教化等各式各樣的題材均可編入其中，篇幅可長可短，短者
如光明社的《緘口歌》，僅十六句，長者如周協隆書局發行，梁松林所編作的
梁祝故事歌仔冊，全歌由《英台出世新歌》至《二伯英台奏凱新歌》，共五十
五冊。

（五）雜言句

「雜言」的唸歌較常見於木刻本的唱本，屬創作時間較早的唸歌，當時
唸歌尚未定型，雜言的句式普遍可見，如《子弟歌》：

> 十二等小弟假寬心，勸兄哥燒酒搭來宵（飲），

〔註23〕《八七水災歌》（新竹：竹林書局，民國76年）。

〔註24〕「湊句」（tàu-kù），意指每四句一小節，每句須協韻，亦有寫作「鬥句」、「罩句」。

任兄哥鱔人乾，虎落山，番仔磨豆乾，

鯽魚倚圻，田英（蜻蜓）食水，

水龜咬萍，車篷起錠，

茭薦欹腳四正，大空能捋袂叫痛。

另有《神姐歌》、《新刊戲闊歌》、《新刊鴉片歌》、《新刊東海鯉魚歌》⋯⋯等等。到了石印本、油印本、鉛印本的階段，唸歌已經發展了一段時間，「七言句」的唸歌成為主要的句式，但雜言的句式僅偶爾出現，大陸有如鴻文堂的《最新厘某歌》、會文堂的《只茉歌》、《正月鬧蔥歌》、博文齋的《新刊三十二呵歌》、《新刊十二步送兄歌》⋯⋯等等；臺灣則有如捷發漢書部的《日暮山歌》、《一剪梅》、《新娘的感情》、《萬業不救》、光明社的《童謠》、竹林書局的《收茶甌講四句》〔註25〕、《討冬瓜講四句》⋯⋯等等。篇幅大多不長，有時極短，近似小調，主要用於描述非敘事類的唸歌，如《日暮山歌》〔註26〕僅一百字，描述天色已黑，丈夫尚未返家，妻子等待丈夫時不安的心情：

我兄落（下）山去做田，我在厝內心袂（不）安。

日曝霜雪凍，不黑也消瘦，

兄喂！兄喂！透日做，真艱難。

日頭善マ趕落山，鳥也尋壽（巢）塊相焄。

青山變黑山，工契（工作）野（還）未煞（完），

兄喂！兄喂！冷酸風，吹着我。

驚（怕）兄過勞來煩惱，不是清閒唱山歌。

東平（邊）月娘出，西平日頭落，

兄喂！兄喂！為怎樣（為什麼），未返到。

又如《討冬瓜講四句》〔註27〕：

朋友兄弟，冬瓜好味，免皆（不用）客氣，不通細字（客氣）。

今日好日子，兩姓結連理，

冬尾得恰生，閣（再）來恁恭喜。

新娘正粧，學問相當，英語有廣（流利），腹內能通。

〔註25〕《收茶甌講四句》（新竹：竹林書局，民國 52 年）。

〔註26〕《日暮山歌》（嘉義：捷發出版社，昭和 12 年（1937））。

〔註27〕《討冬瓜講四句》（新竹：竹林書局，民國 72 年）。

　　　　新娘順從，夫妻久長，女胎變相，麟趾呈祥。

　　　　冬瓜捧一凸（疊），詩句着緊（快）廣（說），

　　　　看省（誰）恰（較）能通，無廣（說）人笑宋（土）。

　　　　新娘眞賢會（慧），女德閣（又）有做（會做），

　　　　恁且（請）冬瓜茶，實在食眞多。

全篇唱詞均是臺灣婚禮時慣用的吉祥話，意在呈現祝福的美意與音韻的和協，藉此營造喜慶的歡樂氣氛。

二、「歌仔頭」和「歌仔尾」

　　唸歌是由「說唱者」和「欣賞者」共同建構的說唱活動，他們之間的互動關係影響著說唱的內容、品質和表演的氣氛。說唱者的表演品質關係著欣賞者的多寡和回應的態度，而欣賞者的多寡和態度又往往影響說唱者的表演態度和品質，他們二者在唸歌表演過程中彼此牽動，對於表演的成功與否影響甚大。

　　因此，在說唱活動中，說唱者非常重視欣賞者的感受，除了利益考量之外，他們也希望完成一場成功的演出。所以，說唱者在正文的前後，多各有一段唱詞，分別稱作「歌仔頭」及「歌仔尾」，用於建立與欣賞者的關係，並營造良好的表演氣氛。唸歌的結構因此而由「歌仔頭」、「正文」、「歌仔尾」三部分所組成。本論文於第三章對「正文」有詳細的論述，本節僅就「歌仔頭」、「歌仔尾」進行探討。

　　唸歌說唱者於演唱正題之前，大多會有一段「歌仔頭」，可說可唱，一方面以歌聲吸引觀眾前來欣賞，一方面又有「押座」的功能，使觀眾靜下心來欣賞表演；正文結束後，歌末再以「歌仔尾」當作表演的結尾。早期唸歌的表演實景雖已不復重見，但是歌仔冊的作者後來延續了這個習慣〔註28〕，在正題之前經常會有一段「歌仔頭」，歌末也有「歌仔尾」，從中可略窺當時演唱「歌仔頭」和「歌仔尾」的概況，例如昭和四年（1929）周正芳書店的《最新勸世了解歌》，它的「歌仔頭」是：

　　　　朋友姊妹我總請，恁（您們）野（還）不識我个（的）名，

〔註28〕　大陸的歌仔冊大多無「歌仔頭」和「歌仔尾」，可能是出版社認爲它們與表演主題無關，故未未收入歌仔冊。但是臺灣的歌仔冊則不然，仍將韻文形式的「歌仔頭」、「歌仔尾」收入其中。

那（若）卜（欲）相探不知影（不知道），

乎恁無塊（處）通（可）探聽。

恁那卜問我地省，我緊共（給）恁說實情，

能得相會真萬倖（幸運），我帶（住）臺北蓬萊町。

六一番地我然報，那卜（若要）相探免京（驚）無，

我真咸萬（無才）人ㄇ好，小弟姓陳名清波。

我真咸萬恰（又）無禮，無嫌聽我打笑科（說趣事），

有時那（若）對門口過，請恁敝舍來奉茶。

廣（說）打笑科是無影（非事實），念卦（些）勸世乎（給）恁聽，

無論富戶也赤子（貧窮），聽著車揀刀（就）不行。

一欸（這種）歌仔真希罕（稀罕），專廣（說）做人在世間，

人有真賢真咸萬，俗語所廣（說）為人難。

作者自視如說唱者，邀請大家來聽唸歌、介紹自己的名號，並簡單說明唸歌的主題，最後強調此歌稀有罕見，希望民眾前來欣賞，之後即進入正題，雖然篇幅簡短，但是熱誠、親切，短時間內即能拉近與欣賞者的距離，營造融洽的氣氛。其中「無嫌聽我打笑科」、「念卦勸世乎恁聽」，都是請民眾來「聽」唸歌，而非「看」歌仔冊，可見「歌仔冊」雖已是遍行民間的通俗讀物，但仍保留了唸歌表演時的用語。這首歌的「歌仔尾」則是：

邊（編）歌勸恁正（眾）朋友，來做父子是冤仇，

好呆（壞）子兒免瓊救（探究），一但（旦）無常萬事休。

勸恁父母着有孝，淫朋賭友不通交，

有趁（賺）着緊（快）娶家後（妻子），通（可）送父母上山頭。

做人子兒着孝順，報答養欲（育）個（的）深恩，

那有趁（賺）錢着札準（節省），娶某生子通（可）傳孫。

勸恁父母著奉敬，癸咱十月個恩情，

趁多趁小（賺多賺少）恰（較）儉用（節儉），

人廣（說）家和萬事成。

歌仔念甲（到）者（這）叉（停）擺，大家添丁大發財，

無尪姿娘嫌好婿，無論嫁出招入來。

查埔听歌大趁（賺）錢，查某听歌生校生（兒子），

囝仔听歌賣（不）流鼻，返去一家傳傳（團團）圓。

听歌那（若）有作田人，返去个年（來年）好收冬（收成），

有人坐船出外港，乎（給）伊（他）順風一片帆。

甲長听歌昇保正，趁食查某（煙花女子）痛（疼）契兄，

老人听歌老養件（勇健），拔繳（賭博）听着即時營（贏）。

此歌屬勸世類的唸歌，該類唸歌的「歌仔尾」大多再度強調唸歌的主題，並
對民眾作最後的提醒和勸說，以充分發揮勸善教化的功能。其中末四葩的內
容，與唸歌的主題無關，乃是說唱者依民眾身份的不同，表達了不同的祝福，
如祝未婚女性早日成婚、祝已婚婦女早日生子、祝老人和幼兒身體健康、祝
農人收成豐富、祝漁民航行平安、祝甲長〔註 29〕升官，甚至也對歡場女子及
賭客表示祝福。

　　近年來，由於政府及文化工作者致力於傳統文化的保存和研究，唸歌因
而有了比較完整的紀錄。如二〇〇一年「臺灣臺語出版社」出版的新式歌仔冊
〔註 30〕《廖添丁傳奇》，詳盡的紀錄了說唱者楊秀卿的表演，包含「歌仔頭」
和「歌仔尾」。它的「歌仔頭」是：

各位朋友啊眾兄弟，

這站（段）着是欲（要）唸彼個（那個）廖添丁的傳奇，

佇（在）咧民國二年的代誌（事情），帶（在）牛罵頭彼個清水坑。

這是添丁伊的故代（故事），恁若新劇有看着（就）會知，

古早若無看按呢（這樣）真無彩（真可惜），

阮緊（快）翻歌編出來，翻歌編出來。〔註 31〕

楊秀卿以「七字仔調」演唱，運用襯字，演唱的風格更接近口語。其中交代
故事的主題，強調故事內容精彩，鼓勵民眾欣賞接下來的表演。此歌的「歌
仔尾」是：

因為時間的關礙（關係），後日若有機會才閣（再）紲（續）落來。

暫且唸到這遮扯擺（終止），予（給）恁大家添丁俗（又）發財，

無翁（夫）姿娘來聽嫁好婿，無論嫁出抑（或）招入來。

〔註 29〕「甲長」、「保正」為日治時期的地方官員，類似現在的村、里長。

〔註 30〕「新式歌仔冊」，採現代的排版、印刷和裝訂方式，與傳統歌仔冊大不相同。
　　　　多將說唱者的「唱詞」與「說詞」詳盡地記錄下來，並標示曲調和閩南語拼
　　　　音，有些還會附上註釋和說明。

〔註 31〕楊秀卿演唱，洪瑞珍編註：《廖添丁傳奇》（臺北：臺灣臺語社，2001 年 4 月），
　　　　頁 23。

查埔聽歌大趁錢，查某人聽轉（回）去生後生（兒子），
囝仔來聽好育飼，老大人聽歌食（活）百二，
大腹肚（懷孕）的聽歌轉（回）去生雙生。
聽歌若有做田人予（給）恁年年好收冬（收成），
一粒種子落土出三欉。
益（又）若有生理人，每日人客若扑蜂（蜜蜂）。
若有彼號討海人，予（讓）恁年年好海冬。
若有坐船出外港，予你順風一片航。
甲長來聽會升保正。拔繳（賭博）兄聽歌你會逐（每）場贏。
老人聽歌會勇健。讀冊囝仔（孩子）聽歌，考試包你會中頭名，
若趁食查某（風塵女子）來聽，予（讓）你逐（每）晚都有契兄（客
人）哩。〔註32〕

楊秀卿以「江湖調」演唱，有時說有時唱。開頭唱道：「因為時間的關礙，後日
若有機會才閣紲落來。」表明由於表演時間有限，尚未唱完的部分只能留待日
後。由於故事類的唸歌篇幅較長，需分多回演出，因此歌末經常可見此類的說
明。楊秀卿此段「歌仔尾」的內容與前文所舉歌仔冊中的「歌仔尾」相似度極
高，應非她的原始創作，楊秀卿曾說她的表演內容有時也根據歌仔冊，故可推
測，此段「歌仔尾」可能是她依據歌仔冊所改作。

　　說唱者王玉川的「歌仔頭」與「歌仔尾」有較大的變化，例如他於二〇〇
七年於西門町紅樓演唱《勸有孝》〔註33〕，該歌的「歌仔頭」，僅有「唸」，
沒有唱，王玉川以簡單的節拍，運用聲音的抑揚頓挫，鏗鏘有力，富有感情，
呈現出獨特的風格。此段「歌仔頭」只唸不唱，為雜言的形式，篇幅頗長，
茲舉一段為例：

老歲仔（老人家）雄雄（突然）走出來，有話講予咱這朋友弟兄逐
家（大家）知，頂（上）來勸大兄，下來勸小弟。勸咱對咱老爸著
（要）孝順，要會曉報答父母恩。身體髮膚，受之父母，不敢毀傷，
孝之始也。立身行道，揚名於後世，以顯父母，孝之終也。孝子事
親，爸母在，不遠遊。朝夕奉侍，勿虧子責，孝之道也。萬惡淫為
首，百善孝為先。……咱爸母咧拖拖磨磨攏（都）是為著囝，透風

〔註32〕同前註，頁198～199。
〔註33〕王玉川隨「洪瑞珍唸歌團」2007年7月22日於西門町紅樓演出，筆者於現場
　　　　觀賞演出，並拍攝紀錄影片。

　　落雨按呢（這樣）也著（得）行。有人為囝唰（在）拼命。各位你
　　若欲有孝，你就斟酌（仔細）聽。〔註34〕

王玉川雖不識字，但是他卻引用《孝經》‧〈開宗明義第一〉、《論語》‧〈里仁
第十九〉和著名的古語，意欲藉此增加「歌仔頭」的說服力，再由「理」入
「情」，敘述父母養育的辛勞，當觀眾對於孝順已萌發道德和感性的心理，觀
賞的心理醞釀成熟，說唱者接下來說道：「各位你若欲有孝，你就斟酌聽。」
觀眾自然而然融入正文之中，用心聆聽歌中的內容，表演者和欣賞者雙方均
獲得滿足。該歌的「歌仔尾」篇幅也頗長，茲舉一段為例：

　　我唸歌到遮（這）欲扯（停）擺，通知各位眾兄台，咱若欲見面有
　　機會等候擺（下次），祝咱各位逐家（大家）添丁大發財。我唸到
　　遮（這）欲結束，阮後壁（後面）擱有（還有）誠（真）好的節目，
　　祝咱聽眾聽幸福，萬事如意大快樂。阿伯若聽我唸歌老健康，無煩
　　無惱倒（返）少年（年輕），少年家若聽我唸這站（段）歌，你轉
　　（回）來有孝爸母食好母免先，你會娶著小姐擱（又）有這個人
　　緣……〔註35〕

「歌仔尾」也是雜言的形式，一方面預告之後尚有精彩的節目，一方面主要
還是說些祝福觀眾的吉祥話，筆者省略未引的部分與前文所舉歌仔冊的內容
幾乎相同，可見該類「歌仔尾」的運用相當廣泛。

　　「歌仔頭」和「歌仔尾」雖然不是唸歌主要的內容，但是它們在表演的
場合當中卻具有重要的功能，不但拉近了說唱者與觀眾的距離，也營造了良
好的表演氣氛，使得一場唸歌能夠順利、流暢的演出。說唱者多會依據當時
的狀況適時調整，如說唱者楊秀卿說：「人若來得早來得多，歌仔頭就唱短一
點，人若來得少，歌仔頭就唱長一點。」陳家慧在她的論文裡也提到：「至於
較長篇幅的歌仔尾，通常因現場氣氛高昂，觀眾的反映熱烈……這時王玉川
甚至會忽略時間限制，忘情演出」。〔註36〕「歌仔頭」、「歌仔尾」若運用得當，

〔註34〕陳家慧整理，見陳家慧：《民間說唱藝師—王玉川研究》（臺南：成功大學臺
　　　　灣文學研究所碩士論文，2009 年 8 月），頁 50。陳家慧記載此段「歌仔頭」
　　　　為王玉川 2006 年 7 月 22 日於西門町紅樓演出，內容與筆者 2007 年 7 月 22
　　　　日於西門町紅樓所見完全相同，對照陳家慧論文「參考書目」，記載日期為 2007
　　　　年 7 月 22 日，筆者推測應是該論文正文中的記載有誤。
〔註35〕同前註，頁 53。
〔註36〕同註34，頁 53。

將使演出的氣氛更為熱絡，說唱者的表演也更臻上乘。

三、「套語」的運用

　　許多唸歌經常運用「套語」的敘述方式。「套語」是一個模式固定的句子，將概念相似的文字套入句子中，如「聽唱○○一歌詩」，句中的「○○」，可視當時的需要填入相應的詞彙。它在唸歌當中有「引韻」〔註37〕的功能，也可組織唸歌，成為它的架構，同時也能產生音韻和諧的美感。「套語」的應用方式，主要有「開篇套語」和「程式套語」二種。

（一）開篇套語

　　茲將幾種常見的「開篇套語」舉例如下：

「聽唱○○一歌詩」，如「聽唱大舜一歌詩」〔註38〕、「聽唱金俊一歌詩」〔註39〕

「唱出○○歌恁听」，如「唱出英台歌恁听」〔註40〕、「唱出昭君歌恁听」〔註41〕

「唱出一○○歌」，如「唱出一套水災歌」〔註42〕、「唱出一段新褒歌」〔註43〕

「唱出新歌○○記」，如「唱出新歌玉盃記」〔註44〕、「唱出新歌橄欖記」〔註45〕

〔註37〕黃得時：「歌謠是有『韻』的，歌者在唱歌之前，於無意識中，應當先找一找自己愛唱的韻來，但究竟要找哪一個韻呢？這是很難決定的。所以歌者於臨急之際，隨便把眼前的風物，或記憶在腦海裡的人名與地名作為材料，信口先唱一句出來做『起勢』，既然有了『起勢』就有了『韻』了。既然有了『韻』，那麼第二句以下，就很容易可以協頭句的『韻』唱下去了。因此很多臺灣歌謠中，頭一句或第二句所唱的內容，往往與承接的第二句以下的內容，毫無關係，既不可以『比喻』看，亦不可以『起興』論，只好以『引韻』來解釋最為合理。」黃得時：〈臺灣歌謠之型態〉，《文獻專刊》第三卷第一期（南投：臺灣省文獻委員會，1952年），頁6。

〔註38〕《最新大舜耕田歌》（廈門：博文齋，出版時間待考）。

〔註39〕《最新黃宅忠審蛇歌》（廈門：會文堂，民國3年）。

〔註40〕《最新梁山伯祝英台遊學歌》（廈門：會文堂，出版時間待考）。

〔註41〕《最新昭君冷宮歌》（廈門：文德堂，出版時間待考）。

〔註42〕《最新水災歌》（廈門：會文堂，出版時間待考）。

〔註43〕《新樣採茶歌》（廈門：博文齋，出版時間待考）。

〔註44〕《新歌玉盃記》（廈門：會文堂，出版時間待考）。

〔註45〕《最新橄欖記歌》（臺北：黃塗活版所，出版時間待考）。

「開篇套語」較常見於大陸的歌仔冊，大陸的歌仔冊大多沒有開場白式的「歌仔頭」，多是以此開篇，表明主題之後即進入正文。

（二）程式套語

「程式套語」是套語的重複使用，大多用於一葩的首句，有些連續多葩，有些則間隔使用，形成程式般的結構，便於記憶和唸唱，且富有節奏感，經常見於許多唸歌當中。

如木刻本的《鯉魚歌》：

> 阮今唱出鯉魚歌，古今人物更堪誇。
>
> 唱出鯉魚頭，商輅眞正爻（眞優秀），中三元，讀書上仙樓。
>
> 唱出鯉魚嘴，鄂國公暗察好人貴，平僚有大功，奸臣張士貴。
>
> 唱出鯉魚食，文舉做堂審李直，李直就打始招認，打開冷房見五□。
>
> 唱出鯉魚鬚，智遠做官在邠州，三娘受盡姑嫜迫，打開磨房訴因由。
>
> 唱出鯉魚市，五娘益春挍（丟）荔枝，陳三騎馬樓下過，設計爲奴
> 未是癡。
>
> 唱出鯉魚身，朱升奉命征大金，公主上西樓，兀木采招親。
>
> 唱出鯉魚肚，伯階（喈）來拜墓，棄覓伊妻子，尋夫跋涉眞艱苦。
>
> 唱出鯉魚屎，豬哥牽猴去落海，齊天戰勝豬哥輸，山頂人見都喝采。
>
> 唱出鯉魚尾，勸人兄弟不必爭家伙（家產），自古夷齊能讓國，看見
> 此冤家，一腹六鑿火。

該歌除了首葩，其餘每葩均運用「唱出鯉魚○」的套語，「○」處依序鑲入魚身的各部位，產生條理分明的歌謠結構，它與唸歌的內容無關，除了組織全歌，在歌中還發揮了引韻的功能，也使唸歌多了幾分趣味性。

類似的「程式套語」，如廈門林國清發行的《三國歌　闞澤詐降書》〔註46〕於第四十九葩至第六十六葩，首句均使用「○○諸侯是○○」的套語，依序由「第一諸侯是公路」至「十七諸侯袁本初」，再加上第六十七葩的首句「十八曹操排尾鰍」，依序介紹十八位諸侯，在這首歌中，它不僅是形式的變化，也與該歌的內容銜接。又如博文齋的《最新手抄覽爛歌》〔註47〕，全歌六十一葩，或連續，或間隔，計有四十七葩的首句使用「覽爛查某○○○」的套語，對該歌的主題有強化的作用。

〔註46〕《三國歌　闞澤詐降書》（廈門：林國清，民國 17 年）。
〔註47〕《最新手抄覽爛歌》（廈門：博文齋，出版時間待考）。

其他如「五更歌」〔註48〕、「十二更歌」〔註49〕、「十月歌」〔註50〕、「十二月歌」〔註51〕、「十二碗菜歌」〔註52〕、「十步歌」〔註53〕、「十二步歌」〔註54〕、「二十步歌」〔註55〕、「三十珠淚歌」〔註56〕、「送哥歌」〔註57〕、「送妹歌」〔註58〕、「生肖歌」〔註59〕、「日期歌」〔註60〕、「百草歌」〔註61〕、「百花歌」〔註62〕、「十盆牡丹歌」〔註63〕、「勸娘歌」〔註64〕、「三十六款」〔註65〕、「五十鬮」〔註66〕、「工場歌」〔註67〕、「拜哥歌」〔註68〕、「手巾歌」〔註69〕等均是唸歌常見的「程式套語」，依各唸歌的內容，產生不同的作用。

第三節　唸歌的音樂形式

一、閩南的曲調

如前章所述，「唸歌」在大陸閩南叫作「錦歌」。它原本流傳於農村一帶，鴉片戰爭以後，農村經濟受到破壞，為了討生活，許多唸歌說唱者進入城市

〔註48〕如《改良元和三嬌會歌》（廈門：文德堂，出版時間待考）。
〔註49〕如《十二更鼓歌》（新竹：竹林書局，民國 60 年）。
〔註50〕如《十月懷胎歌》（新竹：竹林書局，民國 60 年）。
〔註51〕如《思食病子歌》（木刻本，出版處、出版時間待考）。
〔註52〕如《最新十二碗菜歌》（廈門：會文堂，民國 16 年）。
〔註53〕如《十步珠淚歌》（廈門：手抄本）。
〔註54〕如《新刊十二步送兄歌》（廈門：會文堂，民國 3 年）。
〔註55〕如《二十步送妹歌》（新竹：竹林書局，民國 76 年）。
〔註56〕如《三十珠淚歌》（廈門：博文齋，民國 21 年）。
〔註57〕如《愛唷難捨》（嘉義：捷發出版社，出版時間待考）。
〔註58〕如《二十步送妹歌》（新竹：竹林書局，民國 76 年）。
〔註59〕如《最新生相歌》（廈門：會文堂，民國 15 年）。
〔註60〕如《最新改良探哥歌》（廈門：文德堂，出版時間待考）。
〔註61〕如《百草對答歌》（新竹：竹林書局，民國 45 年）。
〔註62〕如《百花相褒歌》（新竹：竹林書局，民國 45 年）。
〔註63〕如《十盆牡丹歌》（新竹：竹林書局，民國 75 年）。
〔註64〕如《新設十勸娘》（木刻本，出版處、出版時間待考）。
〔註65〕如《台灣表子三十六款》（木刻本，出版處、出版時間待考）。
〔註66〕如《新刊台灣查某五十鬮歌》（木刻本，出版處、出版時間待考）。
〔註67〕如《最近新編工場歌》（廈門：博文齋，出版時間待考）。
〔註68〕如《英台廿四拜哥歌》（新竹：竹林書局，出版時間待考）。
〔註69〕如《六十條手巾歌》（新竹：竹林書局，民國 47 年）。

表演〔註70〕，爲了因應城市觀眾的要求，說唱者逐漸重視唱腔的圓潤和曲調的優美，吸收南曲的曲調，也開始採用南曲的伴奏樂器。〔註71〕個人式的表演，多使用月琴或二弦。「堂會式」〔註72〕的表演，受南曲的影響較深，模仿南曲的樂隊編制，各地使用的樂器略有不同，漳州一帶，使用月琴、二弦、三弦、漁鼓、小竹板、銅鈴等；雲霄縣一帶使用秦琴、漁鼓、小竹板、銅鈴、笛子、二胡、椰胡；平和、長泰一帶使用月琴、三弦、洞簫。〔註73〕

　　茲根據劉春曙和王耀華於《福建民間音樂簡論》的說法，將大陸的唸歌曲調分爲以下四類〔註74〕：

　　1.「四空仔」、「五空仔」

　　「四空仔」即「七字調」、「七字仔」，「這是一種以北來時調『孟姜女』爲基本框架而在旋律上進行本土化了的曲調，歌詞以七字爲一句，故名」〔註75〕，句法組合是四、三，具有抒情、優美的特點，爲亭字派〔註76〕說唱者擅長的曲調。「五空仔」又名「大調」、「丹田調」，「伊」字拖腔貫串其中，歌唱性強。此類曲調的唱詞爲七言四句，句法組合爲二、二、三。它們適於表現緩慢抒情的內容，如用於表達英台對山伯的深情。

　　2.「雜念仔」、「雜嘴仔」

　　屬朗誦體的音樂形式，唱詞句式較爲自由，用韻較寬，平仄不嚴，接近口語，活潑風趣，通俗易懂，可穿插說白和數板。「雜嘴仔」的曲式結構較自由，表演形式有一人唱、二人對答，或三、四人接著唸唱。爲堂字派〔註77〕說唱者擅長的曲調。

〔註70〕　「錦歌原以演唱通俗易懂的鄉土民歌爲主，在閩南農村十分流行，約於清道光年間（1821～1850）錦歌始由漳州府北鄉桃林社傳入漳州」見於劉春曙、王耀華：《福建南音初探》（福建：福建人民出版社，1989 年 12 月），頁 171 ～177。

〔註71〕　劉春曙和王耀華：《福建民間音樂簡論》（上海：上海藝文出版社，1986 年 6 月），頁 257。

〔註72〕　參見本論文第八章第二節。

〔註73〕　同註 71，頁 279～280。

〔註74〕　大陸曲調的分類主要參考自劉春曙和王耀華：《福建民間音樂簡論》（上海：上海藝文出版社，1986 年 6 月），頁 259～272。

〔註75〕　藍雪霏：《閩臺閩南語民歌研究》（福建：福建人民出版社，2005 年 7 月），頁 72。

〔註76〕　參見本論文第八章第二節。

〔註77〕　參見本論文第八章第二節。

3.「雜歌」

又稱「花調」、「花曲」、「調子」，指從其他曲種移植過來的小調。唱詞多爲七言四句，句法組合爲四、三，但也有例外，如《鬧蔥蔥》〔註78〕。曲調輕快。藍雪霏表示，這種曲調爲盲人說唱者和流浪歌者所擅長，它們掌握的曲目豐富，隨境而編，隨遇而唱，生動活潑。長泰縣說唱者張上下即運用該曲調演唱《桃花搭渡》，唱得活靈活現，匠心獨具〔註79〕。

4.「樂器曲」

單獨作樂器伴奏或單獨演奏的曲子，如「八板頭」、「清夜游」。

二、臺灣的曲調

唸歌的曲調，臺灣俗稱「歌仔調」〔註80〕，實際上它又經常泛指唸歌和歌仔戲使用的曲調。唸歌傳入臺灣後，吸收了平埔族與客家族的旋律，陳耕說：「閩南歌仔（唸歌）傳入臺灣後，由於新的環境、新的生活所提供的素材，由於受到平埔族音樂、客家音樂的影響，在內容上、音樂上都發生了一些變化，產生了許多新的、羽調色彩的閩南語歌仔。」〔註81〕，使得臺灣的唸歌逐漸發展出與閩南不同的音樂內涵。它以「月琴」、「大廣絃」、「三絃」、「殼仔絃」爲主要的伴奏樂器。

唸歌主要的曲調有以下幾種：〔註82〕

1.「七字仔調」

它是唸歌最常採用的曲調，與閩南的「四空仔」、「五空仔」屬同一系統。唱詞爲七言四句，一首曲調可以重覆使用，如《三伯英台》有一萬九千三百多句，可重覆使用該曲調演唱全歌。它運用不同的速度，表現不同的情感，「一

〔註78〕《鬧蔥蔥》：「五月人划船，人划船，姊妹相招做一群。你穿衫，我穿裙，來到江邊看龍船。船頭打鼓鬧紛紛，船尾撐船好郎君，撐船好郎君。」
〔註79〕同註75，頁75。
〔註80〕因歌仔戲是由唸歌演變而成，它以唸歌的曲調爲基礎，並進一步發展成歌仔戲的曲調，與唸歌的曲調同中有異，異中有同，因此歌仔戲的曲調亦泛稱「歌仔調」。
〔註81〕陳耕：《閩台民間戲曲的傳承與變遷》（福建：福建人民出版社，2003年9月），頁92。
〔註82〕臺灣唸歌曲調的分類內容主要參考自許常惠：《臺灣音樂史初稿》（臺北：全音樂譜出版社，民國85年，10月23日），頁171～177，以及張炫文：《歌仔調之美》（臺北：國立傳統藝術中心籌備處，民國87年7月31日）。

般的敘述用中板；憤怒、著急或興奮時，用快板；抒情或感傷，用中慢板；失意或悲傷時，用慢板」〔註83〕。

2.「雜唸仔調」

即閩南的「雜嘴仔」，「因為它的演唱，大多用一種近似於念白或誦念的方式，且多用於長篇敘述，內容紛雜，就像一個說話繁複、絮絮叨叨的人，故被稱為雜念」〔註84〕，適於朗誦，沒有句式的限制。它的運用有兩種，一種是配合「七字仔調」，進行曲調的變化；另一種是僅用同一曲調作短篇的敘述，適於活潑俏皮的內容。

3.「江湖調」

江湖調又稱「賣藥仔調」、「勸世調」，是臺灣說唱藝人經常使用的曲調，「一個出色的唸歌藝人，可以用一個江湖調，透過各種變化，唱出不同的情感：可以是敘述性的，也可以唱得很抒情。」〔註85〕「江湖調可說是臺灣說唱的招牌曲音樂」〔註86〕。具有似說似唱、字多腔少的唸唱特質，張炫文說：「江湖調與七字調及哭調有不可分割的密切關連。有些民間說唱藝人可以把江湖調唱得像哭調，也可以把江湖調唱得很抒情，讓江湖調呈現出多樣性的表現。」〔註87〕他還指出「江湖調」可以說是一種「萬能唱腔」，如說唱者呂柳仙的演唱即大多採用江湖調。

唸歌的曲調後來成為臺灣歌仔戲主要的曲調來源，歌仔戲大量使用「七字仔調」、「雜唸仔調」和「江湖調」，並配合戲劇的需要加以變化，它也發展出新的曲調，如「都馬調」（雜碎調）、「哭調」、「倍思仔」、「留傘調」……等。然而，後來因為歌仔戲的盛行，唸歌的說唱者為了增加曲調的變化，也吸收了歌仔戲的曲調，以說唱者楊秀卿為例，她演唱的曲調，除了傳統的唸歌曲調，還有「都馬調」、「哭調」、「留傘調」、「五更鼓」等歌仔戲常見的曲調。

誠如王振義所說：「歌仔調的唱調，只代表樂曲的特色和曲調結構的大致輪廓，實際演唱的時候，音樂曲調因歌詞語言聲調不同，而有不同的唱

〔註83〕張炫文：《歌仔調之美》（臺北：國立傳統藝術中心籌備處，民國87年7月31日），頁28。
〔註84〕同註83，頁41。
〔註85〕同註83，頁35。
〔註86〕竹碧華：《楊秀卿歌仔說唱之研究》（臺北：中國文化大學碩士論文，民國86年6月），頁55。
〔註87〕同註83，頁39。

法，更因場合氣氛和感情不同，而在速度、表情和曲調的修飾上千變萬化。」
〔註88〕唸歌的旋律看似簡單，容易上口，一般民眾多能和著歌詞唱上幾段，
但是職業說唱者擅長曲調的掌握和變化，將唸歌的旋律與內容作了最適切的
結合和表達，使得觀眾聽來尤感興味，意趣盎然。

〔註88〕王振義：〈淺說閩南語社會的唸歌〉，收於中華民國臺灣史蹟研究中心研究組
編：《臺灣史研究暨史料發掘研討會論文集》（高雄：中華民國臺灣史蹟研究
中心，1987 年 8 月），頁 289。

第三章　唸歌的內容與分類

第一節　愛情故事類

　　自古以來以「愛情」為題材的故事就深受民眾喜愛，不論是說唱活動、小說和戲曲的創作都經常可見。這一類的唸歌為數頗多，其中特別受到歡迎的是「孟姜女」、「梁山伯與祝英台」、「白蛇傳」和「陳三五娘」，茲分別說明於下。

一、孟姜女

　　孟姜女故事流傳了二千五百多年，顧頡剛說：「按其地域幾乎傳遍了中國本部，實在是一個極有力的故事。」[註1] 最早見於《左傳》襄公二十三年（西元前 549），說杞梁為齊國出征，戰死於莒國，齊侯回程途中遇見杞梁妻，向她弔唁，杞梁妻認為若杞梁有罪則不須弔，若杞梁無罪則不應在郊外受弔。齊侯聽她這麼說，便到她家去弔祭了。[註2]《左傳》中不畏威權，勇敢力爭的「勇婦」形象，受到後人的讚賞，成了孟姜女的原型，並進而以「哭泣」來凸顯她喪夫後的哀慟，成為眾所周知，哭倒萬里長城的「哀婦」，漸而又以其反抗秦王矢志守貞的決心，呈現了一個古代中國女性最崇高的「節婦」形

〔註1〕　顧頡剛：〈孟姜女故事的轉變〉（顧頡剛等著，陶瑋選編：《名家談孟姜女哭長城》，北京，文化藝術出版社，2006 年 1 月。原載於《歌謠》週刊第 69 號）。

〔註2〕　《左傳》·〈襄公二十三年〉：「莒子親鼓之，從而伐之，獲杞梁。莒人行成。齊侯歸，遇杞梁之妻於郊，使弔之。辭曰：『殖之有罪，何辱命焉？若免於罪，猶有先人之敝廬在，下妾不得與郊弔』齊侯弔諸其室」。

象。孟姜女故事就是以孟姜女這個人物為中心，在孟姜女的「勇」、「哀」、「節」上發展出各種富有悲劇性、創造性的情節。這個故事流傳的區域，包括浙江、陝西、遼寧、福建、河南、江蘇、廣西、山西、河北、雲南、貴州、山東、吉林，以及越南。〔註3〕

　　從清末到戰後，有二十多種的孟姜女歌仔冊〔註4〕，目前可知出版孟姜女歌仔冊的有上海的開文書局、廈門的會文堂、臺灣的竹林書局、黃塗活版所、捷發漢書部、玉珍漢書部、瑞成書局和雲龍堂出版部。目前所見，全本孟姜女歌仔冊，包括手抄本計有十五種〔註5〕，茲參考王順隆的歸類，將內容相同者歸為一類，得出以下四種版本：

（一）「繡像版」

1. 以文堂藏版的《繡像姜女歌》
2. 會文齋藏版的《繡像姜女歌》
3. 尚志和記藏版的《繡像姜女歌》
4. 未記刊刻堂名，現藏於臺灣國立中央圖書館臺灣分館的《繡像姜女歌》
5. 開文書局《最新孟姜女火燒樓合歌》孟姜女歌部分
6. 會文堂《最新孟姜女火燒樓合歌》孟姜女歌部分
7. 黃塗活版所的《新刊孟姜女歌》

（二）「敕桃仙版」

1. 會文堂的《特別改良孟姜女哭倒萬里長城歌》
2. 開文書局《特別改良孟姜女哭倒萬里長城歌》
3. 黃塗活版所的《改良孟姜女歌》
4. 捷發漢書部的《孟姜女哭萬里長城歌》
5. 瑞成書局的《孟姜女哭倒長城新歌》

〔註3〕 金榮華：《民間故事類型索引‧中冊》（臺北：中國口傳文學學會，2007 年 2月），頁 340～342。

〔註4〕 王順隆：〈閩南語「歌仔冊」的進化過程——從十一種全本《孟姜女歌》的語詞‧文體來看〉（《臺灣文獻》48 卷第 2 期，民國 86 年 6 月，頁 165～頁 186）。

〔註5〕 王順隆在民國 86 年於〈閩南語「歌仔冊」的進化過程——從十一種全本《孟姜女歌》的語詞‧文體來看〉一文中指出就其所見孟姜女歌仔冊有十一種，其中未列入上海開文書局的《最新孟姜女火燒樓合歌》、《特別改良孟姜女哭倒萬里長城歌》和廈門會文堂的《最新孟姜女火燒樓合歌》（臺灣大學圖書館藏）以及安溪縣周火旺的手抄本，今將上述四種列入，計有十五種。

（三）「手抄本」

1. 周火旺的手抄本《孟姜女送寒衣》〔註6〕

（四）「邱壽版」

1. 捷發漢書部和玉珍漢書部發行的《孟姜女配夫新歌》〔註7〕

2. 竹林書局的《孟姜女配夫新歌》

　　四種孟姜女唸歌中「繡像版」的出現較早，其中以道光十六年（1836）刻的以文堂藏版的《繡像姜女歌》為最早〔註8〕。「敕桃仙版」最早的版本是一九一四年會文堂出版的《特別改良孟姜女哭倒萬里長城歌》。「手抄本」由《中國歌謠集成》的採編小組在一九八九年時於福建安溪蒐得。「邱壽版」的編作者為邱壽，於一九三六年分五集發行，前三集交由捷發漢書部發行，後二集交由玉珍漢書部發行。

　　「繡像版」是較早的孟姜女唸歌，茲略述故事梗概於次。

　　秦始皇詔令築長城，范杞郎被徵為民丁，後因不堪勞苦而逃逸。某日，孟姜女於花園沐浴時，忽見杞郎躲於樹上，二人因而相識成婚。婚後三日，杞郎便被官府捉回，二人無奈分離。蒙恬捉杞郎見秦王，秦王下令將杞郎斬首，並將他的骨骸築入長城。杞郎的魂魄化作鳳凰鳥啣信送予姜女，信中僅說要姜女另嫁他人，姜女不解何故，忐忑不安，決定遠赴長城，親送寒衣予杞郎。姜女於途中遭遇許多的經歷和考驗。第一到第一庵，道人卜得杞郎已死的卦相，姜女不信；第二到泗州堂，擲筊問杞郎生死，未見吉象；第三至惡蛇村，神明受姜女所感，為其除蛇；第四到飢虎村遇虎，山神救之；第五至雪裡村，露宿於途；第六遇寨主強逼為妻，寧死不從，寨主感而釋之；第七於梅花村，旅店不借女人宿；第八至瀟湘塘口，無船可渡，龍王化橋為船，假作梢公，助其渡河。姜女到了長城以後得知杞郎已死，大哭七日七夜，長城因而倒塌，城下有骨骸千萬，姜女不知何者為杞郎骨骸，太白星君指示她

〔註6〕　中國民間文學集成全國編輯委員會、中國歌謠集成福建卷編輯委員會：《中國歌謠集成・福建卷》（北京：中國 ISBN 中心，2007 年 7 月），頁 537～543。

〔註7〕　《孟姜女配夫新歌》第一集《孟姜女配夫新歌》、第二集《孟姜女思君新歌》由嘉義捷發漢書部發行，第三集《孟姜女送寒衣新歌》、第四集《孟姜女過峽新歌》、第五集《孟姜女成天新歌》由嘉義玉珍漢書部發行，五集皆於 1936 年出版。

〔註8〕　據王順隆所述現藏於日本天理大學圖書館，筆者雖未能得見，但據其他內容相同的版本，作為探討「繡像版」孟姜女唸歌之依據。

咬破手指，滴血於骨，若血附其上，則是杞郎之骨，姜女因此尋獲杞郎的遺骨。秦王聞知長城倒塌，盛怒不已，令人捉來姜女，卻見其貌美，反欲立她為后。姜女向秦王提出三個條件，秦王若能實踐，則願許之。第一，先斬將軍蒙恬；第二，為杞郎超渡；第三，她要到江邊祭亡夫。秦王一一照辦，然而當姜女祭拜杞郎之時，杞郎現身感謝姜女之恩，天空出現兩朵雲，分別托起杞郎和姜女，升入天際。末說姜女乃是織女下凡，杞郎、蒙恬、寨主原是天上星宿。

由故事內容歸納其主要的情節依序有「杞郎逃丁」、「姜女沐浴遇杞郎結姻緣」、「杞郎魂化為鳥送書信」、「姜女送寒衣，歷劫尋夫」、「哭倒長城」、「秦王欲立姜女為后，需先完成三個要求」、「杞郎、姜女乘雲昇天」。「敕桃仙版」、「手抄本」和「邱壽版」亦是依循這樣的故事脈絡來發展。

在「敕桃仙版」裡，遭遇劫難的地點名稱略有不同，如「道士庵」、「百花巷」、「麒麟墩」、「太行山」、「樹林堂」、「鐵板橋」，事件的內容則是大同小異。另外，杞郎魂魄化成的鳥是「鸚哥」，牠只有返家叫喚姜女的名字，並沒有唧送家書的情節。「敕桃仙版」與「繡像版」較大的不同是，多了一個「神明化白鶴引路」的情節，即姜女歷經種種劫難後，遇三岔路，不知何路為是？太白金星於是化作老翁欲與姜女同行，遭姜女斥退，祂又再化作白鶴，為姜女引路到長城。另外，秦王的結局也不一樣，秦王變成了東海的春牛，有了懲罰性的下場。

「手抄本」的內容與「敕桃仙版」的內容相似度極高，唱詞也多有雷同之處，如「手抄本」開頭四葩為：

> 正月十五元宵燈，姜女打扮走出門，
> 頭插金花盤龍髻，弓鞋短小水靈靈。
> 正月過了二月天，二月草仔要發青，
> 走入房中繡針黹，繡成鴛鴦牽情絲。
> 二月過了三月天，走出花園看花枝，
> 也有牡丹對金菊，也有茶花對薔薇。
> 四月立夏日頭長，姜女思春心頭酸，
> 別人雙雙往回走，自恨姜女睡單床。

「敕桃仙版」的開頭則是：

> 正月十五元宵燈，姜女打辦出人前，

> 頭上金針插兩邊，弓鞋短小蓮步移。
> 正月過了二月時，紅白好花人定意，
> 好花果然人人愛，尾蝶雙雙飛上來。
> 二月過了三月時，姜女園內看景致，
> 牡丹開花正當時，姜女賞花悶無意。
> 四月過了是夏至，姜女無意靠花枝，
> 聽見杜鵑叫聲悲，阮身完婚卜塊時。

兩者的故事內容和情節安排幾乎一致，應有極為密切的承襲關係，然目前僅由手抄本的內容尚無法判斷兩者創作時間的先後。

「邱壽版」為三種孟姜女唸歌中最晚出現者，篇幅遠較「繡像版」及「敕桃仙版」長得許多，有 11648 字，口語化、俚俗化的現象也最為明顯。但是從幾個地方，都可以看到它承襲「敕桃仙版」的軌跡，第一，遭遇劫難的地名相同或相似，如「道士庵」、「百花巷」「麒麟墩」、「鐵板橋」。第二，杞郎魂亦化為鶯哥鳥。第三，也有太白金星為姜女指路的情節。第四，秦王最後也變成了春牛。「邱壽版」增添了許多次要情節，如「杞郎見姜女母，其母盛情款待」、「蒙恬卜卦得知杞郎藏處」、「杞郎屍骨和土築長城」、「土地婆阻止杞郎死而復活」、「秦王為杞郎披麻帶孝」、「姜女水淹秦宮，使秦王流於東海」等。

綜上所述，四種孟姜女唸歌出現的時間，應以「繡像版」為最早，其次為「敕桃仙版」或「手抄本」，最晚的是「邱壽版」。從它們的內容來看，唸歌中的孟姜女故事特別著重「姜女送寒衣，歷劫尋夫」，以種種劫難來製造一次次的波瀾，但又屢屢化險為夷，營造出故事的戲劇張力，並凸顯了姜女堅強、勇敢、節義的形象，使得欣賞者在欣賞故事的過程中，產生了緊張與釋放，同情與感動等豐富的審美感受，因此《姜女送寒衣》也是閩南及臺灣地區相當受歡迎的折本。

說唱者陳碧雲、林亞秀、陳金樹、陳剩、黃秋田、陳冠華、鄭來好、楊秀卿、邱鳳英、陳美珠等人都曾演唱該歌，且陳碧雲、林亞秀、陳金樹、陳剩〔註9〕、黃秋田、邱鳳英等人都曾發行過唱片，顯見它具備了消費的市場，

〔註9〕　以上四人為柏華閩劇團成員，曾共同錄製唱片《姜女送寒衣》（羅盤唱片公司）。參見王順隆「家藏唱片錄音帶目錄」，網址：http://www.32.ocn.ne.jp/~sunliong/record.htm。

爲當時流行的唸歌。

二、梁祝故事

梁祝故事最早見於宋張津《四明圖經》所引初唐梁載言的《十道四蕃志》：「義婦冢，即梁山伯祝英台同葬之地也。在縣西十里接待院之後，有廟存焉。舊記謂二人少嘗同學，比及三年，而三伯初不知英台之爲女也。按，《十道四蕃志》云：『義婦祝英台與梁山伯同冢』即其事也。」，故事甚爲質樸，但已粗具梁祝故事的雛形，如英台女扮男裝外出求學、梁祝同窗、山伯不知英台爲女子、英台爲義婦、梁祝同冢。

後來許多創作便在這個基礎上發展起來，如民間故事、歌謠、小說、戲曲、說唱藝術等，流傳於各地，融合不同地方的思想文化，增添了許許多多充滿想像力和奇異性的情節，如仙人貶凡，轉世投胎、賭誓貞節、藉事物偵測男女、殉情化蝶、死後化物、死而復活……〔註10〕等，演變成各種具有地方特性的梁祝故事。

〔註10〕可參見許師端容所撰：《梁祝故事研究》（一）（臺北：秀威資訊科技，2007年3月），頁289～290。歸納梁祝故事主要、次要、附屬情節單元，條列如下：
　　1.「仙人貶凡，轉世投胎」
　　2.「女扮男裝瞞過家人」
　　3.「譏誚女扮男裝者外出求學爲情人」
　　4.「賭誓貞節」
　　5.「女扮男裝外出求學」、「丫環扮書僮伴讀」
　　6.「女扮男裝者巧計與人結拜爲兄弟」、「結拜立誓」
　　7.「床中置物爲界，越者受罰」
　　8.「女扮男裝者防人識破紅妝」
　　9.「借事物偵測男女」
　　10.「借事物暗喻己爲紅妝表露情愫」
　　11.「啞謎喻婚期」
　　12.「誤猜啞謎婚期，造成悲劇」
　　13.「女扮男裝者以物爲聘托媒自訂終身」
　　14.「世上所無藥方」
　　15.「戀人婚姻受阻殉情而死」
　　16.「掘墓尋人」
　　17.「死後化物」、「物化物」、「連續變形」
　　18.「新娘投墳，新郎自縊陰間告狀」
　　19.「閻王斷姻緣」
　　20.「死而復活」
　　21.「神仙相助」

　　梁祝故事在唸歌藝術當中，是最受歡迎的主題之一。它承繼了先前的梁祝故事，融合閩南當地的語言和文化而發展。道光年間已有梁祝故事的手抄本歌仔冊。曾經出版過梁祝故事歌仔冊的出版社有上海的開文書局，廈門的文德堂、會文堂和博文齋，臺灣則是有臺北的周協隆、黃塗活版所、新竹的竹林書局、興新書局、台中的瑞成書局、文林書局、嘉義的捷發漢書部、玉珍漢書部和大中書局。以上所述的歌仔冊出版時間約自清宣統元年（1909）〔註11〕到民國八十五年（1996）。王順隆在〈閩台「歌仔冊」書目‧曲目〉、〈「歌仔冊」書目補遺〉二文中所紀錄的梁祝故事就有二六八種，為出版種類最多的主題，出版商互相翻印、盜版、改編的狀況相當頻繁〔註12〕。

　　另外，梁祝唸歌的說唱活動，在閩南堂會式的唸歌屬四大柱〔註13〕之一，台灣著名的說唱者歌仔助、溫紅塗、施金水、游桂芳、汪思明、張永吉、李申長〔註14〕、碧珠、玉霞〔註15〕、陳冠華、陳清雲、吳天羅、王玉川、楊秀卿、蔡添登〔註16〕、黃秋田、方麗玉〔註17〕也都曾經表演。由上述幾點可見，梁祝故事的確是閩南及臺灣民眾均相當喜愛的唸歌。

　　大陸的十二種梁祝歌仔冊中，其中敷陳全本梁祝故事的有手抄本《三伯英台歌》二十本、木刻本《圖像英台歌》〔註18〕、《增廣梁山伯祝英台新歌全傳》、會文堂的《英台留學》和《英台吊紙》上下二冊、會文堂的《最新梁山伯祝英台新歌全集》。各本簡繁不一，然主要情節或有增減，差異不大。茲以道光年間的手抄本《三伯英台歌》為例，略述情節梗概於下。

　　英台欲扮男裝去求學，堂嫂譏笑她別有用心，她於是將紅羅、牡丹埋於

〔註11〕　會文堂的刻本。

〔註12〕　可參見許端容：《梁祝故事研究》（二）（臺北：秀威資訊科技，2007 年 3 月），頁 581。

〔註13〕　閩南唸歌的四大柱為：《陳三五娘》、《三伯英台》、《孟姜女》、《商輅》。

〔註14〕　以上六位說唱者於日治時期曾經錄製梁祝故事的唸歌唱片。見於王順隆整理：「日本國立民族學博物館藏　戰前臺灣 SP 唱片目錄」，網址：http://www32.ocne.jp/~sunliong/columbia,htm，上網時間 2008 年 10 月 8 日）。

〔註15〕　以上二位為青年閩劇團成員，曾共同錄製唱片《梁山伯祝英台廿四送哥》（羅盤唱片公司），見王順隆「家藏唱片錄音帶目錄」，網址：http://www32.ocn.ne.jp/~sunliong/record.htm。

〔註16〕　蔡添登彈唱，涂順從採錄整理：《蔡添登彈唱七字歌仔紀念專輯‧二‧梁三伯與祝英台的故事》（台南：台南縣立文化中心，1996 年 7 月）。

〔註17〕　吳天羅、黃秋田、方麗玉說唱梁祝故事，見林俶玲《臺灣梁祝歌仔冊敘事研究》（臺南：南華大學，文學所碩士論文，民國 94 年 6 月）。

〔註18〕　又名《新刻繡像英台念歌》為全本上圖下文的圖文歌仔冊。

土中，說學成返家時，若它們仍未凋萎，即能證明其清白。梁祝二人同窗時，英台以巧計來掩飾自己的性別，如：使男子蹲著解手、以手巾為床界。直到返鄉前，英台才以鴛鴦、相如文君來暗表自己的性別和情意，但三伯仍不明瞭，直到英台脫下羅衣，三伯才恍然明白。二人臨別時，英台以啞謎喻婚期，暗示三伯來訪。英台返家後，紅羅、牡丹證明了她的清白。馬俊派人至祝家提親，英台久等不到三伯，無奈應允。三伯學成後拜訪祝家，得知英台與馬俊已有婚約，二人憾恨不已，英台以金簪贈三伯，三伯回贈一綹頭髮作為定情之物。三伯返家後向梁母說起英台之事，梁母笑其不辨男女，過於癡傻。三伯相思成疾，以鶯歌鳥傳書英台，向其索求世上所無的藥方，英台回信表示三伯若病死，將到三伯墓前祭弔。三伯讀信之後氣絕身亡。三伯托夢英台，英台欲弔喪，為祝母所阻。她在途中下轎祭拜三伯墓，被攝入墓中。馬俊掘墓找人，卻只見一對蝴蝶飛出。墓底有二片青石枋，一片丟於東長成竹，乃英台所化，一片丟於西長成杉，乃三伯所化。馬俊憤而自盡，向閻王告狀，閻王曉以姻緣天定，並助其還陽。閻王令梁祝二人遊歷地府，之後，觀音佛祖告知二人原是天上的金童玉女，乃因犯錯而貶入凡間，如今受報終了，可返天庭。

分析其主要情節有「以紅羅、牡丹賭誓貞節」、「女扮男裝外出求學」、「巧計掩飾性別」、「借事物暗示性別」、「借事物表露情愫」、「啞謎喻婚期」、「交換信物定情」、「寄書索求世上所無藥方」、「姻緣受阻殉情而死」、「掘墓尋人」、「死後化蝶」、「青石枋變杉、竹，梁祝所化」、「英台投墳，馬俊自縊陰間告狀」、「閻王斷姻緣」、「馬俊死而復活」、「梁祝遊地府」、「梁祝昇天」。

臺灣的梁祝歌仔冊大多翻印自大陸歌仔冊，另行創作者有嘉義捷發書局的宋文和、玉珍書局的戴三奇以及周協隆書局的梁松林。其中又以一九三六年至一九三七年間年周協隆書局出版，由梁松林所編寫的《特編三伯英台新歌》最為完整豐富，共有五十五冊〔註19〕，最具代表性。〔註20〕相較於大陸

〔註19〕細目如下：（參考曾子良：《臺灣閩南語說唱文學「歌仔」之研究及閩南語歌仔敘錄與存目》（臺北：東吳大學中國文學研究所博士論文，民國79年6月，頁115～116。）1、2冊：《英台出世歌》。3、4冊：《英台留學歌》。5冊：《元宵夜做燈謎》。6冊：《馬俊留學歌》。7、8、9冊：《三英遊西湖賞百花歌》。10冊：《仁心別士九歌》。11冊：《三伯觀密書歌》。12冊：《馬家央媒人歌》。13、14冊：《馬家央媒人求親歌》。15冊：《禮仔杭州尋英台歌》。16冊：《英台掘紅綾作證歌》。17、18、19冊：《王婆祝家宋定歌》。20冊：《大舌萬仔倖大餅歌》。21、22冊：《英台思想歌》。23冊：《霧先祝家看症頭歌》。24、25

的梁祝故事歌仔冊，篇幅上大大地擴增，但在內容上，主要還是承襲大陸梁祝歌仔冊的內容。比較閩南和臺灣兩地編作的梁祝唸歌，臺灣創作的唸歌沒有「化蝶」、「梁祝昇天」的情節，且增衍「梁祝回魂還陽」的情節，並發展出梁三伯「考上狀元」、「和番」、「征蕃」等次要情節。

三、白蛇故事

「白蛇故事」是中國四大傳說之一，唐人傳奇《白蛇記》已有蛇妖化為女子與男子交往的故事，但與後來眾所周知的《白蛇傳》仍相去甚遠，一直到明代末年馮夢龍改寫的話本小說《白娘子永鎮雷峰塔》，才形成白蛇故事的基本輪廓，有「借傘結姻緣」、「盜庫銀致許宣充軍」、「道士贈符收蛇妖」、「盜寶物致許宣充軍」、「法海缽收白娘子」、「白蛇收壓塔下」等主要情節。清初戲曲方培成的《雷峰塔傳奇》則又進一步增添了「盜仙草救許宣」、「白娘子與法海鬥法，水漫金山寺」、「斷橋相會釋前嫌」、「許士麟祭塔」的情節，使得白蛇故事更為豐富，更具衝突性，增添了它的藝術魅力。

曾經出版白蛇故事歌仔冊的出版社有上海的開文書局、廈門的會文堂、博文齋以及臺灣的竹林書局。目前可知的全本白蛇故事歌仔冊有二種，一種是會文堂和博文齋均曾發行的《新編烏白蛇借傘歌》、《新編烏白蛇放水歌》，以及竹林書局的《白蛇西湖遇許仙歌》〔註21〕。會文堂版、博文齋版的文字

冊：《三伯越州訪友歌》。26 冊：《三伯對詩達旦歌》。27 冊：《士久別仁心歌》。28 冊：《三伯回家想思》。29 冊：《三伯夢中求親歌》。30 冊：《梁三伯當初探歌》。31 冊：《久仔越州送書歌》。32 冊：《士久帶書回故鄉》。33 冊：《老祖下凡賜金丹》。34 冊：《三伯歸天歌》。35 冊：《設備靈位歌》。36 冊：《英台武州埋葬歌》。37 冊：《渡英台昇天歌》。38 冊：《三伯英台由天庭歌》。39 冊：《馬俊歸天當殿配新歌》。40 冊：《瓊花村求親歌》。41 冊：《三伯英台回陽歌》。42 冊：《孫氏母女回故鄉歌》。43 冊：《馬俊瓊花村完婚歌》。44 冊：《食員相爭歌》。45 冊：《馬俊取七娘歌》。46 冊：《三伯祝家娶親歌》。47 冊：《三伯英台洞房夜吟歌》。48 冊：《士久得妻歌》。49 冊：《三伯別妻歌》。50 冊：《三伯奪魁歌》。51 冊：《三伯掛帥平匈奴歌》。52 冊：《萬敵刀斬黑里虎歌》。53 冊：《匈奴王御駕親征歌》。54 冊：《英英公主選駙馬歌》。55 冊：《三伯班師回朝歌》。（臺北：周協隆出版社，昭和 11～12（1936～1937））。

〔註20〕竹林書局也曾出版《三伯英台歌》55 冊。

〔註21〕竹林書局的《白蛇西湖遇許仙歌》一冊內含十集（民國 74 年），各集標題依序為《白蛇西湖遇許仙歌》、《白蛇贈金錢助許仙歌》、《許漢文蘇州充軍歌》、《白珍娘偷丹救夫歌》、《許仙第二次充軍歌》、《徐乾想思愛白氏歌》、《白珍娘水淹金山寺歌》、《文曲星許夢蛟出世歌》、《法海禪師收白蛇歌》、《許夢蛟

內容完全相同〔註22〕，竹林書局則是另行編寫，發行的時間也較前者為晚。

　　茲先略述會文堂及博文齋的白蛇故事梗概於次。

　　千年蛇精白珍娘與烏蛇小青遊西湖，因遇雨借傘而與許漢文相識。漢文至白府取傘時，珍娘表示願與其結連理，並取庫銀交漢文籌辦婚事。不久，遭人發現庫銀乃縣府所失竊，漢文因而被判充軍蘇州，幸遇故識，方得獲釋。珍娘至蘇州尋漢文，漢文見之怒斥，珍娘向其解釋此皆知縣挾怨誣陷所致，漢文因而釋懷，二人重修舊好。二人婚後經營藥店，生意慘澹，珍娘命小青下毒，使人得病而來買藥，藥店因而興隆。某日，漢文遇六一道士，見漢文滿身妖氣，贈三符咒助其除妖，卻為珍娘所破，珍娘至廟中尋道士鬥法，大敗道士。端午佳節，珍娘因飲雄黃酒現出蛇形，漢文大驚致死。珍娘向南極仙翁求得仙草，救活漢文，向漢文謊稱已除白蛇。後來，漢文因任藥王聖誕的爐主，需以珍寶擺設壇場，珍娘命小青偷來王府寶物，卻害漢文遭官府查辦，充軍鎮江，幸遇徐員外相助而獲釋。珍娘到鎮江尋漢文，向其解釋一番，獲得諒解，再續前緣。不料，徐員外見珍娘貌美，癡戀珍娘，計引珍娘至家中，向其求歡，珍娘現原形，嚇得員外幾乎喪命。某日漢文於金山寺遇法海禪師，法海告知珍娘、小青皆為蛇妖，留漢文於寺中。珍娘至金山寺尋夫，與法海鬥法，珍娘引水淹金山寺，卻使數十萬居民因而喪命，犯了大罪。法海勸漢文出家，珍娘於半途阻攔，告知已懷許家香火，漢文動情，因而返家。不久，珍娘生兒夢蛟，法海再來，取鉢收服珍娘，並將其壓於雷峰塔下，漢文則於金山寺出家。夢蛟長成，高中狀元，於金山寺與父親漢文相認，哭求法海釋放母親，法海謂珍娘受報已滿，釋放珍娘，使其一家團圓，並渡引珍娘和漢文上天。

　　分析其主要情節依序有「借傘結姻緣」、「下毒害人以助藥店興隆」、「盜庫銀致漢文充軍」、「道士贈三符咒收蛇妖」、「端午白蛇飲雄黃現形，嚇死許仙」、「盜仙草救許仙」、「盜寶物致漢文充軍」、「水淹金山寺」、「法海鉢收珍娘」、「白蛇收壓塔下」、「夢蛟中狀元，一家團圓」、「白蛇獲釋昇天」等，皆常見於一般民間故事或戲曲、小說，未見獨創性的情節。

　　竹林書局的《白蛇遇許仙歌》，觀其敘事，不脫《新編烏白蛇借傘歌》、

<hr />

〔註22〕　回鄉祭塔完婚歌》。竹林書局於民國44年、60年曾發行全八集的同名歌仔冊。
中研院傅斯年圖書館藏有上海開文書局的《新編烏白蛇放水歌》，標題內文皆與會文堂版、博文齋版相同，按理推測，開文書局應亦曾發行上集《新編烏白蛇借傘歌》，與《新編烏白蛇放水歌》合為全本。

《新編烏白蛇放水歌》的內容，篇幅雖然增長數倍，由二集擴增爲十集，但情節的安排、人物的關係、名號與稱謂幾乎完全相同，變異的部分不多。作者於文末說道：「我塊編歌照古書」，表明乃依據舊有作品而編寫。對事物的描述較爲細膩，使得篇幅大大增長。歌中的次要情節雖有更動，如小青差五鬼搬運庫銀；又如漢文、夢蛟父子憑夢蛟背後的硃砂痣相認等，多是對舊本的補充和合理化，並未對故事的發展產生變異性的影響。另《白蛇遇許仙歌》對白蛇獲釋出塔的原因有比較特別的安排，除有受報業滿的因素之外，尚有因爲許夢蛟高中狀元，皇帝敕封狀元母，白珍娘因受誥封，是而免除了罪責。作者應是認爲狀元及第的成就極盡顯榮，往往得以耀祖榮宗，福蔭九族，故有此安排。

四、陳三五娘

　　「陳三五娘」的故事，主要流傳於閩南、粵東一帶，成爲許多小說、戲曲創作的素材。陳香於《陳三五娘研究》一書中提到：

> 陳三五娘故事幾百年來，有如水銀洩地，向閩南民間各角落流注，
> 卻也可堪稱奇與嘆羨。小說、戲文、歌詞、俗曲，均競相選爲素材。
> 〔註23〕

著名的明代南戲《荔鏡記》敷演的就是陳三五娘的故事。一般認爲陳三和五娘是閩南當地的眞實人物〔註24〕，《荔鏡記》以閩南語搬演，對當地民眾而言，尤其感到親切，也因而成爲膾炙人口的大戲，對這個故事的傳播尤其產生了深遠的影響。

　　目前可知陳三五娘的歌仔冊有十種，分別由上海的開文書局，廈門的會文堂、文德堂，臺灣的黃塗活版所、竹林書局、文林書局〔註25〕出版。〔註26〕敷陳全本陳三五娘故事的歌仔冊有木刻本的《繡像荔枝記陳三歌》、文德堂的

〔註23〕陳香：《陳三五娘研究》「自序」（臺北：臺灣商務印書館，民國74年7月），頁3。

〔註24〕楊大綬《閩山掃葉集》、馮道《荷塘風雨錄》、杜略《韻文漫訪鈔》、林以仁《敏事鈎沈》皆謂陳三五娘爲閩南當地人士。見陳香：《陳三五娘研究》（臺北：臺灣商務印書館，民國74年7月），頁12～13。

〔註25〕黃塗活版所、竹林書局、文林書局所出版的陳三五娘歌仔冊，內容皆同於會文堂的歌仔冊。

〔註26〕陳兆南：《陳三五娘唱本的演化》《民俗曲藝》第54期（民國77年7月），頁9。

《增廣最新陳三歌全集》〔註27〕和會文堂分作四冊發行的《五娘掞荔枝歌》、《五娘送寒衣》、《五娘跳古井歌》、《益春告御狀》。

筆者雖未能得見文德堂的《增廣最新陳三歌全集》的內容，但是據陳兆南所見，它與木刻本的《繡像荔枝記陳三歌》的內容大體一致〔註28〕。今據《繡像荔枝記陳三歌》略敘故事大要於次。

陳三生性風流，長兄任官在外。一日，嫂妹來訪，陳三夜探其房，卻誤驚其嫂，嫂乃告之公婆，陳三為父母所斥，遂決意辭家尋兄。某日黃五娘與婢女益春於樓上乘涼，陳三適經樓下，五娘擲以荔枝，表其芳心，陳三亦一見鍾情。陳三向李公打探，李公言五娘已許林大，陳三癡心不死，偽扮磨鏡郎，藉磨鏡接近五娘，卻失手摔破寶鏡，九郎（黃父）大怒，五娘提議陳三為奴三年來抵償，陳三因而進入黃府。某日，九郎因一田地與人有訟，陳三代寫訟書，使田地得以判歸九郎。後陳三隨九郎至村里收田租，因村人皆以陳秀才稱陳三，九郎始知陳三為官宦子弟，欲將女兒六娘許之，然二人互無情意。五娘聞之甚感苦悶，問陳三為何淪為磨鏡郎？陳三道出荔枝緣起，二人因而私下定情，共度良夜，婢女益春亦委身於陳三。黃母得知二人私情，欲速嫁五娘，陳三遂偕五娘、益春私奔。林家怒告官府，三人被捉，並當庭問罪，判陳三流放崖州。押解途中遇兄必賢，必賢任廣南運使，為其平反，陳三五娘終得團圓。

會文堂的陳三五娘歌仔冊，相較於前者，篇幅為其六倍有餘，鋪陳細膩，人物性格較為鮮明，心理的變化和情感的轉折都更富有層次。故事前半的主要情節大致相同，如「五娘拋荔枝」、「陳三磨鏡」、「賣身為奴」、「寫狀書顯文才」、「收租露身世」、「渡船私奔」、「官府問罪」。但「官府問罪」之後的情節則有進一步的發展。茲將故事梗概略述於次。

黃五娘於樓上刺繡時，林大見之愛慕，便與黃家訂下婚約。陳三隨兄必賢離家任官，於潮州元宵燈會上巧遇五娘，二人互生好感，陳三假意遺扇，為婢女益春所拾，五娘由扇上所題而知陳三之名，對其念念不忘。經數月，五娘於樓上食荔枝，見陳三經過，以手帕裹荔枝，擲予陳三。陳三大喜，雖

〔註27〕 陳兆南謂此版本影本乃得之於林璋漢，未見於陳香《陳三五娘研究》所列四十三種之內。中研院「閩南語俗曲唱本歌仔冊全文資料庫」及「楊雲萍文庫」均未入藏。

〔註28〕 陳兆南：〈陳三五娘唱本的演化〉《民俗曲藝》第54期（民國77年7月），頁10。

知五娘已有婚配，仍僞作磨鏡郎進入黃府親近五娘，甚至故意摔碎寶鏡，自願爲奴三年以抵償。後因幫九郎（黃父）寫狀書，討回田地，九郎甚喜，招陳三同往收租，見鄉人皆禮陳三，陳三才向九郎表明身世。九郎欲將六娘嫁予陳三，然二人各有所愛。益春從中牽線，終使陳三五娘私成好事。不久林家欲來迎親，陳三提議私奔，五娘促陳三娶益春爲妾，三人趁夜渡船而去。林大得知後怒告官府，不久三人被捉，嚴刑拷問後，釋回五娘、益春，陳三則發配涯州。陳三向任廣南運使的兄長求援，獲得平反。陳三、五娘終成眷屬，九郎亦將六娘嫁予林大。不久，六娘自縊，九郎怒責林大，要求厚葬並廣修功德，林大因人財兩失，心有不甘，認爲一切起因陳三奪娶五娘，請來地理師破壞陳家風水，並誣陷陳三兄長廣南運使謀反。御林軍包抄陳府，陳三、五娘無路可走，投井自盡。二人魂魄暗中保護懷有生孕的益春逃亡。益春半途爲山寨主所擒，欲強娶爲妻，益春爲守貞節，投河以明志，幸爲漁翁所救，認爲養女。五年後，陳三、五娘托夢益春，請她上京告御狀，益春於是扮作男裝，進入王爺府。王爺欲將婢女秋香嫁益春，然秋香陽壽已盡，五娘借屍還魂，假作秋香，暗中幫助益春入宮告御狀。皇帝得知陳三、五娘的冤情，下旨緝拿林大等人問斬，終使沈冤昭雪。益春攜子返回陳府，命人掘井取屍時，飛出一對尾蝶，且墓中陳三、五娘的屍首竟完好如生。益春爲其厚葬。林大等人則在地獄受其業報。

　　比較《繡像荔枝記陳三歌》與會文堂的陳三五娘歌仔冊的內容，前者爲大團圓的結局，承襲了《荔鏡記》的傳統。會文堂故事的前半，發展至陳三五娘成婚，原應可如《繡像荔枝記陳三歌》一般，到此結束，成爲一則典型的才子佳人故事，但後半部卻作了「續集式」的再延伸，安排六娘自盡，使得故事大爲逆轉，進一步發展出惡人構陷、難關重重、伸冤平反的公案情節，又增添冤魂作祟、附身還陽、地府受報等鬼怪情節，這些都是唸歌中經常可見，但卻是《荔鏡記》所無，顯然，喜歡唸歌的民眾，非常喜愛這一類的情節，所以唸歌編作者也將它編入其中，形成了一個充滿公案、鬼怪色彩的陳三五娘故事。

　　從清代至今，陳三五娘都是重要的唸歌曲目，在閩南是錦歌的四大柱之一，在台灣是說唱者經常演唱的曲目，如陳加走、雪月梅、攸寶琴〔註29〕、

〔註29〕以上三人曾共同錄製 78 轉唱片《頭本益春告御狀》（OKEH 唱片公司）參見王　　　順隆「家藏唱片錄音帶目錄」網址：http://www32.ocn.ne.jp/~sunliong/record.htm。

徐順鳳、王玉川、陳冠華、陳清雲、楊秀卿等人皆曾演唱，早期也有唱片、錄音帶流通於市。

第二節　公案故事類

一、包公斷案

　　包公是歷史上的眞實人物，姓包名拯，字希仁，北宋廬州（安徽）合肥人，生於眞宗咸平二年（999），卒於仁宗嘉祐七年（1062）。以清廉公正著名，在戲曲、小說的渲染之下，明察秋毫、判案精準的正義形象深受民眾喜愛。唸歌也經常敷唱有關包公斷案的故事。例如謀財害命的公案《包公審尿壺歌》、《最新張文貴紙馬歌》、《滴血成珠》；忘恩背義的公案《最新吊金龜歌》、《陳世美不認前妻歌》、《最新水災歌》，還有鼠精鬧官的公案《新編五鼠鬧宋宮歌》等。

　　《包公審尿壺歌》，敷唱的即是著名戲曲《烏盆案》中的故事。廈門的會文堂、博文齋，臺灣的黃塗活版所，都曾出版其唱本，內文完全相同。故事大要如下。

　　李浩離家經商多年，決定結束生意，返鄉娶妻。返鄉途中迷了路，向燒磁匠丁萬問路，丁萬有兄丁千，起了謀財害命的歹念，聯合丁萬取石板打死李浩，並將他的屍體和入土中，燒成一只烏盆。張老二以清尿爲業，因尿壺被孩童打破，而向丁萬兄弟購買尿壺，兄弟倆於是順勢將烏盆賣給張老二。張老二返家後欲使用新尿壺時，尿壺突然出聲嚇止，張老二大驚，尿壺繼而將被害的經過告訴他，張老二甚覺奇異，便帶著尿壺上官府爲其申冤。包公升堂，向尿壺問話，尿壺沒有回應，包公怒斥張老二胡鬧公堂，處以二十大板後逐出。張老二回家後責問尿壺，尿壺言乃因赤身露體羞於見人，張老二於是取衣將之包裹後，再度上官府告狀，尿壺才說出實情。包公命人緝拿丁氏兄弟入府審問，但二人自恃屍首已滅，雖李浩冤魂現身指認，仍不認罪。後來在包公嚴刑逼問之下，丁萬才說出實情，兄弟倆被判死罪。包公將取回的贓款交與張老二，張老二則將尿壺帶回祭祀。

　　《包公審尿壺歌》裡對包公的描述不多，僅在唸歌的開頭和結尾稱讚包公「清廉正直」、「明理」、「正是青天好無比」。鋪敘的重點主要在於「尿壺的奇異」，尿壺會說話、會感到羞愧、到官府告狀等都顯示了尿壺的奇異之處，

也是故事中最吸引聽眾的地方。歌曲最後強調「勸恁朋大共兄弟，不通做出只代誌，法律森嚴無僥欷，親像丁千丁萬伊，許時反悔有恰遲」，作者表達編作此歌有勸人為善的目的。

《包公審尿壺歌》的人物和主要情節安排與明代《京本通俗演義包龍圖百家公案全傳》〔註 30〕（下文以《龍圖公案》稱之）第四十四回〈烏盆子〉相同，《包公審尿壺歌》應據其改編。但細節的描述或有不同，如〈烏盆子〉敘李浩被害，乃因其飲酒醉倒途中，為丁千兄弟遇見，趁其酒醉，而行謀財害命之事；〈烏盆子〉對丁萬兄弟倆的個性差異並沒有作詳細的描述；文末也沒有向觀賞者道德勸說的文句。比較《包公審尿壺歌》及〈烏盆子〉，前者明顯具方言說唱的口語敘事風格，與後者書面語言描寫的小說敘事風格大不同。類似的故事也曾流傳於仫佬族以及俄國、塞爾維亞、德國及義大利等地。〔註 31〕

《最新張文貴紙馬歌》（上本題名，下本題作《張文貴父子狀元歌》，今以上本題名統稱），敷唱《明成化說唱詞話》〈張文貴傳〉的故事。上海的開文書局、廈門的會文堂、博文齋及臺灣的黃塗活版所皆曾出版其唱本，內文完全相同。說唱者王玉川也擅長此歌，筆者曾採錄一小段，他敷唱張文貴離家時難捨妻小的心情，唱詞與唱本所見不同，因採得的部分非故事主要內容，故暫不列入討論。今將唱本所見，整理大要如下：

張文貴攜眷赴京考試。遇皇叔趙尹選妾，屬意文貴之妻違娘，違娘推辭不從，遭趙尹禁於花園從事苦役。文貴向趙尹尋妻，反被趙尹燒死。幸太白星君救其回陽，示其往尋七仙姑。趙尹派王良追殺文貴的兒女連弟和珠觀，但因姊弟倆互為彼此求情，王良大受感動，決定放走他們，而後自盡。姊弟倆後來遇到猛虎，驚嚇中失散，分別獲貴人救助。文貴則得到仙姑所贈的三種寶物，分別是可變出美食、財寶和仙女的「仙瓶」、日行千里的「紙馬」和使人還陽的「寶帽」。入住旅店時，文貴於房內以仙瓶變出佳餚，並召來仙女為其演奏，為旅店老闆春太窺見，他向文貴追問，得知文貴持有三寶，遂以毒酒殺之，投屍井中，並將三寶佔為己有。其時，太后染重病，春太以寶帽救活太后，受封狀元。某日，包公在途中為紙馬所攔，引他來到旅店後方，發現井中有文貴的屍體。包公得知旅店為春太所有，疑文貴為其所害。包公

〔註 30〕又名《包公案》、《龍圖公案》，為明代安遇時等著。
〔註 31〕金榮華：《民間故事類型索引・上冊》（臺北：中國口傳文學學會，2007 年 2 月），頁 291。

偽稱病重，向春太借寶帽治病，實為救文貴回陽。文貴復活後將冤情告訴包
公。包公命張龍救出違娘，使其夫婦團圓，並以謝恩為由，宴請趙尹和春太
二人，安排文貴夫婦出面指認，並將二人定罪問斬。文貴後來獲封狀元。連
弟長成後，入京赴試，途中遇女子招親為婿，成親之日道出往事，才知妻子
竟是珠觀，姊弟因而團圓。連弟考中狀元後，於朝中與文貴相認，一家團圓。

　　比較明代《明成化說唱詞話》的〈張文貴傳〉，《最新張文貴紙馬歌》保
留了「店東謀三寶殺害文貴」、「寶馬示冤情」、「包公偽病借寶，救文貴回陽」、
「包公假設宴真辦案」等幾個主要情節。至於，「趙尹強取違娘」、「趙尹追殺
珠觀、連弟」、「姊弟倆遇虎失散，分遇貴人救助」、「姊弟因招親團圓」、「連
弟中狀元，朝中與父親相認」等情節則未見於〈張文貴傳〉。

　　兩者情節發展的差異應與人物的變異有關。〈張文貴傳〉裡文貴赴考時尚
未成婚，因於半途為山賊所擄，而與山寨公主青蓮成親，婚後公主贈以三寶，
助其上京赴考，而展開一連串主要情節。《最新張文貴紙馬歌》裡文貴赴考時
已有妻小，故發展出「皇叔強佔文貴妻」、「兒女被追殺、失散、重逢」等情
節。從以上兩者情節變異的情形，可知《最新張文貴紙馬歌》保留了「張文
貴故事」的核心情節，即「謀奪神奇寶物殺人害命」和「包公機智辦案」的
部分，也是故事中最吸引群眾的地方。

　　「神奇的三寶」是「張文貴故事」的主軸，原本在〈張文貴傳〉裡，青
蓮公主贈予張文貴的神奇寶物，一是「青絲碧玉帶」，可使死人還陽、病者痊
癒、老者還童；二是「逍遙瓶」，可變出美酒佳餚；三是「溫涼盞」，飲酒時
可奏出美妙的音樂。除此三寶，又另配「龍駒馬」一匹，馳行如箭，以為坐
騎。在《最新張文貴紙馬歌》，三寶則成了「寶帽」、「仙瓶」和「紙馬」，「寶
帽」與「青絲碧玉帶」的功能相同，「仙瓶」兼有「逍遙瓶」和「溫涼盞」的
功能，「紙馬」則同於「龍駒馬」。《最新張文貴紙馬歌》其實是將〈張文貴傳〉
中的四寶，合為三寶，功能並未改變，故由三寶所發展出的故事，仍維持原
有的基本架構，因此除其他增衍的次要情節外，《最新張文貴紙馬歌》仍承襲
了明代〈張文貴傳〉的主要情節。

　　《最新水災歌》，廈門會文堂及臺灣黃塗活版所皆曾出版唱本，內文相
同。其故事內容、人物角色、情節安排與《龍圖公案》第十二回〈石獅子〉
如出一轍，應是據其所編寫。故事大要如下：

　　宋代市頭鎮民素多惡行，玉帝將降洪水以懲鎮民。鎮上有一崔長者，樂

善好施，兄名崔慶。某日僧人來訪，告知洪水將至，因崔長者福德甚厚，特請其造船避難，惟不可援救他人，免招禍端；並言近日若見寶積坊前石獅之眼出血，即知洪水將至。長者即令人造船，並命婢女每日察看石獅。村人見之無不嘲笑，從事屠業的二少年私將豬血潑於石獅，以為戲謔，婢女見石獅出血，急返相告，長者舉家登船避難。不久，果洪水為災，僅長者一家得免於難。長者見烏鴉、猴為水所困，一一救之。又見一人呼救，亦將其救起，並收為養子，其名劉英。洪水退後，某日太后遺失玉印，仁宗昭告天下，若尋得玉印者，必有重賞。長者因神明示夢得知玉印落於琉璃井中。因長者年邁，劉英表示為報恩情，願代長者入京奏聖。仁宗因重獲玉印，賜劉英為官，並招為駙馬。劉英忘長者之恩，獨享富貴。長者見劉英去而不返，命親兒崔慶上京尋找劉英，劉英見到崔慶恐惡行洩漏，將他囚於天牢，欲使餓死，幸義猴送來食物，方得活命。又因烏鴉代送家書，長者才知劉英惡行。長者入京向包公告狀，包公聞之，心生一計，宴請劉英，席間包公以水代酒，劉英怒其無禮，包公則諷其曾飽飲洪水，又使長者出面指認，劉英百口莫辯，俯首認罪，遭處死刑。長者、崔慶則另獲重賞。

　　《最新水災歌》雖據《龍圖公案》〈石獅子〉而編寫，情節相同，但是明顯的差異處是：多了「因果報應」的宗教思想。如〈石獅子〉並未交代洪水發生的原因，《最新水災歌》則於歌首說道因鎮民「罪惡千般難算起，神明天庭奏玉旨，玉皇聽奏大怒氣，降下水災除滅離」，言水災發生乃鎮民多行不義的報應。另《最新水災歌》歌末說道「劉英忘恩共負義，合該報應障行宜，長者善心大福氣，欽賜義坊好名字，崔慶做官神扶持，日後高陞太常侍」仍是再次強調「善惡到頭終有報」的觀念。作者並對欣賞者進一步勸說：「神明庇佑大福氣，不可忘恩共負義，天理昭昭無差移，遠報子孫近自己，他日後悔就恰遲，我做只歌是勸世」，強調此歌的勸世功能。

　　《最新水災歌》雖改編自《龍圖公案》，但是這個故事也是一個流傳廣泛的民間故事，在浙江、吉林、福建、江蘇、湖北、江西、河北、河南、黑龍江等地，以及西藏的藏族和雲南的蒙古族，都有類似的故事流傳。〔註32〕

二、其他公案

　　除了「包公斷案」的題材，尚有許多以其他「公案故事」為題材的唸歌，

〔註32〕同前註，頁297。

以與兇殺有關的公案為多，如《花呈會》、《青竹絲奇案》、《通州奇案殺子報》、《梁天來告御狀》、《道光君斬太子歌》、《詹典嫂告御狀》、《楊乃武歌》、《草鞋記》、《為夫伸冤歌》、《七屍八命歌》、《乾坤印》、《陳總殺媳報歌》等；另有與竊盜有關的公案如：《徐胡審石獅》；與貞節有關的公案，如：《破肚驗花歌》。其中曾發行唱片者，有呂柳仙的《青竹絲奇案》、楊秀卿及黃秋田分別演唱的《通州奇案殺子報》、黃秋田的《道光君斬太子歌》、《詹典嫂告御狀》以及黃秋田的《乾坤印》。

與兇殺公案有關的唸歌，茲舉《通州奇案殺子報》〔註33〕為例。上海開文書局、廈門博文齋、文德堂〔註34〕都曾出版該歌唱本。就目前所見，臺灣出版商似未發行此歌唱本，但是它卻是臺灣說唱者經常演唱的曲目，深受臺灣民眾喜愛，說唱者楊秀卿及黃秋田均曾發行唱片〔註35〕。

今據博文齋發行的全本唱本，整理內容大要如下：

王世成娶妻徐氏，生女金定、生子官保。世成染重病，徐氏至天齊寺祭祀，遇寺僧納雲，二人互有好感。不久，世成病逝，徐氏請納雲至家中主持法事，兩人因有私情。某日二人私會房內，為官保撞見，怒斥二人。納雲恐事跡敗露，欲斷私情。徐氏為續前緣，竟欲謀殺官保，以除納雲之慮。金定得知母親計謀，趕往學堂通報官保，勸其勿返。官保獨留學堂，並將母親的計謀告訴學堂先生錢正林，正林認為應是其母氣言，願陪其返家，代為求情。正林至王宅未見異狀，便行離去，臨走前，官保趁隙請求先生，若遭不測，望代為申冤。當晚徐氏即殺官保，分屍七塊，命金定收拾，藏於酒甕。是夜，正林夢見官保。因官保三日未至學堂，徐氏差人報其死訊，先生思及官保所託，心中生疑，向徐氏查問，徐氏不悅，怒斥正林。正林決定狀告徐氏。縣

〔註33〕 以此故事為題材的唱本尚有廣州龍舟歌的《殺子有報》、潮州歌冊的《上海殺子報》、鼓詞《改良新纂殺子報》及《王官保殺子報油壜記》、大鼓書的《殺子報》及《新刻殺子報》、金山鎮洙涇鎮的雜曲《新出殺子報》，另外根據《中國寶卷總目》（車錫倫，2000 年，頁 243～244）記載，以此為題材的寶卷有《殺子報寶卷》、《申冤寶卷》、《通州案寶卷》等題名，共 9 種。

〔註34〕 題名《最新通州奇案歌》（廈門：文德堂，民國 9 年）。

〔註35〕 月球唱片已將楊秀卿的唱片翻製成 CD，題名《通州奇案》，收於月球唱片公司發行的《懷念臺灣民謠 CD 系列》（發行日期待考，筆者購於 2007 年）。黃秋田的唱片也已翻製成 CD，題名《殺子報》，收於弘揚視聽有限公司發行的《勸世歌·三》（發行日期待考，筆者購於 2007 年）；另據曾子良主持的《閩南說唱歌仔（唸歌）資料蒐集計畫成果報告書》中載錄，黃秋田有《殺子報》錄音帶三卷，由超群唱片發行，不知與上述 CD 的原始錄音檔是否相同。

官楊大人，以天下無母殺子之事，指必正林與徐氏有隙而誣告，反將正林收押。幸正林之妻求助於弟，改寫狀書，指金定亦知實情，縣官始信，開堂再審徐氏。然徐氏堅不認罪，縣官無策，將此案轉交知府。知府於夢中經城隍指點，因而假扮術士，暗中調查。納雲聞其天機妙算，請其入寺卜算，知府藉機試探，納雲不知，托出與徐氏的私情及徐氏殺子的惡行。知府即捉納雲、徐氏入堂，將二人處斬。知府將王家財產判予錢正林，並將金定配予正林之子。

　　《通州奇案殺子報》敷唱的是一樁母爲私情殘忍殺子、分屍的公案，相傳是發生於清乾隆年間的眞實事件〔註36〕。違逆天倫是該公案最引人憤慨之處，喚起了欣賞者的激憤情緒。並藉學堂先生及縣官乍聞之時皆不信此等逆倫之事，以凸顯罪行之惡。而知府巧扮術士，展現辦案機智，使惡人繩之以法，主持正義，則使欣賞者爲之稱快。歌末有：「此歌編來眞齊備，勸人著學盡忠義，皇天報應無差移，惡毒婦人來分屍，眾人看見該歡喜，此本勸世新歌詩，萬古流傳有名字。」，作者宣揚因果報應的思想，申明其勸世爲善的目的。

　　歌中有幾處明顯不合理的地方，如：無人告知學堂先生案發經過，他如何將案情詳細寫成狀文？錢正林的妻舅爲何突兀的出現於故事中？又能補充、修改狀文，使縣官願重審該案？狀文中說到金定知道實情，似是辦案重要線索，但縣官卻未對其偵查？如此等等，皆是情節的不合理處。由於《通州奇案殺子報》的故事，亦見於大鼓書《新刻殺子報》、京劇《殺子報》，並非作者原創，或許是該故事在流傳、編寫的過程當中，有所遺漏或疏忽所致。

　　臺灣說唱者楊秀卿和黃秋田的唱詞均與唱本不同，部分情節相同，如皆有「徐氏爲護私情而殺子」、「金定走告官保勸勿返家」、「官保託學堂先生代

〔註36〕清乾隆時景星杓的《山齋客譚》中，有件「母淫殺子」的時事記載與此相近，茲引如下：「方山之民有商于外者，共妻與人通。一子方九歲中，夜醒忽肩房有人足，詢其母曰父歸邪。其母惡之且誡曰，苟洩吾事當兩斃之。其子旦入小學，至午不敢歸銄，及暮亦然。其師窮問，乃述母誡，師強送之歸，及門乃返。次日其子不赴學，呼之其母。曰胙兒未嘗歸，方欲向師求兒，何事久藏乎。師知其故，遂宣兒語於眾，因訟之官，縣令不信篤，師出。兒師歸，遂率徒眾登婦樓，竊索之不得。將下樓，已躡數級，正見二寶於婦床下，血腥逼人，取視之，兒果碎臠於中。事乃白，其私人逃於杭，之護國院爲僧，並獲之就法焉」轉引自蔡欣欣〈風行與箝禁：試論「殺子報」案的流播改編與在台演劇現象〉，《臺灣學誌》創刊號（2010年4月），頁99。

為申冤」、「官保托夢於先生」、「先生被收押」的情節。但部分次要情節則或有不同。楊秀卿和黃秋田均指「屍體藏於床下」、「先生詢問官保行蹤，徐氏反稱兒子上學失蹤，誣告先生殺官保」。二位說唱者說唱的內容非常相似，應有承襲關係，但他們對破案的過程有不同的敘述，如楊秀卿指破案關鍵乃因官保托夢先生，告訴他藏屍地點，請其轉告縣官，而能破案，故其並無判官改扮術士調查案情的情節。黃秋田則唱了一段官保見閻王的情節：土地公引官保之魂至閻王之前，閻王查生死簿，言其命不該終，令其托夢先生，但官保未及說出藏屍之處，即因雞啼天亮，而須返枉死城。又唱道：官保再次托夢縣官，縣官因感其冤而假扮術士，遇一雜貨販為徐氏鄰人，托出此事，方得破案。

與貞節有關的公案有《破腹驗花歌》，廈門的博文齋、文德堂、會文堂及臺灣的黃塗活版所均曾出版唱本。今據博文齋唱本，整理內容大要如下：

清時蘇州吳縣城有員外李瑞祥，子名子英，女名秀英。另有一員外楊少山，子名芝田。媒人為芝田和秀英作媒，下聘後，另擇吉日成婚。瑞祥壽宴，外甥姜百良見李家富貴，又見秀英美若天仙，心生歹念，欲設計娶得秀英。百良假寫一信，內容為男子與秀英約定三更之會。故意讓芝田拾得此信，以為秀英不貞，三更時至李府門外查證，見男子（百良所偽裝）候於門外，憤而提出離書。瑞祥收到離書怒不可當。李、楊兩家因而發生爭執，告上官府，知縣以「滴血成珠」可證女子貞節，驗秀英清白，但因百良私下買通官媒，致血未成珠，李家與秀英因而蒙受污名。秀英兄長子英返家，聞知此事，言破腹驗心花可證貞節，偕妹再上公堂。秀英願捨命驗心花，果還其清白。土地公引秀英之魂見閻王，閻王言其陽壽未終，實為百良所陷，願助秀英還魂，並得申冤。百良後來另娶他人，迎親時，值其妻子壽命該終，秀英借其身還魂，怒罵百良，並得高官審理，百良及官媒均被處以剖腹之刑。李、楊兩家重辦婚事，芝田、秀英終於順利成婚。

《破肚驗花歌》反映了古代的貞節觀，顯見女性的貞節對個人、婚姻、家庭、社會的重要性，乃至是犧牲生命也在所不惜。唸歌所盛行的年代，社會普遍仍有嚴格的貞節觀念，此歌應反映出當時的價值觀。「滴血成珠」、「剖腹驗心花」在今日看來，是荒謬無比的辦案手法，但在舊社會，一方面代表「貞節」審查標準的嚴格，一方面更藉此推崇了守貞者的神聖性。歌末說「勸人做事免奸雄，做人奸雄天不容，只歌唱來勸世風，女有守義男剛強」，對欣

賞者加以勸說。

　　與竊盜有關的公案有《徐胡審石獅》。廈門的德文堂及臺灣的黃塗活版所曾出版其唱本，類似的故事曾見於清代《施公案》第二八、二九回，亦曾流傳於陝西、北京、寧夏、海南和西班牙〔註37〕。今據黃塗活版所唱本，整理內容大要如下：

　　明代，徐胡任官，宰相方國珍爲其姑丈，欲試其才能，命婢女偷食雞蛋，令徐胡查辦。徐胡於是令婢女漱口吐水於盆中，若有蛋屑，即爲偷者，果查明眞相。後來，徐胡至漳州就任，斷案嚴明，某日至城隍廟祭拜，民眾爭相探看，賣油販吳春爲睹其面，竟將油擔托予廟前石獅，不料爲其堂兄吳文所盜，賣與族兄永生，得錢三千二百。吳春回頭發現油擔遺失，驚慌大喊，徐胡聞聲出而詢問，吳春哭訴家貧，不堪損失，徐胡因而責問石獅油擔去處，並令人綑綁石獅拖入公堂審問。百姓聞之，無不感到新奇，爭相圍觀，徐胡見圍觀者眾，即命官役關閉府衙大門，令觀者捐錢，以此補助吳春損失，並薄懲吳春，以爲警惕。之後，徐胡派人暗訪，於賭場適聞吳文向人炫耀他才是偷油者，當場爲差役所綑，徐胡判處吳春、吳永生二人遊街示眾。

　　《徐胡審石獅》是一則清官運用機智審理竊案的故事，頗具趣味性。此歌對於圍觀者何以願捐錢幫助吳春並沒有清楚的解釋？公堂上，徐胡也未對石獅進行審問？這個故事是福建漳州的知名傳說，當地有一種說法〔註38〕，主要情節與此相近，但描述則較爲詳盡，其中說道：徐胡故藉審石獅引起民眾好奇，待民眾湧入衙門後，令人關閉公堂大門，放置一個水盆，宣告圍觀者投錢後，方得觀看，民眾聞之，莫不取錢投入，官役則暗中觀察投入水中的錢幣，有無油珠。果然，發現有油珠者數人。而後，徐胡開始審問石獅，斥問它認罪與否？故意湊耳靠近，假作聽得石獅認罪，判石獅關入大牢，並取出水盆中的錢，將油擔木錢之數給與吳春，宣布結案。之後，暗中對投錢浮有油珠者加以調查，排除職業與油有關者，僅吳紋爲無業遊民，平素好賭。後來的故事發展則與唸歌相似。從上所述，民眾投錢有其具體的理由和辦案的需要；而徐胡審問石獅的情節不但凸顯出故事的主題，也更加能夠表現徐胡辦案的機智和趣味性。唸歌所述較當地傳說簡略，應是唸歌編寫時的缺漏所致。

〔註37〕　同註3，頁375～376。
〔註38〕　故事來源爲《薌城鄉訊報》第四期（2007年9月29日），亦見於大陸網站：「漳州之窗」，網頁附註講述人爲黃榮奎（農民），故事採錄人爲田秀夏，流傳地區閩臺一帶。

第三節　三國故事類

　　三國故事是唸歌常見的題材，目前所知有《三國相褒歌》、《正派三國歌》、《三國坐馬合歌》〔註39〕、《打黃蓋》、《闞澤獻詐降書》〔註40〕、《孔明獻空城計歌》〔註41〕、《孔明請東風》、《合攻破曹歌》、《貂蟬弄董卓》、《劉備東吳招親歌》〔註42〕、《黃鶴樓新歌》〔註43〕等唱本發行，另有徐順鳳編作的《曹操割嘴鬚》、《趙子龍救阿斗》、《關公困土山》、《關公過五關》、《古城會》等歌，由邱鳳英說唱，並發行唱片和錄音帶〔註44〕。

　　此類唸歌中，以《三國相褒歌》的版本最多，曾由許多出版社發行，可知其流傳甚廣，茲舉其爲例。

　　《三國相褒歌》〔註45〕，上海開文書局、廈門會文堂及臺灣的黃塗活版所、捷發書局、竹林書局均曾發行唱本。以竹林書局爲例，由題名可知它是褒歌的形式，敷唱三國故事中的人物，以四句爲一葩，每葩第1、2句介紹三國人物；第3、4句爲男女相褒，互訴情意，則與三國故事的內容無關。如：

　　　　第一諸侯遠公路，董卓用計去廷都，

　　　　蛤（和）娘一人一地所，離娘千里个（的）路途。

　　　　第二諸侯是韓香，關公愛將是焉良，

　　　　呵（讚）娘做人眞樂暢，爲娘氣苦致肝腸。

　　　　第三諸侯是孔抽，周瑜用計打荊州，

　　　　爲娘刈弔（思念）險天壽，害兄腳跟寮寮球。

　　　　第四諸侯是劉岱，曹操卜起孔雀台，

　　　　娘仔生水（美）兄意愛，

　　　　無好嘴（好話）水（美）拐（騙）袂（不）來。

這個模式只到第79葩，第80葩以後無男女相褒，改以每葩四句全部敘述三國的人與事，如：

〔註39〕黃阿田編作（臺北：黃塗活版所，大正13年（1926））。

〔註40〕林國清編作（新竹：新興書局，出版時間待考）。

〔註41〕林有來編作（新竹：竹林書局，民國44年、民國60年、民國78分別出版）。

〔註42〕林達標編作（新竹：竹林書局，民國49年）。

〔註43〕林九編作（臺中：瑞成書局，出版時間待考）。

〔註44〕見曾子良：《臺灣閩南語說唱文學「歌仔」之研究及閩南語歌仔敘錄與存目》（臺北：東吳大學中文所博士論文，民國79年6月），頁103。

〔註45〕又名《編三國相褒歌》、《最新三國相褒歌》。

劉備請伊有三擺（次），孔明尾次（每次）蛤（和）伊來，

張飛性弟（脾氣）有恰（較）呆（壞），未出草如伊先知。

孔明先生真利害（厲害），卜（要）去西川路不知，

西川孔明是真愛，就勸劉備共（給）取（帶）來。

孔明入川不知路，好得張松獻地圖，

張松遇著好主顧，賣乎劉備真對都。

劉備得著伊孔明，取川龐統去大先（率先），

雲長性弟（脾氣）是真猛，卜（要）共（和）馬超大交兵。

《三國相褒歌》非敘事性的結構，而是如人物大全般，先條列三國人物及其特色，再於後段敘述幾個精彩的故事情節，如王允獻貂蟬、草船借箭、闞澤獻詐降書、火燒連環船等，皆與《三國演義》內容相符，情節未有改動。《三國相褒歌》第 1～18 葩，以十八位諸侯開頭，因唸歌每葩首句一般稱為「歌頭」，故稱之為「十八諸侯歌頭」，《正派三國歌》和《闞澤獻詐降書》中亦見「十八諸侯歌頭」，杜仲奇於其論文《歌仔冊「正派三國歌」之語言研究》提到：「『十八諸侯歌頭』，於不同歌本，發展出不同內容，甚至澎湖褒歌也有保存」〔註 46〕，可見這種程式化的唸唱模式，因為便於記憶與唸唱，相對的也促使了它的傳播。

　　另外，許多作者也經常擇取《三國演義》的片段，將其改編為唸歌，如《孔明獻空城計歌》、《打黃蓋》、《闞澤獻詐降書》、《孔明請東風》、《合攻破曹歌》、《貂蟬弄董卓》、《劉備東吳招親歌》、《黃鶴樓新歌》。編作的內容大多忠於原著，如《孔明獻空城計歌》即改編自第五十六回「曹操大宴銅雀臺，孔明三氣周公瑾」及第九十五回「馬謖拒諫失街亭，武侯彈琴退仲達」〔註47〕，又如《劉備東吳招親歌》改編自第五十三回「關雲長義釋黃漢升，孫仲謀大戰張文遠」至第五十六回「曹操大宴銅雀臺，孔明三氣周公瑾」。

　　《孔明獻空城計歌》裡有：「此書不免廣交代，自早世界就公開，內中故事都袂醜，所得袂屎甲亂排」，「此書」即是指《三國演義》，作者特別強調這

〔註46〕 杜仲奇：《歌仔冊「正派三國歌」之語言研究》（臺北：國立師範大學臺灣文化及語言文學研究所碩士論文，2009 年 5 月），頁 180。

〔註47〕《孔明獻空城計歌》內實含三國故事的二個片段，片段各自獨立。先敘《三國演義》第五十六回「曹操大宴銅雀臺，孔明三氣周公瑾」裡孔明氣死周瑜的故事，再敘第九十五回「馬謖拒諫失街亭，武侯彈琴退仲達」裡孔明獻空城計的故事，題名則據後者命之。

是根據原著所編寫，不可隨意改動，另外《劉備東吳招親歌》的作者也強調：「照書來編未落句」，可知在這一類的唸歌，作者以「忠於原著」為其編作的態度，少有創新之處。然三國故事進入唸歌之中，變得更加通俗化，讓更多的群眾得以跨越文字的隔閡，透過熟悉的語言與藝術形式，也能欣賞到三國故事裡英雄豪傑的風起雲湧與三國爭霸的興衰存亡。

第四節　孝順故事類

　　許多唸歌經常引用孝順故事，如「二十四孝」、「四十八孝」，但敷唱單一故事的曲目卻不多，目前可知有《大舜耕田坐天歌》、《目蓮救母歌》、《丁蘭刻木歌》它們都是相當受歡迎的曲目，均曾發行過唱片，其中僅《大舜耕田坐天歌》曾經發行歌仔冊。《大舜耕田坐天歌》和《目蓮救母歌》的敘事較為完整，分別介紹於下。

一、《大舜耕田坐天歌》

　　《大舜耕田坐天歌》敷唱大舜的孝行故事，上海的開文書局、廈門博文齋、會文堂以及台灣的黃塗活版所、捷發漢書部、竹林書局均曾出版唱本。博文齋、會文堂、黃塗活版所、捷發漢書部的唱本內容相同；竹林書局則是依據前者另行改作。說唱者呂柳仙、黃秋田、邱查某均曾說唱此故事，並錄製唱片。

　　在討論《大舜耕田坐天歌》之前，先看一看這個故事早期的面貌。較早且完整的記載可見於《史記・五帝本紀》：「舜父瞽叟盲，而舜母死，瞽叟更娶妻而生象。象傲，瞽叟愛後妻子，常欲殺舜。」「舜年二十，以孝聞，三十，而帝堯問可用者。四嶽咸薦虞舜曰可。於是堯乃以二女妻舜……」，《史記》裡還說道舜因孝聞名，舜的父親瞽叟、後母和弟弟象卻謀殺他二次，一次是令其修倉廩卻放火謀殺他，舜以笠自扞而下，得以不死；一次是令舜浚井，卻想將他活埋井中，幸舜另鑿地道由他井逃出，方得不死，三人以為舜已死，私分其財物及妻子。儘管如此，事後，舜依然孝順父母，友愛弟弟。另外，也有舜於歷山耕作的記載。《史記》上的記載頗具故事性，不但有曲折、衝突的情節，也有鮮明的人物形象，因此它經常被當作一則故事，為人們所津津樂道。

在說唱藝術方面，唐代的敦煌變文《舜子變》則是增衍了許多豐富的內容，對後代說唱有很大的影響。《舜子變》由瞽叟妻子樂登夫人病重說起，夫人臨終時交代瞽叟不得鞭打孩子。夫人死後，瞽叟續絃。瞽叟外出謀生三年，後母聞知瞽叟將返，令舜子爬到樹上摘桃子，卻在樹下暗地以釵刺傷自己的腳，待瞽叟返家向其哭訴，謊稱為舜子所陷。瞽叟於是將舜子吊起痛打，百鳥因而自鳴，慈烏因而灑血。帝釋知舜子為孝順之男，助舜子消除疼痛。後母又誣陷舜子善使魅術，以離婚要脅瞽叟共謀害舜。後母令舜子修倉，父親、後母、小弟象趁舜子在倉頂時，由四面放火燒之，舜子，以兩笠為憑，騰空飛下，因帝釋所助，毫髮未傷。後母見其未死，又叫舜子去淘井，卻將舜子埋於井中，幸帝釋變作黃龍引至他井，遇一老婦救他出井，並勸他至親娘墓前，必見母魂。果如其言，母魂勸舜子至歷山耕作。舜子於歷山耕作，獲天及豬、鳥等相助，歲稔年豐，思報親恩。遇到商人提及瞽叟因埋殺親兒，導致雙目失明，其妻變得癡鈍，賣柴為業，兒象更是癡癲，乞食無門，全家極是落魄。舜子已離鄉數十年，決定帶著米糧返鄉賣米，遇到後母來買米，未收取米錢，瞽叟聞之甚感怪異，要妻子帶他至米店，認出了舜子的聲音，父子才得相認。舜子以舌舐父淚，瞽叟因而重見光明。後娘也恢復正常。瞽叟本欲殺惡妻，經舜子勸阻才作罷。舜子的孝名因而傳遍天下，堯於是將二女嫁給他，並讓位給舜子。

《舜子變》的情節較《史記》更為豐富，更具幻想性。它所增衍的情節有「舜子親娘臨終遺言」、「後母令舜子摘桃，竊傷己腳，誣舜所為」、「瞽叟鞭打舜子，百鳥自鳴，慈烏灑血」、「帝釋屢次相助」、「墓前見母魂，獲母指引」、「天及動物助舜子耕田」、「瞽叟、後母、象得報應」、「舜子返鄉賣米助家人並團圓」、「舜子舐父盲眼使見光明」。為該故事增添了神奇的想像，以及佛教的宗教色彩。

唸歌《大舜耕田坐天歌》承襲了《舜子變》的部份情節，而又有所演化，反映故事流傳過程中所具備的變異特性。

今據博文齋唱本將《大舜耕田坐天歌》的大要整理如下：杭州姚六舍與妻子曾二娘向神求子，當夜夢見龍鳳，不久果懷孕生得一子大舜，未久又生一女華首。後來，曾氏身染重病，臨終前叮囑六舍切莫續絃，以免子女遭受後母欺凌，六舍允之，並且立誓：若娶後妻則雙目失明。曾氏死後，六舍念子女年幼需人照顧，便娶康氏。康氏入門時帶來與前夫所生之子，名象，並

待大舜兄妹甚薄。某日,六舍外出經商,康氏令大舜至蓮花池摘花,意欲溺之,太白星君即化水如鐵,使大舜平安而返。康氏又令大舜至屋後摘荔枝,並以暗箭射殺他,太白星君化箭如綿,又幫大舜逃過一劫。康氏見大舜無事,甚感不解,以身試之,反爲箭所傷。她又命親兒象買砒霜毒害大舜,太白星君化爲老人,以仙丹假作砒霜給象,康氏不知,以之毒害大舜,未能得逞。六舍返家,康氏誣其箭傷爲大舜所害,六舍怒打大舜,曾氏顯靈責備六舍。康氏又以離婚威脅六舍,使其共謀殺舜。康氏命大舜整理米倉,唆使六舍令象於米倉引火,使大舜身陷火場,爲太白星君所救。康氏見其未死,又令大舜淘井,趁其入井之時,以石投井,幸太白星君於井底開路,讓大舜順利逃出。太白星君又化爲老人,指引他前往歷山耕作。而舜的妹妹華首也爲富人張舍所收養。大舜至歷山耕作,獅、象、鳥、猴、鼠及鬼神皆來相助,收成甚豐。太白星君化做同鄉老人,告訴大舜杭州飢荒、其父因誓言失明、家道中落等家鄉訊息,請其返鄉賑濟。然歷山離杭州甚遠,大舜爲運米糧而傷神,山神感其孝心,請龍王調引海水,將米運去杭州。大舜於杭州經營米行,象和後母來買米,大舜暗知,未收其米錢,他們也沒認出大舜。六舍夢見大舜,又聞知此事,疑是大舜所爲,令象牽他至米店,終和大舜相認。大舜先行祭天,再舔父親之眼,六舍因而重見光明。舜並接回妹妹華首,一家團圓。堯帝得知大舜賑濟鄉里的善行,讓位予他。大舜迎家人入宮,然後母仍有毒害大舜之心,入宮後,要求大舜讓帝位予象三天。但是,象一坐上帝位,便感頭暈目眩,康氏不信,也要一試,玉帝得知,令五雷打死康氏及象二人。後來,舜立葉相之女爲后,數十年後讓位於禹。

《大舜耕田坐天歌》承襲自變文的情節有「修倉之難」、「淘井之難」、「動物助耕田」、「返鄉賣米暗助家人並團圓」。增添的情節主要有「母夢龍鳳,預示生子」、「大舜採蓮花,太白星君化水如鐵免其災」、「大舜之妹爲張舍所收養」、「後母令象買砒霜毒害大舜」、「杭州飢荒需大舜之賑」、「龍王引海水助運米糧」、「後母和象求坐帝位」、「後母和象爲五雷擊死」、「大舜立后」等。

將《大舜耕田坐天歌》與《史記》、《舜子變》作一比較,《大舜耕田坐天歌》呈現了幾個敘事的傾向:

一、故事愈發曲折:劫難次數的增加,提高了故事的衝突性,情節愈加曲折。

二、善惡對比強烈:後母與象的形象更爲邪惡,使得善惡的對比尤爲強

烈，他們在《史記》和《舜子變》裡原本都還有個不錯的結局，可到了《大舜耕田坐天歌》裡，則是惡之已極，落了個五雷轟頂的慘死下場。

三、宗教色彩濃厚：《舜子變》出現了帝釋，為佛教中的善神，於二次劫難中，扮演大舜的解救者。但在《大舜耕田坐天歌》中，解救者則變成了太白星君，另外還出現玉帝、土地神、龍王等道教和民間信仰的神祇，宗教氣息更為濃厚。

四、強調因果報應：《史記》的記載中，瞽叟原本即是盲者，並非報應所致。《舜子變》和《大舜耕田坐天歌》均謂其眼盲乃因殺子所得報應。但是後者則更強調後母和象惡性不改，故有五雷轟頂的下場。歌末並且唱道：「不肖天雷能打死，墜落地獄不超生……惡毒行孝天地知，難瞞神明得半絲，好呆報應無差移，好娘孝子賜福器」，對因果報應的觀念則又進一步的強調。

五、史實痕跡模糊：《史記》中記載的大舜史事，歷經輾轉流傳，在唸歌裡已成為充滿奇幻想像的神異故事，史實的軌跡逐漸模糊，取而代之的是虛構性的浪漫情節。〔註48〕

二、《目連救母歌》

《目連救母歌》，目前未見相關唱本，僅見說唱者徐順鳳所錄製的唱片。

「目連救母」的故事原見於佛教經典，西晉三藏竺法護所譯的《佛說盂蘭盆經》〔註49〕。《佛說盂蘭盆經》記載佛陀的十大弟子之一目犍連始得六通時，見亡母因生前罪孽深重，生餓鬼中，不見飲食，皮骨連立，目連以飯饗其母，但食未入口，即化成灰，目連悲號啼泣，返告佛陀，佛陀告訴目連，每年七月十五日，於盆中備百味五果、汲灌盆器、香油錠燭、牀敷臥具、盡世甘美，供養十方大德眾僧，現世父母六親眷屬，得出三塗之苦。目連果然因此解救母親脫離餓鬼之苦。

到了唐代的變文。目連救母故事有了進一步的演化，如〈目連緣起〉變

〔註48〕吳姝嬙：〈歌仔冊「大舜耕田坐天歌」試探〉，收入《中國文化大學中文學報》第22期（2011年4月），頁56～57。

〔註49〕另東晉有《佛說報恩奉盆經》，南朝梁僧旻、寶唱等撰集的《經律異相》中有〈目連為母造盆〉，隋釋法經等撰《異經目錄》中有〈灌臘經〉，以上三者均記載目連救母的故事，情節與《佛說盂蘭盆經》大致相同。

文，敘目連原名羅卜，父親死後，母親霜居。羅卜虔心向佛，母親卻不修善，日日宰殺，凌辱三寶，死後墮於阿鼻地獄。羅卜思報親恩，因此投佛出家。出家修得六通，以神通力見母親於阿鼻地獄受苦，悲痛啼泣，思救母親，求助於佛陀。佛陀賜其十二鐶錫杖及七寶之缽盂。目連以錫杖震開地獄之門，在地獄中見到母親遭受飢餓及種種刑罰，取飯、水予母親食用，然飯未入口即變成猛火，水未入口即變成滾燙的銅汁，目連再次求助於佛陀，佛陀告以盂蘭盆供養三寶，目連母親才離開地獄，投生為狗。目連見母親轉生為狗，又求於佛陀，佛陀教其啓建道場，禮請僧人恭敬禮懺，才使母親終得升天。

徐順鳳所敷唱的唸歌「目連故事」，敘目連父母長年吃齋，平日燒香敬神，造橋鋪路，三官大帝見其多行善事卻無子女，因此請玉帝賜其子嗣，即為目連。目連初生為肉球，父親切開肉球後生出。目連的父親後來去世，某日母親劉氏生病，劉氏的弟弟劉安勸其吃狗肉治病，但劉氏吃了狗肉，病情反因加重而病逝。目連悲慟不已，某日打掃佛堂時突然昏倒，夢見觀世音菩薩告訴他，其母身為三寶弟子，卻殺狗吃肉，死後將有三種下場，一是投胎為狗，二是打入阿鼻地獄，三是入枉死城。目連若欲救母，需著袈裟，穿草鞋，入阿鼻地獄。目連醒來即照觀世音菩薩所言，動身前往阿鼻地獄。半路遇一賊王，賊王得知目連的計畫，也想隨他至陰間見父親，而與其同行。途中，二人借宿民宅，觀世音菩薩化作美女考驗兩人，僅目連不為所動，最後仍由他獨自前往地獄。目連見地獄種種苦刑，想起母親正受其果報，傷心不已。閻王驅目連離開地獄，目連因而高舉錫杖，插入地中，忽然間大地震動，震開了枉死城，而將母親救出。

由《佛說盂蘭盆經》、〈目連緣起〉變文及《目連救母歌》，可知目連故事的主要結構為：

1. 目連母親因做惡事，死後入地獄。
2. 目連獲寶物助其入地獄，見地獄諸像。
3. 目連幫助母親脫離地獄。

經過長時間的流傳，目連故事在《目連救母歌》中仍保留了故事的主要架構，但是原來濃厚的佛教色彩卻已經改變，歌中提及「三官大帝」、「玉帝」、「觀世音菩薩」，佛、道不分，反映的是臺灣民間普遍存在的民間信仰。「孝順」、「因果報應」、「地獄」、「轉世」等思想，是佛、道及台灣民間信仰所共有，因此目連故事雖以民間信仰的面貌出現，但仍保留故事的主要思想和架構。

比較於《佛說盂蘭盆經》、〈目連緣起〉變文，《目連救母歌》在情節上有幾處明顯的變異。如目連父母因多行善事而獲玉帝之賜，得目連爲子，這仍是出於因果觀念所產生的情節，一般民眾認爲人倫關係乃繫之於善惡因緣的果報，因目連父母不殺生、禮敬神明、造橋鋪路，所以能夠生得孝子。另，目連初生爲肉球，由父親剖開後生出的情節，與哪吒母親生出肉球，由李靖持劍劈開，取出哪吒的情節完全相同，應是傳播過程中，吸收了哪吒故事的情節，以此強調目連超凡的形象。另，目連母親墮入地獄的主因在《佛說盂蘭盆經》中僅以「罪根深結」一語交代，並未具體指出其罪行，〈目連緣起〉變文中則是說她不修善行，日日宰殺，凌辱三寶；唸歌的說法不同，指目連母親因「吃狗肉」而墮入地獄，這也是普遍流傳於臺灣的說法。臺灣人多視狗爲寵物，非日常肉食的來源，對狗的情感比較接近朋友或親人，殺狗吃肉，除觸犯戒律，也違背了一般人的常情，故被視爲重大惡行，以致死後需入地獄受報。《目連救母歌》的說法雖與佛經和變文不同，但同樣是違背了持齋的戒律所致。

第五節　神魔故事類

自古以來，人們對神仙鬼怪一類的事便充滿好奇，魯迅曾說：「中國本信巫，秦漢以來，神仙之說盛行，漢末又大暢巫風，而鬼道愈熾；會小乘佛教亦入中土，漸見流傳，凡此，皆張皇鬼神，稱道靈異，故自晉訖隋，特多鬼神志怪之書。」〔註 50〕至於明代，儒釋道三教混合，談論的風氣尤盛，魯迅說：「所謂義利邪正善惡是非眞妄諸端，皆混而又析之，統於二元，雖無專名，謂之神魔，蓋可賅括矣。」〔註 51〕，文人以當時流傳的神魔故事爲題材，寫成《封神演義》、《西遊記》一類的神魔小說，又因爲這類小說的盛行，對後代的說唱藝術產生了影響，成爲說唱藝術取材的來源。

唸歌也經常以《封神演義》、《西遊記》裡的內容爲題材，如敷唱封神故事的有《封神榜全集》、《妲己敗紂王歌》、《哪吒出世歌》、《姜子牙收琵琶精》、《姜子牙下山》〔註 52〕、《紂王造鹿台歌》、《哪吒抽龍筋歌》、《哪吒鬧東海歌》、

〔註 50〕魯迅：《中國小說史略》〈第五篇　六朝之鬼神志怪書（上）〉（臺北：風雲時代出版社，民國 79 年），頁 49。

〔註 51〕同前註，〈第十六篇　明之神魔小說（上）〉，頁 187。

〔註 52〕月球唱片曾發行唱片，呂柳仙說唱。

《楊剪收天狗歌》；敷唱西遊故事的有《三藏取經記》〔註53〕、《孫悟空大鬧水宮歌》、《孫悟空大鬧地府歌》、《孫悟空大鬧天宮歌》、《李世民進瓜果歌》。以下分別舉例探討。

一、封神故事

　　以封神故事爲題材的唸歌，以「哪吒故事」最受民眾歡迎，主要盛行於臺灣，黃塗活版所、捷發出版社均曾發行《哪吒鬧東海歌》，竹林書局僅改動部分用字，並改題名爲《哪吒抽龍筋歌》，內容實與前者幾乎相同。茲暫以《哪吒鬧東海歌》統稱之。臺灣說唱者呂柳仙〔註54〕、楊秀卿〔註55〕曾經演唱，並發行唱片和CD。

　　《哪吒鬧東海歌》敘哪吒降生時爲肉球，父親李靖將其剖開後生出，肉球內除哪吒外，還有金鐲和紅綾二種寶物。哪吒出世即能言能行，太乙真人收其爲徒，贈以寶物乾坤圈。哪吒因於東海洗澡，紅綾攪動海水，使得海水翻滾、龍宮大震、魚蝦死傷無數，引發龍宮三太子帶兵與哪吒大戰，卻反遭哪吒大敗並抽去龍筋。龍王憤而找李靖理論，李靖大怒，欲殺哪吒，哪吒土遁向師父求救。太乙反教他以金鐲打得龍王縮如小蛇，逃回龍宮。又有一回，哪吒在城樓上發現震天箭，取來把玩，不料竟射中石磯娘娘的弟子，石磯向李靖問罪，李靖只好帶哪吒前往謝罪，但哪吒卻反與石磯鬥法，遭石磯打敗，逃尋太乙，太乙與石磯二人大鬥，石磯爲太乙收服。四海龍王上告天庭，欲捉拿哪吒父母問罪，哪吒表示願剔除骨肉，還歸父母，以解救父母。哪吒死了之後，托夢請母親建廟，香火極爲鼎盛，一日李靖經過，發現該廟，爲免哪吒再害世人，令人拆除。哪吒求救於太乙，太乙認爲哪吒已還骨肉於父母，李靖不該如此相逼，太乙於是連接蓮花及花梗，佐以金丹，作爲哪吒的化身，並賜以火輪和金磚，助其找李靖理論。哪吒、李靖鬥法，各使本領，後因燃燈道人巧施妙法，以寶塔收服哪吒，並將寶塔贈予李靖，促使父子和好，日後共同扶助西岐。

　　《哪吒鬧東海歌》的內容乃根據《封神演義》第十二回至第十四回所編。

〔註53〕《臺灣習俗》著錄，未見藏本。
〔註54〕月球唱片曾發行唱片，呂柳仙說唱。
〔註55〕CD有聲書《哪吒鬧東海》，洪瑞珍編著，楊秀卿說唱（臺北：臺灣台語社，2002年）。

情節的發展上如出一轍，在文字上並非通俗小說的原貌，已徹底「唸歌化」，具閩南語說唱的俚俗風格。唱本有一段描述，乃唸歌獨有，即龍宮三太子帶領水族與哪吒大戰時，唸歌對各類水族打鬥的特性加以描述，頗具趣味性，茲舉一段為例：

> 小卷劍光黑亡亡，歸魚（河豚）大肚肴（擅）吹風，
> 蜳仔一个那（如）蜱廣（管），海翁（鯨魚）塊做總兵王。
> 白魚小刀白雪雪，龍蝦出戰駁（使）鐵叉，
> 蜱仔靠伊腳手多，別人用行伊用把（爬）。
> 丁免（劍旗魚）一枝透甲串，水尖金鎗第一長，
> 飛烏（飛魚）展著肴（擅）飛遠，海提（水母）一模那籠損（蒸籠）。
> 野閣一陣（群）海加走（海蟳螂），水底是伊上測猿，
> 飛蟾（簷）走壁隨時到，品文品武展拳頭。
> 海校（鱟）第一不正子，厾某相娶即有行，
> 一擺（次）見死雙條命，乎人拿去開校靴。
> 粗皮厚殼是石降，二蕊目周（眼睛）紅紅紅，
> 看人腳手那珍（震）動，驚死串（竄）入石頭空（洞）。〔註56〕

歌裡展現了豐富的想像力，將海裡的動物擬人化，依其不同的特性，而有不同的想像，如小卷身形如劍發出劍光、龍蝦兩螯有如鐵叉、蜱蟹以手腳較多為其利器、烏魚擅長飛躍等，作者將日常所見的水族編入哪吒大鬧龍宮的故事中，充分展現唸歌說唱的鄉土特性。這段唱詞原是閩南著名的曲目《海底反》，臺灣作者應是見其內容頗富趣味性，因此將之編入其中，使得該歌更增趣味，受到聽眾的喜愛。

說唱者呂柳仙及楊秀卿說唱的內容雖然還是根據唱本，僅在字句上略有不同，但是從欣賞者的角度來看，有聲有調的立體說唱比之平面的文字敘述，實是生動活潑得多。他們隨著情節的發展，運用不同的聲音表情和音樂旋律，而不同的說唱者也會因個人說唱技巧、音質、曲調、樂器的差異，呈現不同的說唱風格。由於《哪吒鬧東海歌》的內容活潑有趣，時至今日，該歌仍是唸歌表演經常演唱的曲目。

〔註56〕根據竹林版《李哪吒抽龍筋歌》（新竹：竹林書局，民國 79 年）。

二、西遊故事

以《西遊記》為題材的唸歌，流傳較廣的是孫悟空大鬧水宮、地府、天宮的故事。玉珍漢書部於日治昭和年間，發行一系列的唱本，第一集、第二集名為《孫悟空鬧水宮地府歌》，第三集名為《孫悟空大鬧天宮歌》。日治以後，竹林書局所出版的唱本以《孫悟空大鬧水宮歌》為名，內容與玉珍版幾乎相同，以一冊分作四集的方式發行。瑞成書局亦曾發行此系列唱本。無論是分作三集或四集，細觀其內容，實為同一唸歌分段方式的不同，唱本的內容未必與歌名相符，如竹林版的《孫悟空大鬧水宮歌》裡「孫悟空鬧水宮」並非唱本的主要內容，僅是歌末略略提及的事件，該段情節卻見於《孫悟空鬧地府歌》，顯見其編排、出版的粗糙。故於討論時，為避免混亂，茲暫稱全歌為《孫悟空大鬧水宮地府天宮歌》。

《孫悟空大鬧水宮地府天宮歌》唱本敘孫悟空乃石頭化生，成為猴精之後帶領花果山群猴，他為了尋求長生不死的秘方而到靈台山求道，山上的祖師見其頗具靈性，私下傳授他七十二變、翻筋斗的法術。悟空獲得法術之後，大鬧水宮、地府和天宮，最終為佛祖收於五行山腳下。故事內容不出《西遊記》第一回至第六回，情節完全相同，只是體裁由「小說」換成了「唸歌」。

《西遊記》改編成唸歌後，在內容上，雖然缺乏創造性，但是對當時知識水平不高，未必有能力閱讀小說的民眾來說，透過唸歌，使得他們能夠欣賞到《西遊記》裡充滿奇異想像、精彩有趣的故事，看孫悟空七十二變，看他上天下海，看他如何大顯神通與鬼神鬥法。誠如竹林版作者於歌末說道：「總且諸位好朋友，念歌能改人憂愁」、「悟空歌集袂士文，呆天落雨改心悶」，認為唱本的內容應不至於太過「士文」（斯文），可當作調劑生活的好消遣。

第六節　宗教故事類

與宗教信仰有關的唸歌，大多盛行於台灣，多屬民間信仰的宗教思想，如《地獄十殿歌》、《曾二娘歌》、《仙公廟燒金歌》、《媽祖出世歌》、《艋舺龍山寺改築落成建醮歌》、《勸化念佛經歌》、《勸解修身歌》《張玉姑歌》、《新刊神姐歌》、《天堂地獄歌》、《勸娘食荤歌》，其中流傳最廣的是《地獄十殿歌》、《曾二娘歌》，茲分別介紹於下。

一、《地獄十殿歌》〔註57〕

　　《地獄十殿歌》，主要傳唱於台灣，僅見台灣發行相關唱本，如台北的榮文社、高雄的三成堂、台中的瑞成書局、新竹的竹林書局、嘉義的捷發漢書部均曾發行。各種版本除少數字、句的差異，內容幾乎完全相同。說唱者呂柳仙、楊秀卿及林俊則曾經錄製唱片發行。

　　《地獄十殿歌》是台灣民眾相當喜歡的唸歌曲目，唸歌一開頭即勸人應孝順，並說若行惡事必難逃地獄果報，接著再描述地獄各殿的管理者及職掌的刑罰，藉此警醒世人。地獄十殿裡的情況是唸歌敷唱的重點，除傳達因果報應的宗教思想，也滿足了民眾對地獄的好奇想像。有關「地獄十殿」的描述，歌中列舉亡者生前所造的惡行及其果報，來說明各殿職掌的內容，茲根據嘉義捷發出版社的版本，將各殿懲處的罪行條列於下：

　　　第一殿　秦廣王：處罰殺死未婚所生之子者、殺死懷胎的母狗者、誦經草率的道士和出家人

　　　第二殿　楚江王：處罰不孝者、好說是非的婦女、虐待小姑的婦女

　　　第三殿　宋帝王：處罰誘拐未婚女子及寡婦者、謀殺親夫者、高利貸者、虐待媳婦的婆婆

　　　第四殿　五官王：處罰謀財害命者、通姦害夫者、因外遇與妻子離婚者、虐待弟媳的兄嫂

　　　第五殿　森羅王：處罰貪人之財者、殺人者、打人者、元配虐待小妾者、助人為奸者

　　　第六殿　卞城王：處罰盜人信件及暗吞錢財者、偷竊者、犯淫破戒的比丘

　　　第七殿　太山王：處罰犯淫生子的比丘尼、奪人風水者、壞人地理者、春季獵殺鳥類者

　　　第八殿　平等王：處罰娶他人之妻奪其子嗣者、因改嫁他人以致子嗣改從他姓者、嘲笑富人者、害宮廟香火冷清者、損壞道路橋樑使人無法通行者

　　　第九殿　都市王：處罰偷斤減兩者、借錢未還者、拈花惹草者

　　　第十殿　轉輪王：依據死者生前的作為決定其轉世之處

〔註57〕又名《地獄十殿刑罰歌》、《十殿刑罰歌》、《十殿刑罰勸世歌》、《十殿歌》。

從以上所列舉的內容，可以想見當時民眾的道德觀，他們所關注的問題除了常見的人倫關係、金錢關係、感情關係和治安問題之外，比較特別的是，它還關注到僧人的操守問題、地理風水的維護問題、子嗣的傳承問題、水陸交通的維護問題以及愛鳥護生的保育問題等等。

歌中並依據各殿的職掌，描述各種不同的刑罰，如浸血池、抽舌根、破肚流腸、過刺山、吊鐵樹、入油鼎、過刀山⋯⋯等等。《地獄十殿歌》所描述的內容與日人鈴木清一郎《台灣舊慣習俗信仰》於日治時期在台的調查內容大致相似〔註58〕，唯各殿職掌的順序或有不同。《地獄十殿歌》透過說唱文學的表達，將地獄的恐怖情景，以俚俗生動的閩南語描述得令人膽顫驚心，如抽舌根「舌根共伊抽一圭」、上刀山「變身刀鑿爛爛爛」、入油鍋「活活皆箭無性命」、壓石磨「倫到骨頭碎紛紛」、擤石臼「活活精甲變肉灰」。

《地獄十殿歌》並於歌末敷唱輪迴轉世的因果，敘行善之人將轉生富貴之家，子孫興旺；尋常之人則為工為農；若曾造惡業，則隨業受報，轉為蟲魚鳥獸；性情粗暴者轉為猛虎、借錢未還者轉為耕牛、偷竊者轉為看門狗⋯⋯。《地獄十殿歌》具體的反映出臺灣民間對於因果業報、生死輪迴的觀念。

二、《曾二娘歌》〔註59〕

《台灣風物》第二卷第七期內頁的封面插圖說明《曾二娘歌》：「該歌沒有刊刻年代刊記，可是，考之版式、紙質，刊刻之年代當不下光緒年間。」〔註60〕，可知，清代時閩南已有《曾二娘歌》的唱本發行。

清代閩南發行的木刻本《曾二娘歌》，篇幅較短，僅八十句，內容較簡略。敘古時曾家有二妯娌，大娘及二娘。大娘富貴心惡，二娘貧窮心善。二娘為於佛誕日上廟祭拜，剪去自己的頭髮，賣之得錢以買油香，並邀大娘同去祭

〔註58〕《台灣舊慣習俗信仰》記載的地獄十殿掌管者分別為第一殿秦廣王、第二殿楚江王、第三殿宋帝王、第四殿五官王、第五殿閻羅王、第六殿卞城王、第七殿秦山王、第八殿平等王、第九殿都市王、第十殿轉輪王。見鈴木清一郎著，馮作民譯：《台灣舊慣習俗信仰》（臺北：眾文圖書公司，民國89年10月），頁37～39。

〔註59〕又名《曾二娘燒好香歌》、《曾二娘遊地府》、《曾二娘經》、《曾氏二娘經》、《曾二娘歌詩》、《曾二娘傳》、《落陰相褒歌》。

〔註60〕《台灣風物》第2卷第7期內頁的封面插圖（楊雲萍任該期主編）。

拜，不料大娘卻譏笑她吃齋如牛嚼草、拜佛有如牛角山、窮鬼竟妄想燒香。二娘因此立誓，望與大娘一同死亡，齊入地獄看二人果報。二人果然同時去世，來到地獄。經閻王審判後，二娘得到善報，得以開心的走在奈何橋上，大娘卻在奈何橋下奔波受苦，才因知錯而向二娘懺悔。二娘原欲救起大娘，卻遭牛馬將軍阻止，指大娘生前多行不善，理當受報。後來佛祖幫助二娘於七日後回陽，不久生得兒子，長成後考中狀元。歌末特別強調二娘因誠心向佛，故能得到善報。

　　臺灣流傳的《曾二娘歌》篇幅長了許多〔註61〕，篇幅達六百六十句，為閩南木刻本的八倍之多。臺灣《曾二娘歌》的敘述中心仍是曾二娘虔誠信佛遭到大娘譏笑，二人同入地獄，遭受不同的果報，但故事的發展和唱本的內容已與閩南唱本多有不同，較明顯的變異是臺灣的《曾二娘歌》揉合了《地獄十殿歌》，但也因此，大娘的下場改變了，因為二娘的懇求，佛祖解救了大娘，並帶二人同遊地獄十殿，以為其明示善惡果報。描述地獄十殿的歌詞，幾乎與《地獄十殿歌》相同；由於曾二娘的故事主要以傳達地獄果報為其思想中心，所以作者將《地獄十殿歌》合入歌中。比較閩南唱本中僅略述二人在奈何橋上、下處境的不同，臺灣唱本的編排，更加能夠表現善惡果報的思想。

　　臺灣的《曾二娘歌》在故事發展上尚有部分情節產生變異，如故事開頭敘佛祖曾經化為老人試探二娘，然二娘卻未因家貧而吝於布施，反邀請老人用飯，足見其心誠善。〔註62〕另外，大娘的惡行還增衍了她令婢女捧水潑灑二娘，故意使二娘狼狽，阻礙她上廟燒香的情節。二人入地府的原因，也有不同的說法，大娘因對地獄受報的說法不以為懼，閻王得知後，派小鬼將二人的魂魄吊至地府接受果報。另外，臺灣唱本中，對奈何橋上、橋下的狀況有比較清楚的描述，橋上因有金童玉女為其引路，二娘走來平順易行；橋下不但有可怕的銅蛇、鐵狗威脅大娘，又有牛頭馬面欲捉她餵食大魚。最後二人的結局也與閩南唱本不同，大娘和二娘都得以回陽，大娘也徹底改過，從此以後，吃長齋，一心向佛。

　　閩南的《曾二娘歌》到了臺灣的唱本中，不但篇幅增長，故事也發生了

〔註61〕玉珍漢書部和竹林書店的版本皆是如此，前者為宋文和所編寫，後者為林有來所編寫。竹林版大多是對玉珍版的承襲，並略加改作。
〔註62〕「神明試探人心」的情節也曾見於臺灣說唱者徐順鳳的《目連救母歌》。

演化，故事的結構雖然沒有改變，但敘事的技巧則是更加豐富、靈活，思想的表達也更加具體而細膩。在竹林書局的版本中歌末並以不少的篇幅大大宣揚「念佛」、「念經」、「吃齋」的宗教功能，明顯具有宗教傳播的目的。陳建銘於〈曾二娘歌和金橋科儀〉一文中即提到《曾二娘歌》從前曾經傳唱於台灣各地佛寺及齋堂，勸人燒香念佛，諸惡莫作，眾善奉行。民國七十一年時，他曾經向八十幾歲的蕭黃阿暖女士採錄其所唱誦的《曾二娘歌》。〔註63〕可知《曾二娘歌》不僅是一首敘事歌謠，它還具備了宗教宣揚的功能。

第七節　新聞時事類

　　唸歌早期主要以傳統的故事為題材，臺灣在日治時期則開始出現了以「新聞時事」為題材的唸歌，例如《運河奇案新歌》、《最新中部地震歌》等，為唸歌開創了新的道路，因為受到民眾歡迎，戰後許多出版社仍持續出版這一類的唱本，如《謀殺親夫大血案》、《八七水災歌》、《為戀慘案勸善歌》……等。

　　「說唱藝術」原本即發展自民間，它的可貴正在於它「為民而歌」，表達民眾的情感和思想。本類唸歌的出現，說明了唸歌不只是一種說唱前塵舊事的講古藝術，也可以與社會的脈動密切結合，將人們生活裡面真實發生的事件說出來、唱出來，使民眾不但從中獲得聆聽故事的愉悅，還可以獲知新聞時事，了解社會的脈動。歸納其類別，概有以「災害」、「兇殺」、「風月」、「竊盜」、「生活」幾類事件為題材者〔註64〕。

一、災害事件

　　以「災害事件」為題材的唸歌，如《中部大震災新歌》、《八七水災歌》、《高雄苓雅市場大火災歌》等。地震、風災是臺灣人共同面臨的自然威脅，火災也是生活中必須小心防範的災害，這些災害和臺灣民眾的生活息息相關，因此民眾往往藉著唸歌來關切相關的問題。此類唸歌對災害發生的原因、

〔註63〕陳建銘：〈曾二娘歌和金橋科儀〉，《民俗曲藝》第54期（民國77年7月）。
〔註64〕柯榮三於《有關新聞事件之臺灣歌仔研究》將有關新聞事件之臺灣歌仔冊分為「殺人事件」、「災禍事件」、「風月事件」、「竊盜事件」，茲據其分類，稍作調整，改「殺人事件」、「災禍事件」為「兇殺事件」、「災害事件」，並增加「生活事件」。

造成的損傷以及救援的狀況多所著墨。作者經常以「報導者」自居，對發生
的事件作盡可能詳盡的報導。

　　茲舉瑞成書局林漢璋編作的《中部大震災新歌》為例。

　　《中部大震災新歌》敷唱一九三五年四月二十一日（日治時期）臺灣中
部發生地震，台中、苗栗、新竹各地嚴重的災情，如：埤圳大破、道路龜裂、
房屋倒塌、隧道崩落，各地傷亡的狀況等；作者對傷亡人數的紀錄尤其詳盡。
對於災後的救援情形，也有仔細的說明，如當局急派壯丁前往災區救援、全
部的醫護人員加入搶救的行列、苗栗驛長發配物資給災民、善心人士捐出許
多善款和物資等等。雖然這是一首日治時期的唸歌，但是它與現今發生震災
時的新聞報導重點幾乎一致，對地震發生的時地、各地的災情、救援的狀況
及死傷的人數都有非常詳實的描述，就其內容來看，它確實可視為一篇報導
震災的新聞。

　　另，民國八十八年（1999）說唱者吳天羅曾經編唱《集集大地震歌》〔註65〕，
記述民國八十八年九月二十一日凌晨，臺灣發生的「九二一大地震」。這首唸歌
有著濃厚的民俗色彩，開頭便以地牛翻身的神話，說起地震發生的原因，又說
灶君上奏玉帝，下旨要看牛童子將地牛趕回天上，將牠縛在銀河畔一千年。而
後才對九二一地震發生的災情、救災的狀況作簡略的描述，並對震災捐款進行
勸募。唸歌的結語說道：金母上奏玉帝，認為地牛收管於天庭，只吃不做，太
過輕鬆，必須貶下凡塵，作為辛苦犁田的耕牛，才算得到懲處。雖然這首唸歌
也是以新聞時事為題材，但是說唱者並非以報導者自居，不對事件作「鉅細靡
遺」式的報導，僅對災情作重點式的敘述。說唱者演唱這首唸歌的主要目的是
要為災民募款，故而特別強調災民家破人亡、無家可歸的處境，藉以喚起觀賞
者的同情，進而達到勸募的成效。

二、兇殺事件

　　以「兇殺事件」為題材的唸歌，如《二林鎮大奇案歌》、《基隆七號房慘
案》、《謀殺親夫大血案》、《為戀愛慘案勸善歌》等。此類唸歌以謀殺動機的

〔註65〕此首唸歌發表於民國 88 年 12 月 25 日，乃臺北市政府為幫助災區重建，舉辦
　　　　「用心疼臺灣，牽手過難關」活動，邀請吳天羅前來表演，為其編唱。曾子
　　　　良教授採錄吳天羅當天的說唱，並與其草稿相校對，整理注釋。刊於曾子良：
　　　　《臺灣歌仔四論》（臺北：國家出版社，2009 年 3 月），頁 159〜163。

醞釀和謀殺過程的兇殘挑起觀賞者高度的道德批判，並且運用偵探情節所產生的「懸宕」效果，使觀賞者彷彿與故事中的調查者一起明察、暗訪，心情隨著案情的發展起伏，直到破案的那一刻，心中的道德批判，透過正義的裁決，從而獲得了釋放。

茲舉竹林書局的《基隆七號房慘案》爲例。

《基隆七號房慘案》敷唱一樁發生於一九四三年（日治時期）的命案，內容與事實已有極大的出入〔註66〕。唱本敘野村爲日本官員，其妻爲千代子，賢淑和順。野村因迷戀酒女阿雲，納其爲妾。阿雲生子，不久因病夭折，阿雲遷罪於千代子，極度仇恨她，於是挑撥野村，共謀殺害千代子，將其分屍後裝於油桶，丟入港中滅屍。屍桶爲釣者拾獲，送交官廳查辦。經警察明查暗訪後終使案情水落石出，野村被判死刑，阿雲則判無期徒刑。

這個故事／新聞的衝突來自對倫理道德的強烈衝擊，諸如好人被殺、丈夫殺妻子、小妾殺元配、政府官員殺人、分屍、滅屍等等，都是人人聞之，無不憤慨的，故而引發觀賞者高度的懸念，心繫於案情的發展，經過一番曲折的調查後，終使案情明朗，兇手受到司法的制裁，平衡了觀賞者的道德衝突。編作者最後說「勸咱大家就學好，只款代志不可學」還特別強調這是一首「勸世了解个歌詩」，爲此歌賦予了勸善的道德意義。

說唱者陳清雲曾經錄製《基隆七號房慘案》的唱片，發行於市。

三、感情事件

以「感情事件」爲題材的唸歌，目前僅見《金快運河記新歌》及鋪敘同一事件的其他版本。

茲舉玉珍書局戴三奇編作的《金快運河記新歌》爲例。

《金快運河記新歌》敷唱一九三二年發生於臺南市，風塵女子金快和男友吳開字的殉情事件。金快爲了要賺取父親的醫藥費到萬順行工作，有一回雇主要她去買菜，她將菜錢弄丟了，蹲在路邊哭泣，遇吳開字經過，得知其情，拿錢幫助了她。金快父親死後，她爲了安葬父親，賣身爲妓，卻在妓院與吳開字重逢。吳開字與金快相戀，他想爲金快贖身，挪用了會社公款，因

〔註66〕柯榮三：《有關新聞事件之台灣歌仔冊研究》（臺南：成功大學，臺灣文學研究所碩士論文，2004 年 6 月）據《臺南新報》將案發始末整理爲文，可參見其碩士論文，頁 35～37。

而被革職，後來又被母親指責而離家出走，身無分文。爲了改善經濟，金快典當手環助他走私營利，然事跡敗露，物品全數充公，又被罰以重金。他付不起罰款，打算潛逃中國，臨行前向金快告別，金快不願分離，最後他們決定以手巾將二人的腳繫在一起，投河殉情。

　　這首唸歌所描述的是一個悲劇性的故事，刻畫了一個女子坎坷的命運和悲劇收場的愛情，使觀賞者感到同情和歔欷！在其他唸歌如《浪子回頭歌》、《採茶褒歌》，男子看待歡場女子的愛情多持負面態度，認爲歡場女子以金錢爲取向，一旦千金散盡，緣份也就盡了，這個故事之所以被民眾喜愛，或許正是因爲歡場女子付出了眞感情，最終兩人甚至選擇殉情，以超越生命的極端方式，凸顯了他們的眞情，否定了「歡場無眞愛」的普遍邏輯，故而成爲一個令民眾可歌可泣的故事。

四、竊盜事件

　　以「竊盜事件」爲題材的唸歌，目前僅見興新書局出版，由梁松林編作的《臺灣義賊新歌廖添丁》全六集，及以其爲底本，略作改動，由竹林書局出版的《義賊廖添丁歌》全六集〔註67〕。說唱者楊秀卿於二○○一年所錄製的《廖添丁傳奇》光碟〔註68〕，即以竹林書局出版的歌仔冊爲底本。

　　「廖添丁」（1883～1909）是臺灣日治時期著名的竊賊，犯下多起竊盜案，爲日本警察的頭痛人物。但是他的經歷卻在民眾的口耳相傳下，逐漸傳奇化，由一個罪犯，成爲一名劫富濟貧的「義賊」和捍衛民族的「抗日英雄」，事跡流傳的過程，人們加入了許多的想像，增添許多趣味性的情節，成了臺灣人民喜愛的人物傳說。唸歌作者將它編寫成歌，茲將《臺灣義賊新歌廖添丁》的故事大要整理如下。

　　廖添丁原住台中，因嚮往臺北的繁華而來到臺北。遇見了張富，二人計畫合夥做生意，苦無本錢。因廖添丁身手矯捷，翻牆、上屋易如反掌，而決定以偷竊的勾當爲業。他們到板橋茶館行竊，竊得銀票後，張富起了貪心，過橋時，將廖添丁推入河中，並將贓款佔爲己有。廖添丁幸運地被人救起。

〔註67〕柯榮三說《興新本》與《竹林本》在個別歌仔字句或同或異，但其主要鋪陳的廖添丁故事情節，其實毫無差別，晚出的《竹林本》無疑是繼承早期興新本改編而成。

〔註68〕洪瑞珍編著《廖添丁傳奇》（臺北：臺灣台語社，2001年4月）一書附光碟。該書主要收錄楊秀卿演唱《廖添丁傳奇》的唱詞。光碟爲說唱錄音檔。

之後，廖添丁又假扮成客家女子到大龍峒富翁家擔任女傭，趁雇主酒醉偷了短槍、財物，留下署名的字條後離去。二起竊案驚動了警政單位，下令徹查，但是廖添丁擅於變裝易容，四處躲藏，令警方束手無策。廖添丁偷了錢以後，經常救濟貧弱之人。某日，他到當鋪典當，遇見警方查緝，廖添丁因剃髮變裝躲過警察的圍捕，但又因警察接獲通報而被逮捕，入獄一年。出獄後，廖添丁因為缺錢，到辜顯榮宅邸搶錢，再度變裝逃逸，偽裝成打石匠，警察向其問路，也未認出，因而順利逃脫。不久，廖添丁持槍勒索杉行老闆國舍。昔時張富將廖添丁推下橋後，便帶著贓款藏身花蓮，後來贓款用罄，窮困潦倒，廖添丁聽到他的處境仍不計前嫌的幫助他。廖添丁再度遇上警察追捕，因為他持有短槍，警察不敢靠近，他跳上屋頂，轉身就沒了蹤影。路上遇到辛苦做生意的老者，還拿錢幫助他。

今日所見以廖添丁為題材的唸歌，內容都不出梁松林所編的《臺灣義賊新歌廖添丁》。竹林書局的版本據此在字句上略作改動，楊秀卿又據後者略作改動，故事情節與上述大要完全相同。

它主要以廖添丁的幾個人物特色來發展故事，吸引群眾，歸納有以下幾點：第一，「身手不凡」，他具有飛簷走壁的特殊能力，滿足了民眾的想像。第二，「機智敏捷」，他數度變裝易容，運用機智，矇騙了富者和警察，不但增加了故事的趣味性，也傳達當時人民對殖民者和富者的不滿。第三，「救濟貧窮」，救濟貧弱的善行，使得他的盜賊罪行獲得某種程度的合理化，也使當時生活普遍貧困的臺灣民眾對他產生了認同感。如吳勇宏所說：「廖添丁的事蹟所以能引起群眾注意，並廣泛流傳於坊間，原因在於他帶給貧苦的大眾一種想像，讓人民期待自己某天亦能得到廖添丁的救助，脫離自身的苦難，而廖添丁屢屢逃脫日警嚴密緝捕，令官方頭痛不已的行為，更讓民眾認為其勇於對抗強權，為之欽佩、崇敬，職此之故，廖添丁是群眾面對社會困境的寄託與渴望，具備濃厚社會實踐意味，反映出當時民眾心靈需求。故其義賊形象認同顯現著群眾情感意念與群體認知集合形式，並內化為自身適應社會生活的生存心態」〔註69〕。

五、生活事件

以「生活事件」為題材的唸歌，有玉珍書局出版，邱清壽作的《尪某看

〔註69〕吳勇宏：〈塑形於閱聽與傳唱之間——歌仔冊中廖添丁敘事的俠義化〉，《臺灣學研究》第 9 期（民國 99 年 6 月），頁 87。

博覽會新歌》，分作四集發行。它以「褒歌」的形式介紹日本政府於昭和十年
（1935）在臺灣各地舉行規模盛大的「始政四十週年博覽會」〔註70〕。歌中
有：「那無去看會場內，看這本歌朗巢知」，作者有意透過唸歌的流傳，向民
眾介紹該博覽會的內容。歌末並說：「去看返來編歌詩。編歌臺北邱清壽」，
表明此歌是他親身參觀展覽後所編作，強調此歌內容的確實性。

《尪某看博覽會新歌》開頭首先介紹博覽會盛大熱鬧的場面，如：

> 新編此歌博覽會……始政四拾年記念……去看个人攑ㄇ鄭……
>
> 通人嗎愛去看覓，去看个（的）人通（遍）全台，
>
> 著四拾年才一擺（次），連外國人嗎有來。
>
> 外國个人也來看，不論人民也做官，
>
> 也有先生學生伴，來看會場个因單。

作者表明自己的身份後，說「全廣會場个條件，尪某去看作陣行。」接著以
該對夫妻為敘事角度，隨著他們參觀博覽會中的各展館，藉兩人的對話（相
褒）鋪展出各種新奇有趣的展覽內容，如參觀滿州館，茲舉一段為例：

> 招娘先看滿州館，皆看屋起（建）不止（相當）權（高），
>
> 內面不知省七（什麼）欸（東西），即卜咱來看頭番（頭回）。
>
> 滿州館口小豎程（站一下），頭殼尾頂（頭頂上面）一對燈，
>
> 有二欉柴用空正，報兄汝著看恰明（看得清）。
>
> 頭殼尾頂一對燈，一對吊甲（得）開ママ，
>
> 二平邊仔二屈（窟）水，換看別欸（的）各士非。
>
> 滿州工業个（的）條件，能乳郎返娘報兄，
>
> 皆看電火影坐影，免人皆楝閣（又）能行。
>
> ……〔註71〕

除了現代化的電器設備，他們對於館內的各種展示，如礦坑採礦、火車運輸、
各種動物標本等，有如劉姥姥遊大觀園一般，無不感到新奇有趣。他們隨後
又一一參觀了產業館、家庭館、福岡館、三井館、東京館、國防館……等館，
由民眾的觀點，呈現出豐富的展覽內容。

〔註70〕 「始政四十週年博覽會」於昭和10年（1935）10月10日至11月28日舉
　　　　行，分成五個會場，各會場以各種主題展覽館，呈現日本及臺灣政治、經
　　　　濟、交通、農業、林業、漁業、礦業、工業、宗教及藝術文化各方面的發
　　　　展成果。

〔註71〕 邱清壽：《尪某看博覽會新歌》第一集（嘉義：玉珍書局，昭和11年（1936））。

　　以新聞時事為題材的唸歌，除了發揮新聞傳播的功能，紀錄了當時的社會動態，也反映了民眾對社會的關注面向。從文學的角度來看，新聞時事，被編作成唸歌之後，它並不必負有新聞責任，已成了可「虛構」的自由創作，新聞事件雖提供了唸歌的創作來源，強化了真實感，但並不等同於唸歌。作者不但經常將「傳聞」編入歌中，並且有意無意加入了個人的想像和觀點，為本類唸歌增添了文學的藝術性。

第八節　台灣史歌類

　　台灣史歌類的唸歌，依其主題的不同，可分為「反清」、「抗日」、「臺灣光復」、「臺灣史」四類。

一、反　清

　　以「反清」為主題的唸歌有《臺灣陳辦歌》、《相龍年一歌詩》〔註72〕及楊清池說唱的《辛酉一歌詩》〔註73〕。此類唸歌乃敘述臺灣人對清政府政策或管理方式的不滿，因此起而反抗的事件，茲舉《臺灣陳辦歌》為例。

　　《臺灣陳辦歌》敘道光十二年秋嘉義北崙仔庄間因閩、客族兩籍人民的糾紛，所引發的抗清事件。陳辦為閩南人，因族人偷採客家人的芋葉，與友人張丙率眾和客家人屢次發生械鬥，但因官府偏袒客家人，使得張丙深感不滿。又因先前知縣曾祖護違禁私運白米出境的客家人〔註74〕，甚且誣賴張丙為其劫米者，如此種種，使得張丙決定舉旗起事，欲推翻當地官府，短時間內即獲得民眾的響應，組織軍隊，在各地與清兵交戰，然而最後一方面因軍紀渙散，一方面因清廷派兵來台援助，終為清廷所平定。

　　金師榮華曾於〈記牛津大學所藏「臺灣陳辦歌」〉一文中提到：「此歌敘張丙事件而以次要之陳辦為名，似有意稍作迴避；此事之起因固為福建與客

〔註72〕高雄縣田寮鄉（西德村蛇仔穴）曾傳興先生於日治時期以毛筆抄寫的手抄本，共 25 頁，無歌名，丁鳳珍以第一句歌詞為名。以上根據丁鳳珍：《歌仔冊中的臺灣歷史詮釋》（臺中：東海大學中文研究所博士論文，民國 93 年）第八章第一節註6，頁 356。

〔註73〕賴和於 1925 至 1926 年間所記錄，宮安中整理，刊於《臺灣新文學》第 8～10期，（臺灣新文學社，1936 年 9 月 19 日（頁 125～132）、11 月 5 日（頁 63～72）、12 月 28 日（頁 63～67）），又名《天地會的紅旗反》、《戴萬生反清歌》。

〔註74〕時因荒旱歉收，政府明令禁止白米運出縣境。

家兩籍人民之械鬥，其後則已成爲具有政治意義之軍事行動，歌詞隱約指陳此事之性質爲「興漢滅滿」，不以一般盜寇視之，與後世方志將此事列入革命志抗清篇正合。」〔註75〕歌中反映當時臺灣民間的政治觀點，表面上似是對官府管理方式的反抗，但深層的思想中實具有以漢人爲本位的民族意識，對滿人所建立的政權仍無法認同，如同歌末結句所言「正是臺灣反意歌」。

現今所見《臺灣陳辦歌》均爲木刻本唱本，發行於清代。《臺灣陳辦歌》敘述張丙的反清事件，隱含反清意識，竟未遭清政府禁絕，而仍能流傳，應與其用語技巧有關，首先，在題名上，藉次要人物「陳辦」爲題，以避免引起政府的注意。再者，歌中屢次以「賊馬」、「賊仔」等具有貶意的稱呼稱張丙等人，隱藏其革命者的形象。誠如金師榮華所言：「豈其乃無名氏有心之作歟。」〔註76〕應是當時的作者唯恐引起政府的注意，故意運用這些手法，使得《臺灣陳辦歌》得以流傳，並於民間散播反清的思想。

二、抗　日

以抗日爲主題的唸歌有《臺省民主歌》、《士林土匪歌》、《抗日救國歌》、《昭和戰敗新歌》、《十九路軍抗日大戰歌》。其中以《臺省民主歌》最具代表性，茲舉其爲例。

《臺省民主歌》以光緒丁酉年（1897）上海點石齋石印本爲通行本，今日所見影本或抄本多以其爲底本〔註77〕。690 句，4830 字，共 10 頁。內容敘

〔註75〕金榮華：〈記牛津大學所藏「臺灣陳辦歌」〉，《書目季刊》第 19 卷第 2 期（民國 74 年 9 月），頁 13。

〔註76〕同前註。

〔註77〕據曾子良調查《臺省民主歌》有六種版本：
1. 《臺省民主歌》，光緒丁酉年，上海點石齋石印本。
2. 《臺省民主歌》，收入《臺灣俗曲集（上）》，中央圖書館臺灣分館藏。
3. 《臺灣民主歌》校注本，作者張裕宏根據點石齋本及其所見的殘本彙整而成。
4. 《臺灣民主歌》，收入樟樹出版社出版的《臺灣演義》中。
5. 《臺灣民主歌》校注本，根據上海點石齋版校注，國立臺灣歷史博物館籌備處、財團法人白鷺鷥教育基金會出版。
6. 《新刻手抄臺灣民主歌》，收入王順隆閩南語俗曲唱本「歌仔冊」全文資料庫。

以上參見曾子良：《臺灣歌仔四論》〈「臺省民主歌」之研究〉（臺北：國家出版社，2009 年 3 月）頁 37～38。

清政府簽訂馬關條約，將臺灣割讓與日本，臺灣紳民激昂憤慨，推舉唐景崧成立「臺灣民主國」，並於臺灣北部各地與日軍交戰，反抗日人統治的一段史事。《臺省民主歌》於馬關條約簽訂的二年後刊行，曾子良曾說：「〈臺省民主歌〉的內容與史實大致相同，唯歌者或因資訊不足，認知有誤；或因明哲保身，出於無奈；或因輾轉流傳，經人修改，故與史實有所出入。」〔註78〕雖然如此，《臺省民主歌》以唸歌富有的「民間性」特質，反而真實的紀錄了當時臺灣人民的處境，並傳達了他們的心聲。

《臺省民主歌》開頭以極長的篇幅斥責李鴻章，並將臺灣割讓歸罪於李鴻章，認為他與日本素有交誼，因而枉顧臺灣人民的尊嚴和利益。歌中以「說到京城李鴻章，奸臣心肝真正雄」來形容李鴻章，又說「鴻章朝內有名聲，通番串位真有名」，李鴻章在《臺省民主歌》裡的形象十足是一個親日賣台，謀取私利的奸臣。歌中記述臺灣民主國成立，「四月城內出告示，眾人迎印去交伊，民主國號三大字，山頭拉起百姓旂」推擁唐景崧為為總統，不久日軍來台，民主國軍隊正面迎戰，卻是「來報基隆海防官，被伊刣死有一半」、「奧底上山刣一陣，無宜敗兵來即謹」節節敗退，因此「撫臺用計卜返到，透冥街內放火灯」，唐景崧趁亂逃回廈門，當時臺灣「一時無君天下亂」，「百姓逃走真千難」，只能「下天下地求平安」，歌中也表達臺灣人民對唐景崧的失望，「望卜掛伊作做元帥，無宜此事來獻花」。

之後日軍於「基隆先設民主廳」正式入主臺灣，但各地仍陸續組成義勇軍抗日，日本政府因而宣布「力著土匪無性命，力著好人通來領」。當時臺灣人面對日本的政權，有持續奮勇抗日者，如「盡忠報國林國棟」、「五份埔庄出詹振，盡忠報國塊招兵」；也有親日求利者，如人稱彩舍的富人陳春光，「隨時打掃大廳堂，就倩人工煎茶湯，一家大小環匕返，望卜做官有久長。」他的弟弟和兒子甚且「領兵臺南平劉義，返來正人皆恭喜。」以臺灣人熟悉環境的優勢，協助日人南下平定劉永福的軍隊。歌中也嚴斥日軍當時的侵略行為，如「下日那有到大隊，食人仁家真到水」到處燒殺擄掠；又「日本那有手了賤，去北媽祖个披肩，此時反亂真無變，眾人看了真了然。」，偷取媽祖華麗昂貴的披肩；又「冬洋日本真無樣，巢撻人家个姿娘」，污辱臺灣的婦女。無怪乎當時臺灣人只能「下天下地求平安」自求多福。

〔註78〕同前註，頁68。

　　《臺省民主歌》是一首通俗的唸歌，它傳達了臺灣民間的政治觀點和思想，以人民的口吻來描述這一段被割讓／出賣，被異國統治的慘痛記憶。唸歌在說唱、流傳的過程當中，或許也抒發了人民對處境的無奈，不管是被祖國遺棄、被異國侵略、被戰火肆虐後的傷口，藉著唸歌的說唱，或許能稍稍撫平他們內心的哀傷和恐懼吧！

三、臺灣光復

　　以臺灣光復為主題的唸歌有邱清壽編寫的《接迎祖國河山光復歌》及汪思明說唱的《歡迎祖國歌》。目前筆者僅見後者，婁子匡、朱介凡曾於《五十年來的中國俗文學》中摘錄部分唱詞〔註79〕，今據其可見內容而作探討。

　　據婁子匡、朱介凡所述，呂訴上藏有汪思明所作的《歡迎祖國歌》兩本，發行於民國三十四年，第一集註明「臺北廣播電臺選定放送歌」，第二集有「臺灣廣播電臺推選」的字樣。〔註80〕汪思明於日治時期已是知名的說唱藝人，光復後他所錄製的說唱節目，也是各大廣播電臺的熱門節目，或許正因為如此，國民政府來台後，因為擔心臺灣人民長久以來受日本統治，對中華民國的政權已缺乏認同感，意欲藉唸歌易於傳唱的特性和汪思明的影響力，對臺灣人民進行政治思想的教化。

　　《歡迎祖國歌》作於臺灣光復初期，透過廣播播放，內容明顯具有政治宣導的目的，一開始就告訴大家「各位庄街有頭人，叫人著來聽放送」，全歌都是強調臺灣歸還中國的可喜可賀，如「臺灣愛著還中國，一時太平好安樂」、「臺灣百姓上歡喜，天地改換作一時」、「祖國光復咱全臺，祖國對咱真固愛」，並說「祖國為咱臺灣人，費了真多的功夫，即層恩情是真重。」要臺灣人以感恩、感謝的心來看待國民政府，並說「三民主義為根本，以報祖國的大恩」，並將三民主義大大宣揚了一番，如「三民主義是真好，不識的人著愛學，知影的人著相報，教人大大有功勞。」、「祖國三民的主義，即能救咱出頭時」，雖然全歌仍是唸歌的語言和形式，但字字句句有如政治口號，缺乏民間活潑、自然、生活化的觀點，婁子匡、朱介凡曾說：「祖國如此受讚頌，俗文學中，實在並不多見。尤其把祖國讚頌到這樣人格化。」〔註81〕

〔註79〕婁子匡、朱介凡曾於《五十年來的中國俗文學》（臺北：正中書局，1998年11月），頁227～228。
〔註80〕同前註，頁227。
〔註81〕同註79，頁228。

或許亦有其弦外之意吧。

四、臺灣史

以臺灣史為主題的唸歌有《寶島新臺灣歌》、《鄭國姓臺灣歌》、《過去臺灣歌》、吳天羅說唱的《臺灣歷史說唱》〔註82〕及現代作家鹿耳門漁夫創作的《臺灣白話史詩》、周定邦創作演唱的《義戰嘓吧哖》。茲舉《寶島新臺灣歌》、《鄭國姓臺灣歌》、《過去臺灣歌》為例。

竹林書局曾經發行《寶島新臺灣歌》、《鄭國姓臺灣歌》、《過去臺灣歌》，三種唸歌，內容大多相似，簡繁不同。《過去臺灣歌》〔註83〕僅296句，共6頁。《寶島新臺灣歌》〔註84〕有532句，共12頁。《鄭國姓臺灣歌》〔註85〕有520句，共12頁。

《過去臺灣歌》的內容較為簡略，開頭總敘臺灣簡史，再敘鄭成功開創臺灣、臺灣割讓日本及臺灣光復的歷史。後文則主要是描述日治時期日本政府對臺灣人民的種種壓迫，如刑罰不公、貪污收賄、剝削勞役等，並對日本戰敗後，國民政府來臺深感慶幸，歌末，強調反共的決心和光復大陸的深切期待。歌中紀錄了當時臺灣的政治局勢，還是一個以「反共抗日」、「殺朱拔毛」為口號，「效忠領袖蔣總統」的年代，比之今日，臺灣與日本、大陸、國民政府的關係，已有了跨時代的轉變。《寶島新臺灣歌》、《鄭國姓臺灣歌》的篇幅、內容幾乎相同，主要是文句排列的順序不同。施炳華曾比較兩者後，說：「二書的出書先後，是《鄭歌》在前，《寶歌》在後。出版商為了增加商品種類與銷路，乃就《鄭國姓臺灣歌》換個書名，前後順序顛倒，改為《寶島新臺灣歌》」〔註86〕，他認為《寶島新臺灣歌》的內容與書名較相符，語言較自然，用字修辭都較為妥切。

以《寶島新臺灣歌》為例，它的內容較《過去臺灣歌》更為豐富，以下

〔註82〕說唱者吳天羅演唱。

〔註83〕自藏《過去臺灣歌》（新竹：竹林書局，民國47年）。據丁鳳珍於《歌仔冊中的臺灣歷史詮釋》（臺中：東海大學中文研究所博士論文，民國93年）文中記載（頁104），陳兆南收藏此唱本，發行日期與筆者自藏本相同，然句數與頁數卻是不同，因未能得見，無法予以比較，未能得知其原由。

〔註84〕自藏《寶島新臺灣歌》（新竹：竹林書局，民國78年）。

〔註85〕自藏《鄭國姓臺灣歌》（新竹：竹林書局，民國78年）。

〔註86〕施炳華：《歌仔冊欣賞》（臺南：開朗雜誌事業，2008年4月），頁28。

本的差異最大，其中對明鄭治臺的歷史有較詳盡的描述，敷衍的重點是臺灣社會開化前後的狀況，如未開化前，臺灣人住於土屋，點臭油為燈、過溪無橋、無車無船，認為皆因清政府未用心治理臺灣所致，當時「做官食飽倒塊睏，精神想食鴉片烟」，臺灣農民辛苦而貧困，臺灣人多本籍漳、泉二州，女性裹腳著木屐，富人穿著長袍馬掛，文人頭戴碗帽等等；開化之後，男女平等，女性可當官，生活電器化、各項建設完成、交通便利平順、農業進步、各地物產豐富，歌末除表達反共、反日的思想，還稱讚「美國對咱有影好」，顯見編作此歌時臺灣與美國尚未斷交，為二國聯手反共的合作關係。

第九節　勸世歌謠類

　　唸歌是發展於民間的藝術活動，它具備通俗性和群眾性，除了敘事，也適合觀念和思想的傳達，且因其易於傳唱，往往能夠對社會產生不小的影響，因是之故，唸歌作者經常編作許多以「勸世教化」為主要內容的唸歌，一般稱為「勸世歌」，它與敘事性的唸歌不同，並不敘述特定的人物和事件，主要是作者對道德觀念的闡述，具有勸善教化的積極目的，本文將其歸為「勸世歌謠類」，本類歌謠為數頗多，在閩南唱本裡已可見到這一類唸歌，但在臺灣卻特別受到民眾喜愛，各家出版社紛紛出版該類唱本，說唱者經常說唱此類曲目，已成為唸歌的一個大類，使得「勸世歌」幾乎成了唸歌的代名詞。

　　茲依勸化的主題分為以下幾類，並舉例說明。

一、勸　孝

　　以勸孝為主題的唸歌有如《不孝歌》、《十月懷胎勸孝歌》、《勸人行孝歌》、《勸世有孝新歌》、《十度想了勸孝歌》、《孝子成功歌》、《家貧出孝子》、《新編二十四孝歌》、《最新四十八孝歌》，說唱者楊秀卿、王玉川、鄭來好都曾演唱此類唸歌，內容均為說唱者自編。

　　《家貧出孝子》、《新編二十四孝歌》、《最新四十八孝歌》都是列舉古代知名的孝順故事「二十四孝」或「四十八孝」以使人見賢而思齊，如竹林書局的《新編二十四孝歌》作者於開頭即表明：「我今卜念廿四孝，句句都著用紙包，朋友姊妹不通走，著學有孝即有肴。廿四孝歌真多項，孝子上書廿四人，不孝聽著就起動，聽廣不孝架耳空」，又說「因為卜來勸人好，編歌勸世

有功勞，聽著通人都呵老，勸恁大家認眞學」，接著簡述二十四孝的故事，每個故事以二葩敘其大要，再以一葩闡述故事的意義，如：

> 第二行孝漢文帝，父死只春（剩）母一个，
>
> 太后薄氏有病体，文帝親身捧茶湯。
>
> 劉恆爲帝眞有孝，奉母至孝好尾梢（善終），
>
> 驚了因母乎人偷，有藥伊先飲做頭。
>
> 不論貧賤富貴兒，著學漢朝文帝伊，
>
> 養育大恩要分記（記得），忤逆父母無好生。

列舉故事完畢，再對孝道的觀念加以闡述，編作者以因果的觀念來勸人行孝，如「不孝多子免歡喜，忤逆還生忤逆兒」，認爲不孝者，亦將遭受相同的果報，勸人應存感恩之心，盡孝道以報父母之恩，如此則「後進即分照樣學」。

楊秀卿說唱的《勸有孝》，以其擅長的口白式唸歌說唱，散韻夾雜，如：

> 朋友！人佇咧講，知恩報本，飲水要思源，
>
> 食果子愛拜樹頭，著（就）是這個原因。
>
> 做人知恩俗（和）報本，不孝兩字逆天倫，
>
> 人生當然愛守孝順，有孝兩字天報恩。

歌中單以說理的方式闡述孝道，細述父母自小養育的辛勞，勸人勿賭勿嫖，潔身自愛，並且唱道「有趁錢銀取家後，通送父母上山頭」，乃傳統思想裡「不孝有三無後爲大」的觀念，認爲傳宗接代爲子嗣應盡的基本孝道。

二、勸節儉

以勸節儉爲主題的唸歌有《節儉歌》和鄭來好說唱的《勸節儉》〔註87〕。

《節儉歌》收於會文堂的唱本《通俗勸世歌》中，篇幅較短，僅八葩，歌中主要針對傳統禮俗的鋪張現象加以勸導，開篇有「世上做人愛奢華，聽我唱出節儉歌」，表明其編作的目的。對於民眾舉辦廟會以殺豬祭神、演酬神戲的習俗，「謝神殺生有罪卦，道理人人未看破」、「並無誠心護佛看，人愛鬧熱看小旦」，指出這些習俗實際上是違反了信仰的精神，既然如此，「何用奢華做子弟」，最重要的還是「敬神要緊是誠意」。對於婚喪禮儀，又說道：「嫁娶不用粧體面，照禮行來卻省錢，喪事外華空了銀，棺槨衣衾是要緊」，強調以簡約而隆重的方式來舉行，歌末再以「人著勤儉家會興，不通共錢來使性」

〔註87〕見本論文第七章第二節。

勸勉眾人。此歌雖然簡短，但是卻切中要點的指出了一般人舉辦廟會和婚喪禮儀的盲點，時至今日，歌中所表達的觀點仍值得為眾人所學習。

　　另，鄭來好說唱的《勸節儉》由其自己所編唱，關注的則是個人和家庭的生活，認為養成節儉的生活態度，「咱就來專心想正途」，生活正當而踏實，「免怕失敗會走路」，便不致於窮途潦倒。歌中尚有累積財富，流傳後代的觀念，「咱來節儉上一代，後代累積才不困難」，乃臺灣傳統的觀念，認為長輩若能累積財富，不但能庇蔭子孫，還能壯大家族的財力和勢力。

三、勸戒賭

　　以勸戒賭為主題的唸歌有《勸改賭博歌》及楊秀卿說唱的《勸改儌》。

　　竹林書局出版的《勸改賭博歌》，歌中以第一人稱的敘事角度敷唱賭博的慘痛經驗，具有真實感。歌中的「我」為了賭博屢次遭警方逮捕，並被罰以重金。他經常向親友訛騙金錢，最後信用破產，親友都不願與他往來，因此「身軀窮甲那乞丐，乎繳害甲者年赤」，落魄如乞丐，但他賭性不改，總是「想著愛拔手賤賤，無錢閣來做片先」，一旦賭癮發作，便又到處騙人錢財。歌裡詳敘一段他如何以詭計詐騙煙花女子的始末，徹底揭露一位賭徒心術不正、道德淪喪，可悲又可恥的面貌。歌末以「我」的角度對民眾勸說：「這本就是拔儌歌，勸恁大家繳太拔，大家拔繳那像我，歸尾包死允袂活」意圖藉自身的切身經驗來勸誡民眾，並說「我來勸恁恁勸我，大家修心繳太拔」，透過相互勸勉的力量，彼此警惕。

　　楊秀卿的《勸改儌》為散韻夾雜，說中帶唱，全歌分由男性和女性的角度分析賭博對其造成的負面影響，認為女性賭博將會為了償債而拋夫棄子，與人私奔；男性賭博不但使家人遭受議論，並導致傾家蕩產；甚且為了償還賭債，不惜從事偷拐搶騙的勾當。歌中屢次以俗語「秤錘倒尾拖」勸民眾戒賭，意指若不戒賭，年老之時，將如秤錘推至秤桿的尾端時往下垂墜，以此譬喻晚景凄涼。歌末再由正面角度，鼓勵人當從事正業努力工作，積極儲蓄，積少成多，則當家和萬事安。楊秀卿的口白式唸歌，有說有唱，便於闡述道理，配合音樂的旋律，緩和說理的嚴肅氣氛，使人於娛樂之中，無形中接受了道理的教化。

四、勸戒毒

　　因清末至民國初年，盛行吸食鴉片，故此處所指的「毒」，早期指鴉片，

　　如勸人戒食鴉片的唸歌有如：《新刊鴉片歌》〔註88〕、《烏烟歌》、《勸改阿片歌》、《新編食烟歌》、《新樣鴉片歌》、《自新改毒歌》。近年來則指嗎啡、海洛因、安非他命等現代的毒品，如《自新改毒歌》勸人勿食嗎啡，說唱者楊秀卿的《勸改毒》〔註89〕，即勸人勿食海洛因、大麻。

　　《新刊鴉片歌》、《勸改阿片歌》、《新編食烟歌》爲雜言的形式，《烏烟歌》、《勸改阿片歌》、《自新改毒歌》則是七字句的形式，前面三種唸歌編作的時間早於後面三種。至於楊秀卿自編自唱的《勸改毒》則是以七字句配合口白，爲散韻夾雜的形式。

　　此類唸歌大多強調吸食鴉片對健康、經濟、生活的傷害，百害無一益，以達勸誡的目的。以《新樣鴉片歌》爲例。廈門博文齋所發行的《新樣鴉片歌》，敘鴉片成癮者爲了鴉片以致疏忽家庭、不顧廉恥，最後傾家當產、流落街頭。未吸鴉片前「顧人兼顧己」，是個有責任感的人，但是吸食鴉片以後，「不孝不義，無廉無恥」、「賣某賣子，賣田賣厝」，不但不關心家中的經濟問題「管爾家內無柴共無米」，甚且「拋荒田園，進賣小甕共大缸」，最後又偷又盜，「作賊奉吊，打到半小死」、「衣衫襤褸姑將作土匪」。因此歌中進一步勸人勿食鴉片，如「讀書人，食鴉片，做遊學」、「夥計人，食鴉片，無頭路」、「作田人，食了賣田園」、「作工人，三作共四歇」……，針對各種不同身份的人，由鴉片所造成的負面影響，對其進行勸說。

　　楊秀卿的《勸改毒》收錄於臺灣台語社出版的《楊秀卿臺灣唸歌》有聲書，以韻散夾雜的方式說唱，尤其生動。茲舉一段爲例：

> 安非他命是毒品，誤用你會害終生，不但是傷肝兼傷腎，毀害自己的腦筋。各位！你咁（可）知影（知道），這款（種）毒是害人不淺，啥乜（什麼）敏仔水啦！速死空啦！強力糊啦！這攏（都）眞正毋（不）好！

這首唸歌乃楊秀卿針對現代毒品氾濫的現象所編作，非沿襲舊作，歌中提到的毒品也多屬現代社會所有，如海洛因、大麻煙、安非他命，搖頭丸等，可見勸善教化類的唸歌，需與時代結合，方能展現其實際的勸善效果。《勸改毒》

〔註88〕　發行年代較早的《新刊鴉片歌》，爲木刻本唱本，爲雜言的句式，非整齊的七字句，《新編食烟歌》、《新樣鴉片歌》亦爲雜言。

〔註89〕　收於洪瑞珍編著《楊秀卿臺灣唸歌》有聲書（臺北：臺灣台語社，民國93年），頁73～80。

主要仍從毒品所造成的負面影響來勸說，如傷害身體健康、使人偷盜淪落、遭到判刑坐牢等，但於歌末，楊秀卿則轉由親情的角度，予以柔性的勸說：

> 你愛知影（知道），父母偌呢（這麼）苦心晟養（養育）咱大漢，
>
> 你閣來食毒，真是枉費個（他們）晟養的功勞。

說唱者乃為人母，深知父母的心情，不自覺的流露其同理心，雖是幾句平凡的話語，卻顯露出父母對孩子深切的關愛與用心，使得勸誡的過程，除了考量實際面的損害，藉著親情的召喚，或許更能喚起吸毒者內心深處的良知，從而產生感化的作用。

五、勸戒嫖

以勸戒嫖為主題的唸歌有《最新戒嫖歌》、《勸改酒色歌》、《最新花柳纏身歌》、《專勸少年好子歌》〔註90〕、《勸世能的理解社會覺醒歌》。

此類唸歌多敘流連歡場對個人生活造成的負面影響，如感情被騙、散盡積蓄、染上性病等種種壞處，以此勸誡民眾。如玉珍書局出版的《最新戒嫖歌》，開頭寫道：「唱出只歌分恁聽，花街柳巷不通行」，認為歡場女子虛情假意，擅用手段迷惑男子，「迷人手段真賢用，姜母拭目假有情」，致使男子流連忘返，「某子不時目箍紅」，任家中妻小傷心垂淚，因此歌末勸道：「人塊講家和萬事成，勸改好嫖眾兄弟，能曉反悔尚未遲」，若知悔改，「一來父母能勸善，二來某子免傷悲」，意在透過家庭的力量喚回沈迷酒色的男子。

玉珍書局的《專勸少年好子歌》為林九所編，他以狐狸精譬喻歡場女子，全歌著力於將歡場女子妖魔化，用以警示好近女色的男子，如「汝看現時呆財界，專出狐狸甲籠獅，只款怪女上利害，奪人匕種甲錢財，奪人錢財甲人種，狐狸成精變人形，專是千年个道行，若被涉去無量情。」作者運用誇大的修辭，將風塵女子比作千年的妖精，又形容「花宮所在迷魂壇，狐狸法術千萬般，看人格用目尾看，兩眼買收人心肝，世間只項上利害，子弟卜呆治靴來，那乎迷入淫窟內，生死二字煞不知。」男子一旦涉入花叢，必難逃魔掌，最後恐怕連命都沒了。《專勸少年好子歌》的語言誇大而生動，富有想像力，使得勸說的過程增添了幾分趣味性，有助於達到警示的作用。最後表明出版此歌的目的：「玉珍發行各項歌，專是勸人勿虛花」意在勸世，又：「第

〔註90〕《專勸少年好子歌》為玉珍書局出版，竹林書局亦有內容幾乎相同的《勸少年好子歌》（民國43年）。

一牽手愛著娶，生子傳孫漸亿大，建置某子是實在，勸咱同胞不通開，歌仔內中有誌載，那買去看就能知」強調唱本所言皆是勸人愛家顧子的金玉良言，鼓勵民眾購買閱讀。

六、其　他

勸世歌謠類的唸歌，除以上所見以單一主題進行勸說的唸歌，尚有不針對特定主題而行勸說的唸歌，如《勸世通俗歌》、《人心不知足歌》、《社會覺醒歌》、《暢大先痛後尾歌》、《燒酒嫖樂勸善歌》、《文明勸改新歌》、《社會教化新歌》、《勸世瞭解新歌》、《人生因果勸世歌》、《勸世因果世間開化歌》、《勸世人心知足歌》、《勸世社會評論歌》、《勸世了解新歌》、《從善改惡歌》……等。說唱者邱鳳英、徐鳳順、葉秋雲、陳清雲、張樹龍、黃秋田、鄭來好、邱查某、呂寶貴、張桂子、謝財源、呂柳仙、楊秀卿、王玉川、歐雲龍等人，均曾演唱此類唸歌。唸歌的內容多是提出正面積極的價值觀，以發揮其教化的社會功能。茲舉《人心不知足歌》為例。

竹林書局的《人心不知足歌》合上、中、下三本為一冊，共 18 頁，為篇幅較長的勸世唸歌，歌首先為書局宣傳，「敝號新竹帶市內，新歌常常編出來，暢銷台灣甲過海，有買去看就兮知」，之後進入正題「念卦勸世忽恁聽，無論富戶亦赤子，聽著念歌煞不行」，並表明唸歌的內容「此款歌仔真希罕，專廣做人在世間」主要是敘述人生中應抱持的觀念和態度。歌中關注許多面向，如勸人應持豁達的人生觀「咱來出世無半項，返去雙手又空空……做人不通想私編，帶只世間無幾年，人那卜死目一爾，萬事袂甲人相爭」；勸父母用心教養子女，「代先勸恁老兄弟，那有三子共五兒，小漢應當著教示，長大成人由在伊」；勸人知足踏實「平素知足呈好看，安分守己恰有盤」則無飢寒之慮；勸人孝順，「做人有孝為根本，不通爸母朗無分，不孝社會人議論，做好就出好兒孫」；勸人勤儉，勿染惡習，「現時兮人真開化，勤趁儉用無奢花，花天酒地緻無拔，一生清榮免拖磨」，除以上所舉，尚有勸人勿風流、勿吸毒、勿沈迷酒色、多行善勿為惡……等，有如人生格言般，字字句句都是勸人建立積極、光明的生活態度和人生觀。

歌中偶以因果的觀念勸說，帶有宗教的色彩，如「做人奸詐無路用，今世搶人後世還，善惡到頭終有報，遠在千里近目前」，又如「謠言亂廣不通听，閒人講話打半城，宮廟佛公那有聖，捕去割舌就兮驚」，這種勸說的角度亦多

見於其他唸歌，如《勸世了解新歌》、《人生因果勸世歌》、《勸世因果世間開化歌》等，顯見，在民間「因果報應」是勸善止惡極重要的思想背景。勸說的尾聲，作者強調其所傳達的觀念乃根據歷代古書，非自己隨口胡言，如：「書是歷代提來創，編歌不敢廣凸風」，以求信於民眾，又說「人心知足是歌名，內容全是勸恁听」，指歌名僅是代表，內容實包括其對人生種種的勸告，並說：「編歌乎恁做標準，照歌來行上單純」希望能對民眾的生活產生實質的指導作用。

第十節　敘情歌謠類

《毛詩序》說：「情動於中而形於言，言之不足故嗟嘆之，嗟嘆之不足故詠歌之，詠歌之不足，不知手之舞之足之蹈之也。」又《漢書・藝文志》說：「哀樂之心感，而歌詠之聲發，頌其言謂之詩，詠其聲謂之歌。」可知「歌」適合作為抒發情感、表達感受的媒介。唸歌有許多以表達情感為主的曲目，茲將此類唸歌歸為「敘情歌謠類」，由於它著重的是情感的抒發、表達，不似敘事為主的唸歌，往往須用較長的篇幅鋪排情節，敷唱人事，因此篇幅上較不受限制，可長可短，富有彈性。本類唸歌依敘情者的人數，分為單人敘情和雙人敘情二種。

一、單人敘情

單人敘情的唸歌，篇幅大多較短，用以歌詠內心的情感。以女子敘其情思者最多，如《十步珠淚》、《十送君》、《五更歌》、《桃花過渡歌》、《為郎憔悴》、《愛唷難捨》、《十二更鼓歌》、《三十珠淚歌》、《四季想思》、《琵琶春怨》、《新娘的感情》、《一剪梅》、《日暮山歌》、《十條歌》、《送哥返》、《蝴蝶夢》、《紅花淚》、《一夜差錯》、《望郎早歸》、《戀暮哀歌》、《相思怨》、《銀花過江》、《牽君手送相思歌》、《十二步送兄歌》、《十二月花樣歌》……等。篇幅最短者如捷發漢書部的《琵琶春怨》，全歌僅 3 葩，共 12 句：

> 荒唐我君顧外方，放母放子守家門，
> 放阮青春強欲返，怨春心頭做陣酸。
> 望要夫妻好日後，決意勸君緊回頭，
> 千里路途亦著（也要）走，無疑抱恨沿路哭。

　　想起當初情意重，求月做主結成雙，

　　琴碎魂消今無望，冷月依然照花叢。

敘女子因丈夫出遠門，獨守空閨，寂寞不安的心情。此類唸歌經常運用程式型的「套語」結構，如「十步歌」、「十二步歌」、「二十步歌」、「十六送」、「五更歌」、「十二更歌」、「十二月歌」等，逐次堆疊，表達出委婉深長的情思，以廈門手抄本《十步珠淚》為例：

　　一步珠淚帶目墘（眼眶），爾娘別君哀怨天，

　　月老算盤拍（打）錯經，情天恨海兩相悲。

　　二步珠淚喃淚啼，憶着我君心傷悲，

　　望要鴛鴦做一池，誰知鸞鳳折（拆）二邊。

　　三步珠淚淚雨面，君妾情深心難變，

　　一步三轉看君面，藕斷絲連情又牽。

　　四步珠淚滿胸前，難割難捨君深情，

　　抱起琵琶遮半面，聲聲彈出斷腸聲。

　　五步珠淚淚淋漓，回頭看君在路邊，

　　再三叮嚀情郎爾（你），今生無緣等后世。

　　六步珠淚淚落裙，五里亭中離別君，

　　命歹無人親像阮，恰似孤雁失了群。

　　七步珠淚淚落塗，千般万事君耽誤，

　　望君玉体着照顧，免得奴家再添苦。

　　八步珠淚如溪水，憶着我君心肝碎，

　　妾本落花隨流水，誰知無緣再流歸。

　　九步珠淚變成血，憶着我君引不開，

　　酒不醉人人自醉，眼不流淚淚雙隨。

　　十步珠淚血流盡，盡尾一句勸君恁，

　　別做親事顧終身，莫怪小妹薄情人。

此歌乃女子敘其與情人分別時的依依離情。每葩首句依十步之序套語，以流淚的情狀來表示哀傷的程度，第 2、3、4 句則是直述自己的心情和想法。感傷難捨的情緒依次增強，第一步時眼中含淚，哀傷略顯；至於第五步，則是淚滿胸前，傷痛之情表露無遺；到了第十步，已是淚血流盡，痛之至極，絕望心死，不敢再盼重逢之日。

　　除女子敘情，也有慨嘆命運乖舛，抒發其悲苦之情者，如《改良守寡歌》、《改良長工歌》、《新刊烟花嘆》。其中《改良長工歌》的敘情者為男性，屬本類唸歌中罕見，以博文齋的《改良長工歌》為例，它運用「十二月歌」的結構，每葩首句逐月敘述農務或農時，2、3、4句男子敘其從事長工的辛勞和辛酸，如：

> 二月思想田水白，頭家叫我舉牛把（耙），
> 牛把（耙）舉起共鋤頭，田頭田尾目屎流。
> 三月思想是清明，頭家叫我田上行，
> 播著田園十外區，塗米沙母滿身軀。
> 四月思想日頭長，日頭爆落（曬得）面青黃，
> 大截小截割未透，割了頭眩共（和）目暗。

生動而真實的唱出長工的生活和心聲，可見唸歌不僅用於抒發戀愛的心情，亦可用於抒發對生活的感受。

　　單人敘情的唸歌，適於表達「個人」內心的感受，全歌以第一人稱敘情，情感的表達直接而具真實感，欣賞者有如入進入敘事者的內心世界，對其產生或悲或喜或同情的情感感受。

二、雙人敘情──「褒歌」

　　以敘情為主的唸歌，亦常見雙人互表情懷的「褒歌」形式。「褒歌」為兩兩對唱，用以互相試探、調戲、讚嘆、傾訴或嘲罵，在台灣又稱為「採茶歌」。藉由兩人之間一唱一答，利用對白或獨白表現人物的關係、情感和思想，呈現類戲劇或類小說的說唱型態。以褒歌形式敘情的唸歌，主要由男女二人對唱〔註91〕，敘情為主，兼及敘事，多為長篇的型態。

　　此類唸歌有：《農場相褒歌》、《男愛女貪相褒歌》、《肉咬笑歌》、《少男少女挽茶相褒歌》、《茶園挽茶相褒歌》、《問路相褒歌》、《壹百柴名相褒歌》、《百花相褒歌》、《僥倖錢開食了歌》、《冤枉錢失得了歌》、《探哥探嫂相褒歌》、《鱸鰻男女相褒歌》、《收成正果歌》、《苦命女修善歌》、《戲情相褒歌》、《爽快新歌》、《好笑歌》、《茶園相褒歌》、《清心相褒歌》、《天作良緣歌》、《林益娘歌》、《問路相褒歌》、《特別好唱僥心娘子歌》、《男女思想歌》、《又臺灣

〔註91〕亦曾見《僥倖錢開食了歌》有朋友間的相褒，《探娘相褒歌》也有男子與妻子的姊姊相褒，但都非主要的人物關係。

小娘仔歌》、《白話迎新去舊歌》、《百樣花歌》、《社會娛樂歌》、《十二碗菜歌》、《生相歌》、《出外風俗歌》、《看破世情新歌》、《特別好唱清心歌》、《思想歌》、《採茶褒歌》、《迎新棄舊歌》、《新樣採茶歌》、《白話收成正果歌》、《包食用歌》、《最新搖古歌》、《清閑通俗歌》、《男女相褒歌》、《相褒拾盆牡丹歌》、《二十步送妹歌》、《新刊廿四送歌》、《十步送歌》、《最新火車歌》……等。

　　其中尤以男女戀愛，互相表露情愫的唸歌爲典型，如竹林書局的《茶園挽茶相褒歌》，敷唱男子至茶園，見到一位美麗的採茶女子，以幫忙採茶爲由，向前搭訕，採茶時兩人一唱一和，萌生了愛意並互許終生，茲舉一段爲例：

（女）一所挽（摘）了過一崙，歡喜配着水郎君，是咱前世有緣份，
　　　那（愈）看闊煞（又更）那（愈）斯文。

（男）共娘罩（幫）挽（摘）一大把，旦（丟）落茶籃不免（不用）
　　　提，姻緣今咱廣好世（說定數），娶汝水娘無几个。

（女）一欉挽了過一欉，歡喜我娘配水尪，共（和）君汝説有一項，
　　　那（若）返就緊（快）叫媒人。

（男）甲（和）娘相辭卜回返，想着心肝足（很）成酸（心酸），我
　　　叫媒人恁厝問，汝今不通帶（在）茶園。

（女）甲君行出茶園外，害阮無心袂（不）念歌，不知治時（何時）
　　　卜（要）來娶，驚君做事肴（擅）拖沙（拖延）。

（男）雙腳行出娘茶園，一心歡喜一心酸，今日得着一項物，恰好
　　　織女見牛郎。

兩人情投意合，女子催促男子盡快找媒人來提親，男子也因茶園一遊，巧得良緣而歡喜不已。

　　除敷唱甜蜜的愛情，另有如《相褒探娘新歌》〔註92〕和《相褒探哥新歌》，則是敷唱夫或妻生病至死，兩人心裡的煎熬和哀傷。以捷發漢書部的《相褒探娘新歌》爲例，全歌爲「三十日歌」的結構〔註93〕，妻子身染重病，丈夫極度憂戚，兩人以相褒的形式，表露內心的感受，如：

〔註92〕又名《最新探嫂新歌》、《相褒探娘新歌》或合《探哥相褒歌》爲《探哥探嫂
　　　　相褒歌》。
〔註93〕單數範首句依序以「初一」、「初二」……「三十」開頭。

（男）初八卜鬪哥問嫂，有恰（較）輕**双**（輕鬆）野（抑）是無，
致甲（得到）即（這）病我煩惱，盡心共娘恁爭遭。

（女）症頭一日一日重，食藥多無恰較輕**双**，我娘一命允（定）無
夢，允着擔悞（耽誤）哥一人。

（男）初九早起成（眞）煩惱，生苦病痛除人無，我加下天好不好，
致甲（得到）只：（這）病眞羅梭（囉唆）。

（女）君仔親嘴共我廣（說），廣（說）卜（要）去下（許願）三界
公，我娘一病免瞬望（指望），性命允棟（一定）下（會）歸
亡。

（男）初十早起卜（要）下（許願）天，就銓（備）香案在吟墩（簷
下），乎阮親娘那無病，刣（殺）豬倒（宰）羊戲**双**坪（邊）。

（女）君仔天公下了後，我娘秤汗（冷汗）一直流，打算今日食袂
透，害兄一擔春（剩）一頭。

男子敘其爲妻子的病憂慮不已，然藥石罔效，只能向天祈求；女子敘其因生
病造成丈夫的負擔感到愧疚，且自知來日無多，對丈夫有著無限的牽掛。敷
唱至十九日妻子過世，男子相褒的對象改由妻子的大姊，男子與其相褒至唸
歌結束，歌詞除敘述辦喪事的過程，主要還是表達男子喪妻後的哀慟，如：
「廿五早起親看見，看見靈椿著廳邊，想着心酸喉就鄭，無彩做堆即多年。」、
「廿八早起未箱晏，伐落除靈甲謝壇，三不五時尋無伴，十分煩惱在心肝。」、
「廿九早起即煩惱，尋前尋後看娘無，担敢無人親象嫂，看我心肝兮未糟。」
敘其帶著無比凄涼的心情爲妻子辦理後事，辦完後事，仍無法彌平心裡的哀
慟。

　　以「褒歌」敘情的唸歌，因人物的增加而產生了不同的敘事角度，情感
的表達富有層次和變化，使觀賞者產生如戲劇觀賞的角度，隨著歌中人物的
互動和情感的變化，引發感性的審美心理。

第四章　唸歌的語言資料與文學價值

第一節　唸歌的語言資料

閩南語豐富的語言內涵，使得唸歌呈現出獨有的方言特性，如黃慶萱所說：「方言的使用，對懂得方言的人，有一種親切感，對不懂方言的人，有一種新鮮感。」〔註1〕唸歌流佈於閩、臺兩地，融合了各地的閩南腔調，展現出活潑生動的語言魅力及音樂曲調的穿透力。

一、閩南語的特有詞彙

唸歌保留了閩南語特有的詞彙，貼合閩南族群的生活，也呈現了閩南文化的獨特性。例如常見的詞彙有：

> 伊（他）、恁（你們）、阮（我、我們）、加忌（自己）、翁某（夫妻）、民仔在（明天）、代志（事情）、灶腳（廚房）、天光（天亮）、冥日（日夜）、目周（眼睛）、頭鬃（頭髮）、目滓（眼淚）、刈吊（思念）、房宮（房間）、電火（電燈）、蚋灼（蠟燭）、批（信）、按盞（如何）、卜年（為何）、分（的）、卜（欲、要）、這（只）、恰（和）、共（和）、食飯（吃飯）、呵咾（稱讚）、骨力（努力）、趁錢（賺錢）、**攑**（舉、抬）、湳淚啼（哭泣）、凌治（折磨）、冤家（吵架）、折分離（分離）、心驚宜（心驚膽跳）、哮哨（說謊）、說透機（說明白）、箭（爭辯）、僥雄（狠心）、生理（生意）、姑不二章（不得已）、細利（小心）

〔註1〕黃慶萱：《修辭學》（臺北：民國83年10月），頁128。

二、重疊詞

　　另外,「重疊詞」的運用,是閩南語的一大特色,在唸歌當中普遍可見,使得事物、情狀、情感的描述,格外生動,例如對顏色的形容〔註2〕:

　　1.「娘仔一時不甲意,樹蘭開花白微微。」

　　　（博文齋的《最新百樣花全歌》）,以「白微微」形容花朵的顏色柔和潔白。

　　2.「看見河水白絲絲,將身跳落水流去。」

　　　（會文堂的《益春告御狀》）,以「白絲絲」形容河水的冷冽清澈。

　　3.「思着格心淚淋漓,吐出一血紅枝枝。」

　　　（文德堂的《最新王昭君冷宮歌》）,以「紅枝枝」形容血色的鮮紅驚心。

　　4.「新娘請茶真清香,滿廳滿房朱朱紅。」

　　　（周天生的《食新娘茶歌》）,以「朱朱紅」形容充滿喜氣的紅色。

　　5.「二蕊目周烏蕊七,一个胸前成樓梯。」

　　　（會文堂書局的《最新百樣花歌》）,以「烏蕊蕊」形容眼睛的黑亮有神。

對表情的形容:

　　1.「舉人笑得口唎唎,就入大廳莫延遲。」

　　　（會文堂的《黃宅忠審蛇歌》）,以「口唎唎」形容笑得合不攏嘴。

　　2.「陳三被罵笑文文,手舉掃手抵嘴唇。」

　　　（會文堂的《五娘挨荔枝》）,以「笑文文」形容面帶微笑的樣子。

　　3.「月裡目啁金金看,短命這欸分心肝。」

　　　（竹林書局的《周成過台灣》）,以「金金看」形容目不轉睛地注視。

　　4.「一个嘴仔希希希,手提一粒橄欖記。」

　　　（黃塗活版所的《橄欖記歌》）,以「希希希」形容笑嘻嘻的樣子。

對心理、情緒的形容:

　　1.「益春一時心忙忙,看見一拋火紅紅。」

　　　（會文堂的《黃五娘跳古井》）,以「心忙忙」形容茫然無助的樣子。

〔註2〕 畫線處。本節舉例均同。

2. 「一時心肝亂抄抄，失路纏身袂得到。」

（文德堂的《最新張秀英》），以「亂抄抄」形容心緒紛亂的樣子。

3. 「汝甲看我無目弟，見着我面赤把把。」

（竹林書局的《乞丐開藝旦歌》），以「赤把把」形容生氣大罵的樣子。

4. 「病今並無好半分，冥日目淬流紛紛。」

（文德堂的《最新探哥歌》），以「流紛紛」形容傷心時淚流不止的樣子。

對物體狀態的形容：

1. 「罰上刀山利記記，山中劍樹密密是。」

（會文堂的《益春告御狀》），以「利記記」形容刀刃鋒利的樣子。

2. 「六殿油湯滾沸沸，掠落鼎肉炙肉骨。」

（會文堂的《益春告御狀》），以「滾沸沸」形容油湯沸騰的樣子。

3. 「日時刈腸冥刈肚，刈到心肝脆糊糊。」

（會文堂的《最新收成正果歌》），以「脆糊糊」形容破碎搗爛的樣子。

4. 「燒金人馬鄭鄭鄭，這塊就是猴山坑。」

（林來發的《社會風俗歌》），以「鄭鄭鄭」形容充滿的樣子。

5. 「卜告斬足甲斬手，斬甲一身球球球。」

（捷發漢書部《地獄十殿歌》），以「球球球」形容歪扭捲曲的樣子。

三、量　詞

「量詞」也和華語多有不同，針對事物的特性，作了適切的表達，如：

1. 「看見一拋火紅紅」

（會文堂的《五娘跳古井》），以「拋」作燈火的量詞。

2. 「一蕊心花開離離」

（博文齋的《破腹驗花歌》），以「蕊」作花的量詞。

3. 「煮到一鼎白泡泡」

（會文堂的《最新收成正果歌》），以「鼎」作鍋具的量詞。

4. 「剝起一<u>腳</u>玉手指」

   (會文堂的《增廣英臺留學歌》)，以「腳」作戒指的量詞。

5. 「十<u>甌</u>藤甲鄭々々」

   (林來發的《社會風俗歌》)，以「甌」作茶杯的量詞。

6. 「身穿一<u>領</u>布水花」

   (林來發的《雪梅思君歌》)，以「領」作衣服的量詞。

7. 「賣須勸世聽三<u>冬</u>」

   (周玉芳的《新編人心不足歌》)，以「冬」作年的量詞。

8. 「野欠一<u>腳</u>金花籃」

   (竹林書局的《苦命女修善歌》)，以「腳」作籃子的量詞。

9. 「一<u>樞</u>棺柴八人扛」

   (玉珍書局的《茱瓜花鸞英為夫守節歌》)，以「樞」作棺木的量詞。

10. 「二<u>蕊</u>目周汁匕爾」

    (玉珍書局的《孟姜女送寒衣歌》)，以「蕊」作眼睛的量詞。

11. 「康氏鎖匙提一<u>汗</u>」

    (竹林書局的《大舜出世歌耕田歌》)，以「汗」作鑰匙成串的量詞。

12. 「七粒孤星一粒明」

    (會文堂書局的《最新百樣花歌》)，以「粒」作星星的量詞。

四、外來語

又，在他國語言的影響下，因而有了「外來語」的閩南語詞彙，如：

1. 「普通頭路抑<u>會社</u>」

   (竹林書局的《寶島新台灣歌》)，「會社」源自日語，即「公司」。

2. 「司法<u>係長</u>是安武」

   (興新書局的《新歌廖添丁》)，「係長」源自日語，指部門的主管。

3. 「專是少歲的<u>女中</u>」

   (興新書局的《新歌廖添丁》)，「女中」源自日語，指旅館的女服務生。

4. 「卜掠竊盜閣<u>常習</u>」

（興新書局的《新歌廖添丁》），「常習」源自日語「常習犯」，指慣犯。

5. 「咒咀敢着有<u>信憑</u>」

（竹林書局的《自由對答歌》），「信憑」源自日語，即「信用」。

6. 「來到球宮个所在，<u>女給</u>見面笑西西」

（捷發漢書部的《現代流行撞球相褒歌》），「女給」源自日語，指女侍。

7. 「住所<u>番地</u>寫完備」

（捷發漢書部的《出外風俗歌》），「番地」源自日語，指門牌號碼。

8. 「咱皆<u>注文</u>恰工夫」

（竹林書局的《苦命女修善歌》），「注文」源自日語，爲預訂之意。

9. 「身軀<u>雪文</u>提去洗」

（竹林書局的《乞丐開藝旦歌》），「雪文」來自日語的外來語「シャボン」，即「肥皂」，日語又源自葡萄牙語的「sabão」。

10. 「電火甲人箭<u>瓦斯</u>」

（捷發漢書部的《鐵齒銅牙曹歌》），「瓦斯」來自日語的外來語「ガス」，日語又源自荷蘭語的「gas」。

反映出閩南社會受外國文化影響所產生的語言變化，尤其臺灣曾經歷過日本統治，臺灣的唸歌常見源自日語的外來語。

五、俗　語

民間流行的「俗語」經常在唸歌裡發揮畫龍點睛的功能，使得敘事的表達更加生動活潑，例如：

1. 「<u>你今有心來下釣，毋畏椿魚毋食餌。</u>」

（會文堂的《五娘挽荔枝》），意指有心成事，必能成功。

2. 「<u>牡丹花好無錄用，棗花雖小結實成。</u>」

（竹林書局的《勸世人生必讀書歌》），意指實力、能力遠比表面的形式重要。

3. 「<u>渴時一點如甘雨，醉後千杯不如無。</u>」

（竹林書局的《勸世人生必讀書歌》），意指雪中送炭好過錦上添花。

4. 「番平好趁咱無望，田螺含水囥過冬。」
（會文堂的《新刊過番歌》），意指以堅忍的心志度過艱困的時期。

5. 「人人驚某大丈夫，少年打某豬狗牛。」
（鴻文堂的《新樣打某歌》），意指爲人夫者應善待妻子，不可暴力相向。

6. 「可惜運使無在家，家內無貓鼠蹺腳。」
（會文堂的《黃五娘跳古井歌》），意指在上位者外出，在下位者放肆而爲。

7. 「仙人打鼓有時錯，改惡從善事着無。」
（出版處待考的《遊臺勸世歌》），意指人總有犯錯之時。

8. 「安人勸子心頭鬆，花園豈無好花叢。」
（黃塗活版所的《英臺弔紙歌》），意在勸人無須對感情太過執著，意同「天涯何處無芳草」。

9. 「人講七月半鴨仔，毋知死佮活。」
（台灣台語社的《哪吒鬧東海》），意指身處險境而不自知。

10. 「人情世事倍甲到，鼎灶着去寄人兜。」
（竹林書局的《從善改惡新歌》），意指各種社交關係均要應酬，將導致傾家蕩產。

綜上所述，可知唸歌的語言非常豐富、活潑且生活化，唸歌說唱者及作者發揮閩南語的語言特色，創作出親切熟悉且貼近民眾生活的唸歌。

第二節　唸歌的文學價值

唸歌是說唱文學的一種，在藝術表現上，運用了豐富的修辭技巧，使得唸歌裡面的人物、事件、環境更爲生動，情感的表達更爲眞實，展現出唸歌說唱的文學價值。

一、譬　喻

朱熹說：「比者，以彼物比此物也。興者，先言他物以引起所詠之詞也。」「比」就是「譬喻」，藉彼喻此，巧妙的譬喻，往往能使得所要說明的事物，藉由對他物的聯想，有了豐富生動的形象。例如會文堂的《黃五娘掞荔枝》：

「月下孤雁叫悲聲，割人心腸滿障痛，孤雁無伴來啼哭，我是爲君在心頭。」敘五娘得知父親安排六娘、陳三成婚，五娘於深夜思及此事，尤感傷心和孤單，作者以月下的孤雁來譬喻她的心境。

「譬喻」的手法在唸歌中運用得非常廣泛，另有如：

1. 「回憶共君恩愛時，如弓如箭無時離。」
（會文堂的《黃五娘送寒衣》）

2. 「舉頭看見月光時，一輪明明照四邊，月兒亦有團圓意，虧得阮身未團圓。」
（文德堂的《昭君冷宮歌》）

3. 「第一好花是牡丹，夜合含蕊刈吊人，哥你生水刈吊咱，尾蝶不敢彩牡丹。」
（會文堂的《最新思想歌》）

4. 「四月算來樹蟬天，滿天樹蟬哮吱吱，一雙孤鳥哮一峻，親像雪梅袋思君。」
（會文堂的《雪梅思君歌》）

5. 「長江過了鐵板橋，腳踏鐵板雙頭搖，橋下溪水疊疊流，親像我君無回頭。」
（會文堂的《孟姜女》）

二、摹 寫

「摹寫」即將視覺、嗅覺、味覺、觸覺，以語言和文字加以形容，使觀賞者有如身臨其境，產生共鳴的情緒。例如：

1. 「含笑數欉在園中，園邊盡是夜來香，瑞香紫艷紅牡丹，正爿玫瑰雞腳蘭。」
（會文堂的《黃五娘揀荔枝》）爲視覺的摹寫。

2. 「擂鼓放鎗鬧烘烘，點起兵馬一萬人，旌旗閃閃無弄空，番子鼓吹響叮噹。」
（會文堂的《陳世美不認前妻》）爲聽覺的摹寫。

3. 「玉花園中去採起，領了仙梅五百枝，放在花園開透起，仙花香味十餘里。」

（會文堂的《梅開二度新歌》）為嗅覺的摹寫。

4. 「二人行到祝家內，果然嚴桂對墻獅，四片大門做一排，一對棋杆盤龍台。三落大厝都齊備，厝後花園金魚池，大廳一枝紅涼傘，英台祖上有做官。重案八仙竪時鐘，花矸五使氣油燈，蘭杆四盆官蘭花，一隻鶯哥會講話。」

（會文堂的《最新增廣英台留學歌》）為視覺的摹寫。

三、擬 人

「擬人」是將事物加以轉化，使之有了情感或人類的行為，在文學的表現上，它往往投射了人的情感，因為想像力的延伸，豐富了描寫的意象。如：

1. 「牡丹開花笑微微，娘子生來眞嫖致。」
（博文齋的《最新百樣花全歌》）

2. 「今日長衣無見君，恰是孤雁守孤枝。」
（榮記書局的《新刊守寡歌》）

3. 「今旦對花花笑意，笑阮冷宮受凌遲。」
（文德堂的《王昭君冷宮歌》）

4. 「茉莉開花盡都香，牡丹含蕊刈吊人。」
（木刻本的《新傳臺灣娘仔歌》）

5. 「田應着驚不敢來，蚊仔從情廣伊知，無汝共我想看覓，卜請省人來安排。田嬰就共伊指示，汝着去請蟬先生，大蟬滯治樹林寺，汝今赶緊去請伊。」
（竹林書局的《戶蠅蚊仔大戰歌》）

6. 「一場景緻鬧紛紛，山頂作田四五群，大舜耕田就興工，想倩小工隻無人。我今一時心忙忙，隻無一个咱親人，且喜耕田正當時，獅象鳥鵲來助伊。獅來犁田象作草，群鳥齊來啄草干，猴來鄧柴共挑水，貓鼠運糧一大堆。」
（博文齋的《大舜坐天新歌》）

四、誇 飾

「誇飾」是以超過客觀事實的描述，來凸顯事物和情感的狀態，適時的

使用，有助於營造活潑的語言。

1. 「不驚笑破人的嘴。」
   （禮樂活版所的《好笑歌》）

2. 「着伊目滓七未乾。」
   （榮文社書局的《僥倖錢開食了歌》）

3. 「看哥生成真文理，恰營潘安再出世。」
   （竹林書局的《百花相褒歌》）

4. 「人客餓甲變人干。」
   （竹林書局的《百花相褒歌》）

5. 「起行親像風送箭，來到車頭未几時。」
   （竹林書局的《三伯顯聖歌》）

6. 「心若堅時石也穿。」
   （木刻本的《繡像孟姜女歌》）

五、對　比

「對比」是將相反的事實或觀念透過比較來凸顯他們的差異，或是強調主觀的價值，如：

1. 「飼著有孝查某子，三分代志返來行，是伊油麻菜只命，提來物件歸大廳。飼著不肖查某子，親成五雜人人驚，開嘴便卜討物件，無論多少葉快行。」
   （會文堂的《安人哭子歌》）

2. 「成功可比馬塊跑，失敗親像龜倫頭。」、「好人至接用心神，歹人交倍用酒喝。」、「好額廣來好不盡，散赤都也有錢銀。」
   （竹林書局的《人心不知足歌》）

3. 「有靈有感神通現，無靈無感嫁君王。」
   （木刻本的《繡像孟姜女歌》）

六、層　遞

「層遞」是依事物大小輕重的比例，層層遞進，呈現出整齊的秩序感，

使意象在這種秩序感中一層一層的開展。如：

1. 「一更過了二更長，說起情形割人腸，
   巡撫原來是公公，爲何做事隻土土。
   二更過了三更臨，心頭苦切淚如淋，
   如無乞食來解救，虧得阮君命歸陰。
   三更過了四更來，思着我君哭哀哀，
   虧得飢寒共失當，面容消瘦呆人材。
   四更過了五更時，目淬流落透羅衣，
   思卜共君做一陣，尋無計智通出門。
   五更起來梳頭鬃，思着一計心頭鬆，
   看見鴒兒走入內，一聲大叫倒樓枋。」
   （文德堂的《鄭元和三嬌會全歌》）

2. 「春過夏來綠荷池，蓮花荷葉開透枝，
   聞得花紅清香味，生根結子正當時。
   昭君看見淚淋漓，阮身不值這花枝，
   花爾開透人賞時，虧得昭君無人池。
   夏去秋來一下聽，聽見樹頂秋蟬聲，
   蟲兒甚事着哀怨，聲聲雜着阮心情。
   天頂秋雁來孤單，飛來飛去尋無伴，
   鳥兒亦無成雙對，親像阮身無人看。
   秋過冬來是寒天，北風冷冷透枕邊，
   被蓆因何冷枝枝，一冥寒到天光時。」
   （文德堂的《王昭君冷宮歌》）

七、類　疊

重複使用同一個字詞語句稱爲「類疊」，「類疊」是閩南語慣用的造詞方式，唸歌當中，以「疊字」的使用最爲普遍，對於事物、情感的深化和強化有極大的作用，如：

1. 「無影無隻亂亂展」、「三當無菜直直嫌」、「目周金金治塊等」、「爛爛配糜免動刀」、「釣高短短就攑起」、「兆兆袂食倒溪邊」、「緊緊掠去加換羊」

（捷發漢書部的《白賊七新歌》）

2. 「謹く雙手請食茶」、「隨く便く無要謹」、「正燕燒く敢無烟」、「專く是骨真孝哨」、「一碗滿く真正最」

（博文堂的《最新十二碗菜》）

3. 「日日夜夜塊思想，思思想想娘家鄉，時時刻刻塊思想，心心念念我呵娘」

（黃塗活版所的《最新思想歌》）

4. 「朝朝夜夜在蘭房」、「朝朝夜夜望你轉」

（木刻本的《綉像孟姜女歌》）

5. 「仙桃食甲禓禓禓」、「逐欉挽甲光光光」、「潑猴挽甲空空空」、「三千外年足足足」

（周協隆書局的《三伯遊天庭新歌》）

八、排　比

「排比」是用結構相似的句法，連續的表現出同範圍或同性質的意象。〔註3〕在唸歌當中是廣泛運用的表現手法，呈現出反覆重疊的節奏感和統一感。如：

1. 「曲如伊帶越州府，娶妻同鄉孫寶珠，田園厝宅乜項有，無子無兒命恰須。曲如伊帶越州城，祝府第一有名聲，自恨伊無親生子，無子無兒恰呆名。」

（竹林書局的《英台出世歌》）

2. 「五娘舉筆畫西施，再畫唐朝郭子儀，畫卜湘子來掃霜，再畫織女對牛郎。畫卜二龍來鬪寶，再畫鯉魚跳沙波，畫卜鯉魚食鉤仔，再畫毛蟹坦橫行。畫卜杜鵑會叫聲，畫卜鸚鵡叫人名，畫卜雙鳳朝牡丹，再畫喜鵲宿欄杆。畫卜綠竹隨落塗，再畫甜桃花帶露，再畫孤鶩飛來宿，親相阮身配林大。」

（會文堂的《黃五娘送寒衣》）

3. 「正月桃花開，娘今病子無人知，君今問娘愛食物，愛食山東香水

〔註3〕 同註1，頁469。

梨。二月春草青，娘今病子面青青，君今問娘愛食物，愛食生蠔來打生。三月人播田，娘今病子心艱難，君今問娘愛食物，愛食老酒一大瓶。四月日頭長，娘今病子面黃黃，君今問娘愛食物，愛食白蜜酸楊梅。五月人爬船，娘今病子心悶悶，君今問娘愛食物，愛食海澄雙糕潤。」

（榮記書局的《思食病子歌》）

九、鑲　嵌

「鑲嵌」是在詞語中故意插入數目字、虛字、特定字、同義或異義字，使得文句產生美妙的辭趣。〔註4〕如：

1. 「一幅春遊青草地，昭君出塞抱琵琶，憶著漢王無時休，深恨奸臣毛延壽。二幅夏賞綠荷池，鴛乄花園祝告天，張拱看伊生嫖迌，爲伊奄乄病相思。三幅秋飲黃花酒，姜女甘心送衣裳，單身出路心越酸，捨身長城尋杞郎。四幅冬吟白雪詩，文君相如病相思，二人琴韻情意好，日後雙乄結到老。」

（會文堂的《梁三伯祝英台新全傳》）即鑲嵌了「春」、「夏」、「秋」、「冬」四個字。

2. 「上勸爲人須正順，大凡作事要逢春，人須榮生万金好。孔怕明珠失火官，乙意愛登青雲路，巳時板桂接志高。化做天良上吉品，三槐走到龍江祠，千金難買李月寶。七子英雄馬上招，十年窗下等元貴，士到成名必得官。」

（木刻本的《上大人咐花會》）即將千字文依序崁入每句之首。

十、頂　眞

「頂眞」的運用使得上文和下文的意義作了連貫，在美學上，稱爲「統調」，黃慶萱說：「統調能使全體不致於零散，而有統一整齊的感覺。」〔註5〕，如：

1. 「全望天地相保庇，保庇我君無代志。」
   （會文堂的《孟姜女哭倒萬里長城歌》）

〔註4〕 同註1，頁 391。
〔註5〕 同註1，頁 502。

2. 「阮今長目短目看，看只頭髮倒一半。」
（木刻本的《又勸莫過臺歌》）

3. 「可到大官去告伊，告伊忘恩薄情義。」
（會文堂的《陳世美不認前妻》）

4. 「我君為娘病想思，想思病落袂開脾。」
（禮樂活版所的《好笑歌》）

5. 「燒豬着燒恰大隻，大隻即恰有通食。」
（博文堂的《最新十二碗菜》）

　　由上可知，唸歌裡運用了各式各樣的修辭技巧，透過文學的表現，使得唸歌的語言變得更活潑，情感的表現更立體、富有層次，敘事方式靈活多變，故能吸引廣大的聽眾和讀者。

第五章　唸歌的社會功能

第一節　娛　樂

　　早期閩南及臺灣的民眾生活簡單而樸素，不似現代社會，有各種五光十色的娛樂可供選擇，他們的娛樂種類不多，若遇廟會慶典，或有酬神戲可以欣賞，但在平日，若能欣賞一段精彩的說唱，已經是他們最富娛樂性的消遣了。唸歌說唱者楊秀卿曾經憶述她於市場走唱的經驗：「我們走過那裡，琴聲叮叮咚咚的，他們聽到了就會叫我們唱一段，那時正好市場做完生意了，賣魚、賣肉、賣菜的小販會各出一點錢來聽歌」〔註1〕，她到碼頭走唱時：「碼頭搬貨的工人晚上洗過澡，坐在戶外乘涼，看到我們經過就叫我們進來唱，有時入夜一坐下來就唱到半夜」〔註2〕，說唱者鄭來好也說：「一場大約唱兩、三個小時，對老人家來說就像看電影一樣，花個三角，就度過一個下午。」〔註3〕可知，唸歌說唱是當時人們相當喜愛的娛樂之一。

　　國民政府來台以後，唸歌走唱雖轉為「賣藥團」的經營模式，附屬於賣藥的商業活動底下，但是唸歌的表演還是吸引消費者的主因，民眾為了能夠經常欣賞唸歌，也願意購買藥品以支持賣藥團的經營。但是，隨著生活的電器化，收音機和留聲機的普及，民眾欣賞唸歌的方式逐漸改為聆聽廣播和唱片，雖然隨著時代的變遷，欣賞唸歌的方式改變了，但在電視尚未普及以前，

〔註1〕　筆者於 2007 年 8 月 30 日至楊秀卿汐止家中訪問。
〔註2〕　同前註。
〔註3〕　筆者於 2007 年 8 月 21 日至鄭來好台北雙連家中訪問。

唸歌仍發揮其娛樂大眾的社會功能。

除了欣賞說唱者的表演，由於唸歌的旋律簡單，耳熟能詳，以七字句為主的句式又易於記誦，故而民眾也喜歡自己唸唱，自我消遣，如《臺灣省通志》記載：

> 民國初年，有員山結頭分人歌仔助者，不詳其姓，以歌得名，暇時
> 常以山歌，佐以大殼絃，自拉自唱，以自遣興。

洪惟仁於〈台北的民間歌謠〉中也曾提到：

> 褒歌通常是男女用唱歌互相打情罵俏的歌唱，採茶時互相開玩
> 笑，一來一往……也可以各自述說個人經驗、遭遇以排解心中鬱
> 悶；或是樹下乘涼、飯後休息，沒事大伙兒聚在一起「唸歌仔」
> 取樂。〔註4〕

此處所說的「褒歌」、「唸歌仔」亦屬本文所指的「唸歌」，可知，早期閩南及臺灣的民眾多能隨口成韻，以唸歌為其日常的娛樂。

在唸歌的唱本當中，許多作者經常於歌詞中表明娛樂大眾為其編作的目的，如會文堂的《新樣百花歌》：「世間做人真荒花，听唱一套百花歌，以花為句相褒歆，人人听見心歡喜。」文德堂的《改良採茶褒歌》：「唱出一段新褒歌，人人聽見盡歡喜，交倍新哥有趣味，二人冥日相調戲。」，作者都希望他們所編作的唸歌能使欣賞者從中獲得愉悅之感，又，竹林書局《孫悟空大鬧天宮》：「總且諸位好朋友，念歌能改人憂愁，……悟空歌集袂士文，呆天落雨改心悶，者止拜別正諸君。」則是希望欣賞者能藉唸歌消除心中的煩憂，另外，竹林書局的《十二更鼓歌》有：「只款歌仔恁念看，現時出版袂和盤，內中意賜歌按盞，喜怒哀樂千萬般。小弟卜共恁交帶，恁買去唱即兮知，相褒歌仔曲袂呆，全部翻新好歌裁，卜廣哲底是袂盡，無煩無惱恰清心，有時念歌燒酒飲，歡歡喜喜免傷身。」強調唸歌可使人無煩無惱，歡喜清心，達到調劑身心的效果。

林文德發行的《好笑歌》正文之後附有短文〈好笑歌卷尾評〉，闡明該歌的功能：

> 笑歌有趣多令人解頤發笑，笑為衛生第一籌，肺腑活動，暢血行爽，
> 神氣嘻ㄴ，不知倦也。男女共此娛樂歌之，以陶情寄意，便可振作

〔註4〕 洪惟仁：〈台北民間歌謠〉（2004年作，置於洪惟仁：「民間歌謠教學研究網站」
網址：http://www.uijin.idv.tw/TAIWANSONG/infor.htm。）

> 精神，破擘寂寞，修養心性，雖怒氣沖天，不平胸滿者，一聞此歌，
> 閃瞬消盡，功莫大焉。夫歌之能消憂者，取其能助興，口念之定必
> 嘻ヒ，然入於歡樂之境，朝夕漫唱，以作養生之道，不亦宜乎……。
> 〔註5〕

認爲唸歌無論歌唱或唸誦都能使人歡樂愉悅，具有消憂解勞、修身養性的功能。

第二節　教　化

　　閩南流傳的唸歌主要是「故事類」，以「勸善教化」爲目的的唸歌僅是少數，但是，這類唸歌流傳至臺灣後卻深受臺灣民眾喜愛，因被大量傳唱，而形成特有的類別，一般稱爲「勸世歌」或「勸善歌」，曾發行爲數不少的唱片與歌仔冊。

　　早期臺灣爲農業社會，教育並不普及，警政司法的規模也尚未成熟，生活中的道德教化，成爲維持社會秩序的重要力量。但是道德教化，除了來自家庭教育，生活環境也佔有重要的影響力，唸歌是早期生活中經常接觸的表演活動，它的敘事性、庶民性和娛樂性，便於道德勸化，使民眾在輕鬆愉快的氣氛中「潛移默化」，無形中建立起良好的道德觀。臺灣的民風純樸，「勸世歌」唱出了人們對道德的期待，也得到群眾的回應與支持，且促使了勸世類唸歌的流行。筆者訪問的說唱者鄭來好便認爲「唱這種勸世歌比較有意義」，楊秀卿也經常由新聞中尋找靈感，編唱勸世類的唸歌，認爲「對社會較有幫助」，可知說唱者對於勸世歌的教化功能，多持肯定的態度，也構成其表演的動機。臺灣的說唱者幾乎都曾唱過這一類的唸歌。以下依其主題的不同分別討論。

一、勸孝順

　　中華民族自古以來便極重視「孝道」，它是家庭倫理的道德核心，不但對於家族/家庭的維繫具有極重要的意義，在「百善孝爲先」的觀念底下，也是衡量人品的重要標準。唸歌對於「孝道」的觀念多有闡揚，如以傳統的二十

〔註5〕　《好笑歌》（臺北市日新町：林文德，昭和7年（1931）），臺灣大學圖書館「楊雲萍書庫」入藏。〈好笑歌卷尾評〉雖未署名，然該文九年後見於1940年林清月的〈歌謠拾遺〉《風月報》107期（1040年4月15日）頁8～9。

四孝故事爲本的《二十四孝新歌》〔註6〕：

> 竹林編歌無細字（仔細），句豆分（會）扣甲（和）分（會）平，
>
> 歌詞好呆（壞）免相箭（爭），讀者希望達人錢。
>
> 我今卜（要）念廿四孝，句句都着用紙包，
>
> 朋友姊妹不通走，着（要）學有孝即（才）有宥（佳）。
>
> 廿四孝歌眞多項，孝子上書廿四人，
>
> 不孝听着就起動，听廣（説）不孝架耳空（逆耳）。
>
> 因爲卜（要）來勸人好，編歌勸世有功勞，
>
> 听着通人都呵老（稱讚），勸恁大家認眞學。

開頭便強調編作此歌以勸人孝順爲目的，且認爲編寫勸世歌，乃是功德一件，可知作者的編作動機除商業考量以外，尚有勸世行善的道德意義。敷衍二十四孝的故事之後，又更進一步的勸説：

> 做人有孝爲根本，不通（可）不孝父母恩，
>
> 不孝世間人評論，做好能出好子孫。
>
> 人在世間無外（多）久，一生不通（可）箱（太）周夫，
>
> 勸恁有孝千萬句，袂曉（不知）有孝豬狗牛。
>
> 別人勸我我勸恁，不孝二字先不通（不可），
>
> 著知父母分輕重，事事着恰照起工（照規矩）。
>
> 着听父母分教示，紅紅幼幼伊晟池（養育），
>
> 大漢（長大）牽手那見致，不通某親母不碟（要）。
>
> 實在這歌是眞好，虛花孽邵（作孽）都朗（都）無，
>
> 父母大恩總著報，後進即分（才會）照樣學。
>
> 父母腰（育）子艱苦代（事），人生原始對倒來（從何來），
>
> 咱那（若）分曉（知道）緊（快）奉待，
>
> 有孝即（才）是合英皆（應該）。

作者闡述其孝道觀，一方面由宗教因果的角度強調孝順的重要性，一方面從現實面強調身教的影響力；作者的個人勸説，有助於提高説服力，使得欣賞者除欣賞故事性的內容之外，也能接納他所欲傳達的思想，甚且因此肯定了唸歌道德教化的功能。另有《最新四十八孝》〔註7〕，在故事舉例上有更進一

〔註6〕 《二十四孝新歌》（新竹：竹林書局，民國76年）。

〔註7〕 《最新四十八孝》（臺北：周協隆書局，出版時間待考）。

步的擴增。說唱者王玉川所演唱的《勸孝》〔註8〕則不敷唱二十四孝或四十八孝之類的孝順故事，全歌均為說唱者的主觀勸說，開頭便勸人應當孝順，莫逆天行事，接著敘述父母生子、養子的種種辛勞，及子女不孝時的淒涼處境，最終由身教的角度勸人應孝順，否則老時將遭遇相同的處境，茲舉部分唱詞於下：

> 第一咱有父母啊著孝順，舉頭來三尺有這個神明啊！
> 不孝來父母你著逆天命，有孝才會萬事成……
> 父母的苦心是用不少，驚（怕）寒驚（怕）熱就驚子枵（餓）。
> 小漢（小時）苦飼按呢未大漢，飼到大人才心安……
> 若欲食子的三頓飯，老歲仔（老人家）煞著做狗共（給）人顧門。
> 手頭（錢財）攏（都）新婦咧拍算（規劃），
> 乎咱老歲仔煞無人通這個擔當啊！
> 咱父母在生你若乎伊食一粒豆，較贏死咧給伊拜這大付的豬頭……
> 你若不孝父母你若飼子不免相（太）歡喜，
> 你若忤逆父母就原（怨）生著彼號（這個）忤逆兒。
> 你自身都無想欲行孝義，這會冤冤相報來不孝伊……
> 第一父母哩著（得）孝敬，舉頭三尺有個神明，
> 不孝父母就會逆天命，你著（得）有孝才會萬事成。（終）〔註9〕

筆者二〇〇七年曾於臺北市西門町的紅樓劇場欣賞王玉川演唱《勸有孝》，他以大廣弦自拉自唱，演唱時的表情、聲音與弦音變化豐富。警世時，目光炯炯有神直視全場，歌聲與弦音宏亮有力，告誡著所有的觀眾；敘父母養育的劬勞時，眼神轉而散發慈愛的光輝，歌聲裡盡是為人父母無私奉獻的溫暖，弦音也變得極是柔和；唱至子女不孝時的處境，歌與弦卻又道出無盡的辛酸與感慨，最後再以警世洪鐘般的聲音結束表演，令觀眾留下深刻的印象。

　　唸歌的本質為立體的表演型態，而「表演」存在於表演者與欣賞者的對應關係，少了其中一者，表演就不存在，成功的演出，必然是二者之間產生了藝術情感的流動。說唱者與觀眾之間的牽動與影響，尤其直接，好的說唱者勢必能引起觀眾情感的變化，被牽動情感的觀眾又往往直接的將情感表現於眼神、情緒甚或是言語、動作，如此一來反饋於說唱者，對其說唱的技巧、

〔註8〕 吳國禎製作：《臺灣念歌》CD（臺北：新樂園工作室發行，2005年錄音）。
〔註9〕 同前註。

情感又產生催化的作用，交互影響，構成了一場成功的表演。王玉川的《勸有孝》，即是一場成功的演出，他的表演具有高度的渲染力，隨著他的演唱，喚起了觀眾的回憶，引領觀眾回想母親懷胎生子的艱辛、父母養育的辛勞與恩惠，進而對不孝的行為有更深刻的道德批判。表演結束，孝與不孝的是非判斷已深植人心，而唸歌也發揮了它的教化功能。若比較唸歌的立體表演與平面唱本，以前者當下的影響力為大，但以便於取得，且流傳廣泛，則以後者較具優勢。

二、勸戒毒品

清道光年間部分西方國家為牟取暴利，將大量的鴉片輸入中國和臺灣，清政府雖曾實施禁煙政策，卻仍無法抑制鴉片的猖獗，林則徐眼見民眾沈淪於鴉片之毒，嚴重戕害身心，國家的存亡遭受巨大的威脅，於是奏請聖旨，擔任欽差大臣，前往廣州，當眾銷毀二萬多箱的鴉片，以積極的手段實施禁煙政策，然而這個舉動卻引發英國政府強烈不滿，派軍攻打中國，引發了鴉片戰爭。中國因不敵英軍的船堅炮利，最後簽下喪權辱國的《南京條約》，但鴉片的問題卻依然嚴重。

日本統治臺灣以後，對於鴉片問題採漸禁策略，吸食成癮者需獲得吸食證才可以購買鴉片，表面上似是禁止了鴉片，但實際上卻建立了合法的銷售管道，許多未持有吸食證的民眾，亦能輕易取得鴉片，且日本總督府從中獲取龐大的利益，佔其歲收的百分之三十，可見當時臺灣的鴉片問題仍然嚴重。

閩南及臺灣都有編作者曾將鴉片問題編寫成唸歌，以勸人莫食鴉片，鴉片又稱「烏烟」或「阿片」。以此為題的唸歌有木刻本的《思食烏烟歌》〔註10〕、會文堂的《烏烟歌》、博文齋的《勸改阿片歌》、《新編食烟歌》、《新樣鴉片歌》、黃塗活版所的《新樣鴉片歌》、瑞成書局的《勸改阿片歌》〔註11〕。

歌中多敘及人們吸食鴉片的原因，如《烏烟歌》〔註12〕：

　　鴉片人人栽（知）艱苦，因何艱苦行只（此）路，

　　起頭愛食也有因，騙汝走落迷魂陣。

　　說是讀書長精神，說是作田鋤頭輕，

〔註10〕與博文齋的《新樣鴉片歌》內容相同。
〔註11〕與博文齋的《勸改阿片歌》內容相同。
〔註12〕《烏烟歌》（廈門：會文堂，出版時間待考）。

> 説是行路腳賣（不）酸，説是工夫作到光。
> 説是挑擔眞輕鬆，恐汝輕鬆無久人，
> 説是夫妻好相愛，食了竅妙汝就栽（知）。
> 説是有病且做藥，只藥害人披破蓆，
> 輕病轉來添重病，食了鴉片病久年。

當時民眾將鴉片視爲中藥，認爲它是萬靈丹，能醫治疑難雜症，也因爲這種錯誤的認知而沾染鴉片，染上毒癮的後果是該類唸歌敷衍的重點，如《勸改阿片新歌》〔註13〕：

> 食朝（成癮）烏烟眞苦疼，變甲（得）一身不成人，
> 破衫破褲蜘蛛網，穿甲（得）身軀卜（要）生蟲。
> 食朝烏烟不成樣，出門全無顧衣裳，
> 乎人算斤十六兩，身苦病痛面憂七。
> 烏烟食朝（成癮）無映望（希望），有趁（賺）加記（自己）顧嘴空，
> 家内全無顧半項，面皮恰厚屎學枋。
> 食烟分人無志氣，未曉（不會）見少（羞恥）眞無醫，
> 親成朋友看無起，無顧父母甲（和）妻兒。

敍吸食鴉片者，一旦染上毒癮，工作、家庭、尊嚴完全棄之不顧，遑論廉恥之心，最終不但賠上了自己的健康，還落得家破人亡的悽慘下場。唸歌最後多以勸說結尾，如：

> 我編專是好歌詩，内中勸改（解）有情理，
> 驚了測（刺）着恁分耳，列位听呆莫受氣（生氣）。
> 頭尾全是相改（解）勸，中塊是塊廣（說）害物，
> 阿片這層不免問，做人着愛想久長。
> 當今分人愛打柄，有錢做事即分行，
> 勸改好話那不听，到時好呆（壞）便知影（知道）。
> 呆物騙七分（可）救人，干苦（難受）來食分（會）輕鬆，
> 老來頭燒耳熱重，即（才）知阿片是害蟲。
> 這歌到者做悶好（剛剛好），愛聽後日即（才）閣（又）褒，
> 听好列位屬（你）呵老，阿片聽唱不通操。

表明編寫此歌意在勸人莫食鴉片，願聽者勿因忠言而逆耳。

〔註13〕《勸改阿片歌》（臺中：瑞成書局，出版時間待考）。

此類唸歌多是編作於鴉片氾濫的年代,當鴉片問題獲得改善,新的毒品卻又出現在社會中,成為新的毒品問題,雖然民眾對於藥品的認知已有大幅的進步,但仍有少數民眾吸食毒品,竹林書局的《自新改毒歌》〔註14〕則是因應時代的改變,改以勸人勿吸食「嗎啡」,儘管內容上多承襲自《勸改阿片歌》,但由其勸誡的毒品不同,亦可略見唸歌勸善教化的內容仍需與時代的腳步同步,方能發揮其實質的社會功能。

三、勸戒賭

賭博遊戲自古即有,原是生活上的一種娛樂活動,然而許多人過於沈迷,經常身陷其中,不可自拔,以致於傾家蕩產,落魄潦倒。賭博對個人及家庭、社會的影響甚大,故而唸歌對於「賭博」亦多有勸誡。此類唸歌在臺灣尤其盛行,《乾隆實錄》:「諭:據福康安等奏,台灣地方賭博成風,屢經示禁查拿。」〔註15〕當時在臺任官的唐贊袞也在《臺陽見聞錄》裡記錄:「臺地賭風,甲於他處,寶攤、牌九,不一其名。抱布貿絲者,入肆問津,無不傾囊而出。更有曲房密室,銀燭高燒,豔妓列於前,俊僕隨於後,呼盧喝雉,一擲千金,大為風俗人心之害,宜嚴禁之。」清代時臺灣真可謂之「賭博成風」。吳瀛濤於《臺灣諺語》中提到:

> 台地往時賭風甚盛,為此官方常常示禁。光緒元年(民國前三十七年),有一書示則曰:「訪悉台地賭風最盛,當經書示嚴禁在案。茲恐未能一律痛改,特撰俚歌百句,以代苦口之勸,合行書眾之,無則加勉。倘再不知悔悟,仍然賭博,本部院惟有儘法嚴辦,絕不寬貸。各其凜遵,兒童能有背誦詞者,仍照前示給賞」……以之可知昔時官方嚴禁賭場一斑。〔註16〕

清政府所說的「俚歌百句」,即《賭博五言戒》〔註17〕,為早期五言句的唸歌。如:

> 勸人莫賭博,賭博倒禁嚴,無論兵與民,犯者即枷杖。
>
> 開場聚賭者,罪名更加重,初犯杖一百,並要徒三年。

〔註14〕 《自新改毒歌》(新竹:竹林書局,民國44年)。

〔註15〕 《乾隆實錄》53年陰曆5月16日。

〔註16〕 吳瀛濤:《臺灣諺語》(臺北:臺灣英文出版社,民國64年2月初版,民國95年5月13版),頁385。

〔註17〕 同前註,頁385~387。

再犯杖照式，遠流三千里，首賭拿賭者，若有看贓據。

賭博之財物，一概歸入官，半賞首賭人，半作充公用。

可知清代時臺灣的賭博風氣盛行，清政府爲了遏止歪風，也曾利用唸歌的影響力來導正社會風氣。

民國以後，賭博風氣仍盛，仍有許多唸歌勸人勿從事賭博的活動。如竹林書局的《勸改賭博歌》〔註18〕，作者以第一人稱的角度描述自己賭博的經歷，說：「廣我拔繳眞青慘，輸甲險險去跳潭，警官掠去過一暗，阮厝某子替不甘。」賭博者雖曾因賭博而坐牢，但是賭性難改，每次經家人苦心勸誡後，雖有悔悟之心，但是只要賭癮一犯，隨即拋下正業，沈淪於賭場，歌中主要歷敘賭博者的賭性難改，終將散盡千金，一無所有，以此警惕民眾，歌末作者說：

這本就是拔繳（賭博）歌，勸恁大家繳太拔（別賭博），

大家那（若）拔（賭）親像我，歸（全）尾包死允（定）袂活。

朋友不通失打算，開食拔敆四路全，

九日有食十一當（頓），身苦病痛省擔當。

有榮（空）个（的）人漸且等；（且稍等），無榮誤了恁時間，

奇術飽戲我含慢（愚鈍），那卜（要）愛歌無爲難。

做歌心神用眞大，句豆不是阮塊（在）誇，

我來勸恁恁勸我，大家修心繳太拔。

這集編到者叉（止）擺，通知列位眾兄台，

大家看了那是（若是）愛，發行竹林報恁知。

言明此歌乃親身之經歷，將自己的慘痛教訓告訴眾人，以達到勸化的目的。

四、勸節儉

「節儉」向來是中國家庭所重視的傳統美德，對於家庭經濟而言，它是最保守，但卻也最實際的理財方式，尤其在農業時代，財富的累積不易，克勤克儉是重要的持家之道。會文堂有《節儉歌》〔註19〕：

世上做人愛奢華，聽我唱出節儉歌，

敬神要緊是誠意，免飼大豬來漲氣。

〔註18〕　《勸改賭博歌》（新竹：竹林書局，民國43年）。

〔註19〕　《節儉歌》（廈門：會文堂，出版時間待考）。

謝神殺生有罪卦，道理人人未看破，

佛公生日通搬戲，也免好戲費大錢。

並無誠心護（給）佛看，人愛鬧熱看小旦，

請香從來是年例，何用奢華做子弟。

學曲學藝粧昭君，大空做了變雞孫（吝嗇），

請客筵（宴）棹着（要）清淡，世事快過省艱難。

嫁娶不用粧體面，照禮行來卻（較）省錢，

喪事外華空了銀，棺槨衣衾是要緊。

佛事看來也未杳，風水葬埋是切要，

子弟烏烟大□句，不驚賣田共（和）賣厝。

敢食一日三頓酒，食無了尾面憂憂，

綢緞衣裙不甲（配）色，好看一時驚尾日。

人着勤儉家會興，不通共（和）錢來使性，

那卜凸縱格尾口，別日負來加漬斗。

歌中特別強調廟會、婚事、喪事等儀式，盡量以節儉為原則，它一方面也反映出中國社會對於禮俗儀典的重視，經常為彰顯其隆重與誠意，極盡鋪張之能事，而造成金錢的浪費，因此這首歌特勸人應以節儉為本，「人著勤儉家會興」。筆者於二〇〇七年訪問說唱者鄭來好時，她亦曾演唱《勸節儉》，由她自己編作，勸人節儉的思考角度與會文堂的唱本不同，她唱道：「咱來節省上一代，後代累積才不困難」，又「累積勤儉有幫助，咱就來專心想正途，家庭事業若有顧，免怕失敗會走路」，勸人平日應以節儉為本，認為節儉不僅是個人行事的重要準則，也是累積家族財富的重要的條件。

五、勸戒酒色

所謂「百善孝為先，萬惡淫為首」，「戒淫」是中國傳統的道德觀，它與家庭倫理的維繫有著重要的關係，如玉珍書局的《最新戒嫖歌》〔註20〕勸人莫沈迷於女色，以免傷財傷身又破壞了家庭和諧：

唱出只歌分恁聽，花街柳巷不通（可）行，

我講的話蓋（很）有影（確實），錢開（花）了，就知驚（怕）。

〔註20〕《最新勸嫖歌》（嘉義：玉珍書局，出版時間待考）。

　　　勸恁列位注意聽，着恰（和）好人做陣行，

　　　不通（可）學人去呆子，古意人第一好名聲。

　　　講起□□喉就鄭，花宮查某那（如）狐狸，

　　　有錢迷去煽大耳（佔便宜），錢拐了，就不值。

　　　有個害甲（得）倒生理，有個業產敗離離，

　　　少年的人着註意（注意），到許時反悔就恰（較）遲。

另有將「酒」、「色」二事合勸，如玉珍書局的《勸世能的理解社會覺醒歌》
〔註21〕：

　　　列位朋友正兄弟，請恁參考這歌詩，

　　　來論酒色只二字，勸恁嫖飲着張池（注意）。

　　　酒色二字做參考，色是削骨個（的）利刀，

　　　皆看三國中董卓，一命爲着貂蟬無。

　　　董卓能死爲貂蟬，一命嗚呼來歸天，

　　　驚了貴君恁不扇（信），色甲性命有關連。

　　　酒色二字來對論，酒眞損脾敗腦根（腦筋），

　　　人若貪色一部分，做風落雨知天門。

　　　對論酒色一方面，覺醒列位個（的）精神，

　　　酒色愛改大要緊，好嫖賭飲久能貧。

「酒」與「色」均是男子涉足歡場的原因，歌中多敘歡場女子用盡心計，以
迷惑男子，致使男子揮霍千金，一敗塗地。作者由社會觀察的角度說「現時
世景漸匕變，各項都有閣變遷，列位恁那是不信，我報恁看治眼前」，表示他
編寫此歌，乃是他在變遷的社會中所觀察到的問題，「共恁廣是有影，請恁詳
細斟酌听，嫖賭飲個損身命，這條死路不通行。」強調所言屬實，藉此提高
說服力，以達到告誡眾人的目的。

　　以上所列舉的種類，爲唸歌較常見的勸世主題，還有許多唸歌作「綜合
性」的勸說，如會文堂的《勸孝戒淫》、《野仔歌》，玉珍書局的《勸世因果
世間開化歌》、《最新勸改修身歌》、《錯了閣再錯勸世歌》、《專勸少年好子
歌》、《最新勸世人心知足歌》，周協隆書局的《最新勸世了解歌》，瑞成書局
的《勸孝戒淫新歌》、《勸世社會評論新歌》、《最新勸世耕牛新歌》，德利書

〔註21〕《勸世能的理解社會覺醒歌》（嘉義：玉珍書局，昭和9年（1934））。

局的《新編人心不足歌》〔註22〕，興新書局的《看破世情》、竹林書局的《人心不足歌》、《勸世了解新歌》、《社會教化新歌》、《勸少年好子新歌》及出版處待考的《遊臺勸世歌》。

第三節　教　育

　　早期教育尚未普及，再者因爲農業社會的型態，民眾對於知識的需求性較低，進入學校或私塾接受教育的人並不多，大多數的民眾雖認爲具有基本的識字、書寫的能力，能夠爲生活帶來便利，但多自行利用通俗讀物來學習。唸歌的內容廣泛，通俗易懂，無形當中在民間發揮了教育的功能，吳瀛濤於《臺灣諺語》中即說：

　　　　歌仔簿（歌詞集）是每本薄薄的，只不過六頁八頁的小冊子，但攜
　　　　帶輕便，人人一手一本，一邊聽著「歌仔先」唱唸，對於三四十年
　　　　前尚多文盲的鄉下人來說，不無助其「聽歌識字」，也大可增加見聞，
　　　　何樂而不爲。〔註23〕

例如廈門博文齋的《新編貢憨新嫖客》〔註24〕開頭便唱：「念歌唱曲那看戲，增長智識加識字，加己唱到嘴唏唏，別人聽見也歡喜。」歌仔冊的作者也認爲唸歌有助於知識的增長。雖然歌仔冊的用字多以表音爲主，經常有錯別字、擬音字，但是如臧汀生所說：「大體仍可藉以補救當時識字教育之不足」〔註25〕。

　　會文堂的《新編人之初歌》〔註26〕將幼童啓蒙讀本《三字經》編寫成歌：

　　　　編歌編出人之初，通俗歌仔有典謨，
　　　　富貴貧窮本乎數，號三國是魏蜀吳。
　　　　人生出世性本善，自細（小）教伊記善言，
　　　　先生肴（會）教寓褒貶，不教大漢（長大）性乃遷。
　　　　人品原來性相近，好歹（壞）當知識某文，
　　　　禮貌謙恭相揖遜，第一要緊父子恩。

〔註22〕內題《新勸世了解歌》。
〔註23〕吳瀛濤：《臺灣諺語》（臺北：臺灣英文出版社，2001年5月），頁351頁。
〔註24〕《新編貢憨新嫖客》（廈門：博文齋，出版時間待考）。
〔註25〕臧汀生：《臺灣閩南語歌謠研究》（臺北：臺灣商務印書館，1995年5月），頁62。
〔註26〕《新編人之初歌》（廈門：會文堂，民國21年）。

學問工藝習相遠，學習用心貴以專，
背師恰慘王莽篡，則款（這種）徒弟不再傳。
苟不教兮（的）父之過，教不嚴是師之惰，
孝親莫待彼既老，心安莫管身雖勞。
教子成名昔孟母，喜怒分明曰哀懼，
任是後帝十七主，不及古帝唐有虞。

另外如木刻本的《新刻上大人歌》〔註27〕：

上字寫來一頭排，編出新歌唱出來，
宋郊宋祈親兄弟，狀元榜眼一齊來。
大字寫來兩腳開，杞郎作城喃淚垂，
姜女為著人情苦，千里路途送寒衣。
人字寫來二人全，智遠酒醉睡瓜園，
王娘受盡兄嫂迫，一冥拖磨（折磨）到天光。
孔字寫來有子才，趙盾被了岸賈害，
害死一家三百口，孤兒報怨天下知。
乙字寫來一畫勾，楊雄石秀上酒樓，
翠屏山上殺死妻，投上梁山做賊頭。
己字寫來頭一碇（洞），五蓮捨命去投江，
十朋江邊獻紙錢，後來夫妻得相見。

則是將古時習字紅帖上的字，嵌入每節句首，並指出該字的筆畫特徵，有教導民眾寫字、識字的用意。又如博文齋的《新樣天干歌》〔註28〕：

甲字寫來中欠頭，千金小姐結綵樓，
繡球拋落呂蒙正，甘心破窯來相投。
乙字寫來灣又灣，伍員連夜過昭關，
走來吳國投闔閭，三百鞭尸報父冤。
丙字內上一相連，孟母斷機教子嚴，
教得三遷擇鄰處，別日着書做聖賢。
丁字一下單腳曉，李旦落難遇鳳嬌，
客店二人結夫妻，後做正宮選入朝。

〔註27〕《新刻上大人歌》（木刻本，出版處、出版時間待考）。
〔註28〕《新樣天干歌》（廈門：博文齋，出版時間待考）。

> 戊字恍怫（彷彿）戌共（和）成，蘇秦奮志求功名，
>
> 官封六國都丞相，伊嫂伊妻來求情。
>
> 巳字一口頭頂當，韓信起兵追霸王，
>
> 迫得烏江去自盡，英雄至今恨茫茫。

以天干十字嵌入每葩首句，亦有筆畫教寫的功能。在黃塗活版所的《酒令雅言句集》〔註29〕：

> 中心合來忠，象往入舜宮，鬱陶思君爾，奸臣假盡忠。
>
> 王里合來理，紂王寵妲己，江山難保守，莫非是天理。
>
> 公羽合來翁，文王請太公，國師伊去做，八十的老翁。
>
> 是頁合來題，伯夷與叔齊，餓死首陽山，讓國的問題。
>
> 尚土合來堂，周公相成王，周聖人之道，正正兼堂堂。
>
> 卢思合來盧，幽王戲褒姒，只顧眼前樂，不知後日慮。

則是運用六書中的「會意」，在每葩首句教導民眾字形的結構。除了識字的教育之外，如會文堂的《最新生相歌》〔註30〕於首句將十二種生肖及其他三十二種動物名稱嵌入，並凸顯各種動物的特性：

> 龜今出世是金嘴，三國斷橋是張飛，
>
> 想起當初足（很）有愧，甘心收成免克虧（落魄）。
>
> 鱉今出世不京（怕）水，傳說鍾馗會捉鬼，
>
> 娘今落帆田射桅，嫁了尪婿有所歸。
>
> 燕今出世吐燕窩，關公慣用倒拖刀，
>
> 哥汝勸我我勸哥，小可（小小）生理（生意）罔去做。
>
> 水圭（青蛙）出世店在空（洞），羅人七歲打銅人，
>
> 恭喜娘汝卜嫁尪，收成嫁尪名聲香。
>
> 蟋蟀出世哮吱吱，孔明用計收姜維，
>
> 恰早（從前）一時失主意，所以蛤（和）娘汝格氣（賭氣）。

有如動物小百科，民眾得以藉此認識各式各樣的動物。另外還有民俗醫療的教導，如會文堂的《救命歌》〔註31〕：

> 人食加吻斷腸草，灌入羊血二碗好，

〔註29〕《酒令雅言句集》（臺北：黃塗活版所，出版時間待考）。

〔註30〕《最新生相歌》（廈門：會文堂，民國15年）。

〔註31〕收於《勸世通俗歌》（廈門：會文堂，出版時間待考）。

又用韭菜合（和）應菜，一件爭汁灌無代。

人那食來烏烟膏，用鴨割血灌多多，

那無鴨血用白糖，調合冷水是仙方。

又有一服救喉鵝，燈心燒灰吹入好，

又有熱天絞腸疹，用塩三錢來過炒。

緊（快）用陰陽水來泡，飲過喉時就應效，

人受刀斧石頭傷，姜（薑）皮冬瓜來爭融。

粗紙燒灰合三味，重傷添入洋參片，

那是筋斷添牛騎，糊了二服就收圓。

承上所述，可知，民眾在娛樂的同時，也能有知識上的學習。

另外，日治期間，日本政府爲達到殖民統治的目的，在語言與文化上採同化政策，唸歌也成爲日語的教學工具。一八九六年日人在臺設立「國語傳習所」，該所規則第一條即說明作爲「對本島人教授國語以資日常的生活，且養成本國精神爲目的」，一開始以「漢文」與「臺灣方言」作爲「國語」（即日語）教學的橋樑，但一八九八年頒佈「公學校規則」以後，雖仍維持日語與漢文、臺語的對譯模式，但日語的課程比例已逐漸提高。當時許多日本人認爲透過漢文和臺語的輔助仍無法使臺灣人民眞正了解日本文化的精髓，認爲「言語是說話者的精神思想及感情的外在化身……日本語是日本人的精神血液，日本的國體最主要是依精神的血液來維持著」﹝註32﹞唯有使用日語教學，才能徹底進行思想改造。一九二○年日本政府又公布了「公學校規則改正」，漢文的授課時數僅剩一個小時，日語教育已建立了正統性。教育政策的實施，自然對社會風氣產生了極大的影響，民眾生活雖仍慣用臺語，但也逐漸使用官方語言──「日語」爲日常語言。洪炎秋曾說：

日本……對於日語的提倡，更是無微不至；如果有全家日常都肯用日語談話的住戶，就給以「國語家庭」的稱呼，可以享受特別優厚的配給；同時還有其他物質上和精神上種種的優遇。臺灣人民五十年來，處在這種威迫利誘的狀態下，而且所有的書籍、雜誌、報紙，全用日文，大小機關，全說日語，於是乎不得不放棄固有的祖國的

﹝註32﹞上田萬年：〈國語のたあ〉，引自橋本武：〈臺灣公學校に於ける漢文科に就て〉《臺灣協會會報》第66號（臺北：臺灣協會，明治37年（1904）年3月20日）。

語文，轉而普遍採用日文的語文了。〔註33〕

所以，唸歌具有通俗性和口語性，加上歌謠傳唱的渲染力，便成了教導和學習日語的簡易管道，高連碧發行的《國語白文新歌》〔註34〕開頭有：

> 通知烈位正諸君，這本歌仔眞清巡，
>
> 我偏（編）臺灣兼日本，亦有國語甲（和）漢文。
>
> 亦有去問教書先，呵咾（稱讚）我賢格（又）干田（甘甜），
>
> 听著通人（人人）都歡喜，恰（較）好學校讀六年。
>
> 是大（長輩）提（拿）去教是細（晚輩），
>
> 正是一變（遍）先交培（來往），
>
> 一來歌學日本話，通（可）改憂秋（憂愁）做問題。
>
> 是小（晚輩）提（拿）去教是大（長輩），正式日臺套語歌，
>
> 好歹通有寫上紙，意賜（意思）眞好無虛花（虛華）。
>
> 國語學塊歸（約）百項，囝仔通教老大人，
>
> 念透（完）就卜（要）煞想送，恰（更）營（贏）學校讀六冬。

作者一開始即說明此歌爲日語與漢文對照，歌中已稱日語爲「國語」，顯見當時臺灣民眾對日語已產生認同感，視日語爲「本國語言」，作者也表明此歌具有「學日本話」的主要功能，其次有「改憂愁」的娛樂效果。教學的對象不分成人或小孩，可見在日本政府強力執行的語言政策底下，各年齡層的民眾都有學習日語的需要，玉珍書局的《日台會話新歌》即強調：

> 日台歌仔著研究，國語不識眞憂愁，
>
> 那是新聞提（拿）在手，識字親像有目周（眼睛）。
>
> 不識國語尚唉痛（哀怨），通知列位朋友兄，
>
> 日台歌仔那學正，免驚國語賣曉（不會）听。

日語已是生活必備的語言，學會日語可了解新聞內容，若不懂日語將如盲人，難以獲取新知。唸歌的教唱方式，今舉周協隆書店的《新編國語白話歌》〔註35〕爲例：

> 二ハトリ廣（說）是雞，アカクツ紅皮鞋，

〔註33〕 洪炎秋：〈十年來的臺灣國語運動〉，收於《臺灣十年》（臺北：臺灣新生報，民國44年10月）頁256。

〔註34〕 《國語白文新歌》（臺北州：高連碧，昭和4年（1929））。

〔註35〕 《新編國語白話歌》（臺北：周協隆書店，昭和13年（1938））。

　　ヒトタサソ人眞多，キクハナ菊花仔。

　　ナク臺灣廣塊（説）哭，イロトユ是鉛投（英俊），

　　カケアシ大步走，ヤマサル是山猴。

　　オキトラ大隻虎，シヒタケ是香菰，

　　アメフル天落雨，モチノリ麻糍糊。

　　カミサマ是神明，ネマ臺灣廣（説）房宮（房間），

　　ツマラソ無路用（沒有用），イソガツ眞無榮（眞沒空）。

由唱詞看來，如「廣」、「香菰」、「房宮」、「無路用」、「無榮」等詞彙乃臺灣方言的擬音假借字，並非如編作者所言的漢文。因歌本的消費對象，還是一般大眾，故實際上所採的乃是「日語」和「臺灣方言」的對照。瑞成書局的《國語白話新歌》〔註36〕歌末：

　　コチマデ到者止，大家聽著眞歡喜，

　　呵老（稱讚）這歌有趣味，卜（欲）買新歌這就是。

　　編了个和眞趣味，大家著買新歌詩，

　　這歌編了眞有理，看著个（的）人就歡喜。

　　漢文國語看會立，小店再編第二集，

　　字那不識比不及，國語白話緊（快）學習。

　　識字實在心色（趣味）有，能小（能夠）寫批有利益，

　　只款（這種）歌仔有所得，研究大家著盡力。

作者表示，此歌的編作著重趣味性，意在使民眾於唸唱時得以輕鬆學會日語，並能培養基本的書寫能力，方便日常溝通。筆者二○○七年於臺北雙連採訪說唱者鄭來好，她表示曾經演唱過類似的唸歌。

第四節　禮　俗

　　唸歌經常取材自民眾的現實生活，許多重要的生活禮俗亦隨之融入於唸歌當中，民眾在欣賞唸歌的過程時，也可認識傳統的生活禮俗，並能實際應用於日常生活，具有「禮俗傳承」的功能。如《食新娘茶講四句歌》即以教導民眾講說各種婚禮的吉祥話。另有關於生育、喪禮、搬家等生活禮俗，茲亦分別說明於後。

〔註36〕《國語白話新歌》（臺中：瑞成書局，昭和 7 年（1932））。

一、生　育

有關生育的禮俗，如竹林書局的《十月花胎歌》：

> 六月花胎分男女，恐驚胎神分（會）參滋，
>
> 三分那是有世事，靜（淨）符緊（快）食僅身軀。

為恐驚動胎神，孕婦懷胎六月時須焚燒符咒，並將燃燒剩餘的灰燼加入水中服用，以安胎神。「生了三日做滿月，油飯厝邊倖一盤」，生子滿月，烹煮油飯分送鄰居、親友，告知生子的喜訊。「五歲六歲漸漸大，有時頭燒甲耳熱，就討靈符來乎帶，看到腰子眞受磨」，幼兒若生病發燒，即至寺廟求取平安符，配戴於幼兒身上，以獲神明護佑。

另外，竹林書局的《花胎病子歌》也有關於生育禮俗的記載。「廳頭清香燒三支，卜下正神相扶持，是男是女緊出世，不通延踐逞校時。」記述臨盆前先於廳堂燒香祈求神明保佑生產順利。「紅包我包六百銀，恰袂乎人笑雞孫，小可錢銀永無論，著恰什來共阮尋。」生產完，包紅包給產婆，給付產婆接生的報酬，並希望產婆仍多至家中關照，協助產後的照護。在產婦的飲食方面，「一塊桔餅做四週，塊腹著煞煮麻油，煞參一杯紅露酒，後日骨頭即袂抽。麻油進前搭來勸，灶腳燒酒歸大缸，煞炒一碗麻油飯，着食面色即袂黃。」，產後的食補包括以麻油煎煮的桔餅、紅露酒、麻油飯，可避免日後體質不佳、筋骨酸痛或氣色暗黃；又「甘草央人買元一，煞捧碗頭搭多蜜」，將甘草加多蜜煮成飲水服用。「三日那卜銃油飯，浸米着愛五斗缸……諒早牲醴準備好，廳頭香燭點焰焰，燒金放炮在吟前。」產後第三天，準備牲醴祭告神明及祖先，焚燒紙錢、燃放鞭炮，並烹煮大量的油飯分送親朋好友，與大眾分享生子的喜訊。

二、結　婚

有關結婚的禮俗，如竹林書局的《食新娘茶講四句歌》，歌詞主要是各種結婚祝福的吉祥話，用於婚禮進行的過程，如歌中所言「愛學四句照只本……到時要用一時拵，通共新娘討手巾」，賓客藉此表達對新人的祝福，也為婚禮營造了吉祥歡樂的喜慶氣氛。歌中可見閩南傳統婚禮有「說好話」、「食新娘茶」、「壓茶甌」、「討多瓜」、「鬧洞房」的習俗。

新娘於婚宴結束後捧甜茶招待親友，稱為「食新娘茶」，親友再回贈紅包，並將紅包壓於茶杯下，稱「壓茶甌」。又，新娘捧多瓜糖招待親友，稱

作「討冬瓜」。宴客完畢，賓客至新房祝福則是「鬧洞房」。食新娘茶時的吉祥話有如：

> 新娘捧茶對面來，囝仔大小鬧猜猜，
>
> 別位諸君坐在在，敬老尊賢合英皆（應該）。
>
> 新娘捧茶手春春，好時吉日來合婚，
>
> 看伊面貌肴（會）打算，後日百子共（和）子孫。
>
> 新娘捧茶手正正，房間出來連步行，
>
> 一杯好茶來相請，至蔭（福蔭）丈夫有官名。
>
> 手捧甜茶講四句，新娘好命蔭丈夫，
>
> 奉敬家官有可取，田園建置千萬區。

壓茶甌時的吉祥話有如：

> 手提錢銀塊（壓）茶鐘（茶杯），新娘入門家尪興，
>
> 新人恰（更）水（俊）楊宗保，新娘袂（不）輸穆桂英。
>
> 手提（拿）銀票塊（壓）茶甌，新郎新娘人平肴（均佳），
>
> 夫妻恩愛好甲（到）老，後日得恰（較）好出頭。
>
> 新娘我世（是）汝，富家人女兒，
>
> 省（誰）看都定意，相當肴（會）讀書。
>
> 新娘好學問，做對好詩韻，茶盤收去勸（放），翁姑着孝順。

討冬瓜時的吉祥話有如：

> 來看新娘人眞多，甜茶食過討冬瓜，
>
> 逐个（每個）朗（都）有說好話，子婿福氣中頭科。
>
> 新娘插紅花，腳穿紅皮鞋，阮來無別做，閣（又）再討冬瓜。
>
> 頭插紅桃，身穿紅襖，夫妻保老，百年和好。
>
> 冬瓜是菜，夫妻恩愛，有事公開，七子八婿。

鬧洞房時的吉祥話有如：

> 相當門戶塊相對，貧人難得通富貴，
>
> 尪生某妲（夫妻貌美）閣眞水（還眞美），看着眞肴（會）做瘦愧。
>
> 看人尪某靴年（那麼）好，可比一對小寶寶，
>
> 這款家庭好迫迌（遊玩），倒位（哪裡）乎（讓）咱尋都無。
>
> 新娘看着眞慷慨，新郎斯文閣大才，

　　　　紅包治阮袋仔內，汝笑一聲阮看覓（看看）。
　　　　那甲（如果）有汝只號（這麼）樣，大大預備甲（給）汝賞，
　　　　看卜（要）古器亦現金，祝恁夫妻永同心。

吉祥話多是對新人的稱讚和祝福，唸歌題名雖為《食新娘茶講四句歌》，但「說好話」的時機，實不限於「食新娘茶」，可靈活運用於婚禮的過程。

三、喪　禮

　　有關喪禮的禮俗，如捷發漢書部的《相褒探娘新歌》，敘妻子由重病到病逝，丈夫照顧她及為她辦理後事的過程，如：

　　　　廿二早起塊（在）備辦（準備），創娘袂得（無法）通平安，
　　　　差人落街去放板，拴（備）恰（較）大無相干。
　　　　死阮小妹成（真）僥倖（可憐），昨冥過新（去世）几點鐘，
　　　　卜栓（備）衫褲乎（給）伊穿，不知卜（要）皆（給）穿几廷（層）。
　　　　廿三喜日（那天）早々々，乞水木浴（沐浴）卜（要）落柴（入殮），
　　　　風水卜葬倒一搭，想着淚滓（眼淚）流袂乾。
　　　　共伊梳頭甲（和）縛（綁）腳，準辦張穿落棺柴，
　　　　內面物件全有甲（附），無子無兒命恰（較）差。
　　　　廿四早起日卜闌（近午），伐落（安排）卜（要）起棺柴頭，
　　　　轉柩出來着外口，想着心酸淚滓（眼淚）流。
　　　　朋友姊妹照々（全數）到，看咱只欵（這個）淚滓流，
　　　　也有大鼓甲棺闌，卜（要）送小妹上山頭。

歌中可見有關喪事的禮俗，人死之後，家屬將其遺體移至大廳，於廳中擺設靈桌，以「腳尾飯」祭拜亡者，腳尾飯為「一粒雞卵下中央」；為亡者「乞水沐浴卜落柴」，潔身入殮，「准辦張穿落棺柴內，內面物件全有甲」，棺木中準備各種隨葬的物品。出殯當日，「伐落卜起棺柴頭，轉柩出來著外口」，將棺木移至門外。「下昏早暗著捧飯，按落靈桌著廳邊」，每日早晚準備飯菜祭拜亡者，閩南語稱為「捧飯」。「担籠來搭獅公壇」，延請道士為其舉行超渡法會，並請人糊製「靈厝」，「靈厝糊甲双戶靈，也有灶腳甲房宮，奴才嫺婢乎差用。」模擬真實住宅所糊製的「靈厝」，寢室、廚房，一應俱全，甚且還有代表奴僕的紙偶，凡此種種，都代表生者對亡者的牽掛，期盼亡者死後仍可過著安定

富足的生活。

四、搬　家

　　有關搬家的禮俗，如宋阿食發行的《最新咬肉笑歌》，敷唱男女搬新家，二人添購家具，擺設布置及至新居落成的經過，如：

　　　　有買八隻員椅頭，逐隻（每張）漆甲（得）紅枝々，
　　　　用錢我君都歡喜，籬來飯（憑）壁々飯（憑）籬。
　　　　有買八隻古椅頭，阿君提來小娘兜（家），
　　　　通知列位井共老，只號（這個）兄君着通交。
　　　　觀音媽連買乎嫂，壽字我也煞伐落（安排），
　　　　煞買一隻紅格棹，通（可）裁（放）神明甲（和）公婆。
　　　　紅格ケ棹買娘用，通裁公婆甲（和）神明，
　　　　逐項（每個）汝刀（就）共（給）我種（備），着是我兄介盡情。
　　　　煞買一對案頭燈，返來一抛（盞）在一平（邊），
　　　　當下大廳案卓頂（桌上），中央咱甲（給）在（放）時鐘。
　　　　時鐘阿君也有買，各是紅毛正祖家，
　　　　阿君為我開（花）者多，第一甘用君一ケ（個）。

歌中敘及搬家的習俗，「着看入厝ケ日止……先生日止看初八」，搬家前先請術士擇日，「兄來去拴豬公架，員仔娘着伐落挨……着買金紙甲亭坐，煞買一包紅花高。亭座我買上中下，亦有煞栓性禮腳……亦排茶歐甲酒鐘，三界拜好拜神明……神明拜好拜公媽」，男子負責殺豬事宜、女子負責揉製湯圓，並籌備各項牲體及祭拜用品，以祭拜神明及祖先。「入厝安香拜完備，總舖頭先着開豬，伐落做帖正合理，請酒明天正午時……厝邊頭尾罵着請，煞請朋友甲弟兄」，祭拜結束，由廚師分切豬公，於搬家隔日宴請鄰居、親友，「入厝明白正歡喜」，傳統的入宅儀式至此完成。

第五節　宗　教

　　唸歌除作為一種消遣的表演活動，它也具備了宗教的功能。在閩南地區，若逢廟會節慶，也會參與廟會的慶祝活動，大陸學者羅時芳於〈近百年廈門「歌仔」的發展情況〉一文即提到：「民間凡有迎神賽會、紅白喜事，常邀請

歌子社前去演唱，有的具紅帖去請，並贈紅包贊助歌子社作活動經費。隆重的節慶活動如三月保生大帝誕辰慶典，演唱頗講究排場，搭棚懸掛燈彩，設案燒香點燭，備有好茶鮮果糕餅。演唱者在棚內坐唱，以長篇故事爲主，常連唱兩三夜。」〔註 37〕由其懸掛燈彩、設案燒香、備有茶果糕餅的排場來看，應爲酬神性質的演出，因宗教活動具有崇高的神聖性，因此在表演的規模上也較一般的街頭走唱更爲盛大而正式。

在日人片岡嚴的《臺灣風俗誌》裡記載了一首《十個月間懷胎之歌》用於僧侶爲孕婦及胎兒祈福，茲錄其詞於下：

正月的懷胎來一滴甘露水。二月的懷胎都心仔悶マ，南無阿彌陀佛！
三月的懷胎來在照水影。四月懷胎都結成人，南無阿彌陀佛！
五月懷胎分阿男阿女。六月的懷胎分阿六臟，南無阿彌陀佛！
七月肉懷胎分阿七仔孔。八月的懷胎腹肚大曠マ，南無阿彌陀佛！
九月的懷胎腹肚轔マ轉。十月懷胎都脫娘身，孩兒生落。
啊！啊！啊！連天哮三聲，公婆就緊（快）走來聽。
臍未斷，肥未落，娘身性命去了一大攜。
公婆攑（拿）香來祈願，祈去合家保平安。
娘今抱子來食乳，乳今食了押胸前。南無阿彌陀佛！
一歲兩歲都手裡抱，三歲四歲土腳（地上）四界（四處）�（爬）。
五歲六歲都會去迌迌，七歲八歲送伊去落學（上學）。
九歲十歲知人事，十一、十二、十三、十四讀冊考校成舉人。
十五、十六中進士，十七、十八娶新婦。南無阿彌陀佛！〔註 38〕

爲祈福時使用的宗教儀式歌，祝福婦女與胎兒於懷胎、生產的過程中均能平安健康，並表達對孩子未來的期待與祝福。

尚有以傳播宗教爲目的的唸歌，如開文書局的《觀音大士勸世眞經》〔註 39〕，以觀音大士爲第一人稱的敘事角度，敷唱人間各種疾病、災難、離亂之苦，勸人應修身行善，虔心敬神，誦讀經書，以免遭災受秧，如：「孝

〔註 37〕轉引自藍雪霏：《閩臺閩南語民歌研究》（福州：福建人民出版社，2003 年 10 月），頁 70～71。
〔註 38〕日本，片岡嚴《臺灣風俗誌》（原由「臺灣日日新報社」出版，1921 年 2 月。此據臺北：南天書局重新出版，1994 年 10 月），頁 337～339。
〔註 39〕《觀音大士勸世眞經》（上海：開文書局，出版時間待考）爲臺灣大學圖書館所藏，是希見的存本。

弟忠信得久遠，忤逆不孝要收完，山中一獸作棺板，一劫人身萬劫難……倘若凡民眞心現，每日香燭點竈前，竈主尊經念數遍，北斗尊經免罪慳」，值得一提的是，歌中表明此歌乃神明所降之神諭，非世間之人所編作：「吾今下凡把檀降，與汝指點大刦年，冬月十九離南海，臨凡降諭世間傳」，此歌既爲神諭，則傳達神諭自爲其具體的宗教目的，因此歌中又有「吾今降諭來相勸，又怕無人把版刊，有人傳送此等善，蟠桃會上成神仙。口中降諭多勞倦，不如刷板在世間。」又「傳送一本免災難，傳送十本一家安，傳送百本心不變，前愆後冤都改完」，指印製此唱本者將能成爲神仙，傳送者亦可免災保平安，乃是藉宗教中的功德觀念，鼓勵民眾印製經書，以達其宗教宣傳的目的。此歌雖以「觀音大士」爲降諭者，但由歌中屢屢提及「神諭」、「玉帝」、「竈神」、「北斗尊經」、「蟠桃會」等，可知其屬混合佛、道色彩的民間信仰。

　　還有以冥報思想爲主要內容的唸歌，如《目連救母歌》、《地獄十殿歌》、《落陰相褒歌》、《天堂地獄歌》、《曾二娘歌》等均以地獄受報的情形爲其敷唱的重點，此乃佛教、道教及民間信仰皆有的因果觀，藉著唸歌的傳播，無形中也發揮了宣揚宗教思想的功能。其中《曾二娘歌》曾經傳唱於臺灣各地佛寺齋堂，勸人燒香念佛、「諸惡莫作，眾善奉行」〔註40〕，陳建銘於〈曾二娘和金橋科儀〉裡提到：「在民國七十一年三、四月間，一次很偶然的機會，筆者幸運的錄下當時已八十高齡，籍設宜蘭市孝廉里的蕭黃阿暖老太太以一種近似頌經禮佛的特殊音調所唱……。」〔註41〕再者，他在文中列舉了八種內容相似的《曾二娘歌》唱本，題名略有不同，其中福州鼓山內湧泉寺發行的唱本題名爲《曾氏二娘經》，似已被視爲宗教性的經書，臺灣正一善書出版社發行的《曾二娘傳》則已當作善書出版。

　　綜上所述，可知《曾二娘歌》在閩南及臺灣的民間信仰當中，流傳甚廣，它所敷唱的冥報故事對民眾的行爲產生了宗教規範的作用，已被當作經書或善書出版，於佛寺、齋堂流通，藉由宗教化的方式發揮其勸善教化的功能。

　　除《曾二娘歌》作爲宗教性的善書流通，陳建銘曾經在民國八十五年發表的文章中提到：「還有一位現住板橋市，出生於民國十年（1921），由鐵路

〔註40〕陳建銘：〈曾二娘和金橋科儀〉，收於《野台鑼鼓》（臺北：稻香出版社，民國92年5月），頁145。
〔註41〕同前註。

局退休，現年七十五歲的陳炳鑽老先生，有感於社會風氣日益敗壞，就自己編寫《人生因果勸世歌》〔註42〕，並且出錢印成歌仔冊和灌製錄音帶，親自送到北部各寺廟免費贈閱，至今已編到第六集，其誠心令人感佩。」〔註43〕，《人生因果勸世歌》的刊行方式，已由傳統的歌仔冊改版爲《人生因果勸世及臺灣歷史》一書，與作者的散文合併出版，至今仍以善書的形式於許多寺廟流通。

第六節　新　聞

　　由於早期民眾的知識教育尚未普及，傳播設備也不發達，民眾獲取新聞的管道非常有限，唸歌通俗易解，內容取材廣泛，包含了許多時事新聞，因此成爲民眾獲取資訊的重要來源。如第三章第七節所述，臺灣有許多以新聞事件爲題材的唸歌，在資訊傳播不易的年代發揮了新聞傳播的功能。

　　唸歌作者經常於歌中表明其新聞的來源，以「報紙」最爲常見，如林有來編作的《八七水災歌》：「這是八七實事代，有看報紙總兮知」、「我朗是皆看報紙，死失二萬無開誇」〔註44〕。又如洪月編作的《束縛養女新歌》：「報紙我看眞多擺，我即來廣乎恁知」〔註45〕。也有根據新聞事件改編的「電影」，如竹林書局的《二林鎭大奇案歌》：「事是日本兮時代，有看電影朗兮知，新刻塊做嗎未醜，阮即翻歌印出來。」又如竹林書局的《基隆七號房慘案》：「此本電影來集成，編歌勸咱眾先生，男女來聽有路用，這本歌詩初發明。」作者以此表示所言非虛，強調新聞的眞實性。

　　此類唸歌以近似報導的方式敘述，如一九五九年八月七日，臺灣中南部因爲颱風來襲發生死傷慘重的「八七水災」，林有來將這個重大事件編寫成《八七水災歌》：如：

　　　水火無情難打算，八月初七喜下方，

　　　水大溪岸煞貢（打）斷，水淹四散趕入庄。

〔註42〕陳炳鑽：《人生因果勸世歌》共六冊（板橋：正一善書出版社，民國77年～民國84年間出版），傅斯年圖書館收藏。

〔註43〕陳建銘：〈從歌仔冊看臺灣早期社會〉，《臺灣文獻》第47卷第3期（民國85年9月30日）頁99。

〔註44〕林有來：《八七水災歌》（新竹：竹林書局，民國76年）。

〔註45〕洪月：《束縛養女新歌》（新竹：竹林書局，出版時間待考）。

農曆七月初四暗（晚），塊落大雨風打南，

即時有人正悽慘，落難乎雨記伊渹。

……

雲投彰中苗縣界，三義壓死歸家抬，

正人去看流目屎，此戶上（最）慘大家知。

大水深入市街鎮，現場看着頭殼暈，

卜（要）知着（就）先走恰緊，慢走即着（這就）禍來臨。

災後陸橋袂（不）得過，交通斷絕袂通批，

橋柱刈斷難算塊，第一慘害大肚溪。

當局去看橋柱倒，關係交通卜（要）如何，

政府接電來塊（在）報，遂時（隨時）下令緊（快）伐落（安排）。

歌中對八七水災發生的時間、地點、災情、救災的狀況等作了非常詳細的描述。另外，一九三五年四月二十一日新竹、臺中發生嚴重的震災，林達標以此寫作《中部大震災新歌》〔註46〕：

三月十九的早起，六時二分喜東時（那時候），

強震道路亦龜裂，災民無厝通（可）好居。

道路龜裂亦出水，二州災民真克虧（悽慘），

當局急派救援隊，派往災害地周圍。

大甲急派壯丁團，派往清水頭一番，

派保甲民去應援，亦有官吏的職員。

青年團員甲壯丁，自動清水行無停，

一甲五名有指定，派去救援真正經。

一甲各七派五名，無膽派着亦能（會）驚（怕），

派有甲長交保正，犧牲工作當然行。

大甲郡下被害地，最上慘害清水街，

死個成死壓成壓，死傷一千左右个。

死傷一千的左右，電柱倒壞線結球，

二百十二的屍骸，死上多人臺中州。

明確指出地震發生的時間、地點、救援、傷亡的狀況，並在唸歌的後段以 19 葩 76 句的篇幅，清楚說明傷亡的人數。他先以「二州九郡大地動，做小被害

〔註46〕林達標：《中部大震災新歌》（臺中：瑞成書局，昭和 11 年（1936））。

着竹東，列位貴君聽我講，卜講壓死賴多人。」表明想法，之後隨即詳列各
地傷亡的人數，茲引一段為例：

> 新竹州下的總計，一千三百六九個，
> 壓死一名在蕃地，死廿四名是梧棲。
> 死廿一名是造橋，苗栗卅八真亡着，
> 寶山一名死上少，強震亦是真大搖。
> 頭屋死者五十八，壓死卅六沙鹿街，
> 豐原郡下死上多，死千外名做一回。
> 死卅六名是沙鹿，三叉壓死九十六，
> 受着災害的南北，果（又）再一擺（次）着卻角（悽慘）。
> 十名壓死是頭分，死上（最）多人豐原郡，
> 強震十九喜東存（那時候），被害甚大出新聞。
> 死廿一名是豐原，一百五三是三灣，
> 二百十名是公館，三百廿七銅鑼灣。
> ……

據柯榮三的調查，歌中所陳述的死傷人數，大致與事實符合，確有其可靠的
消息依據。〔註47〕作者最後還說：「實事不是我效屑，死傷全有調查了，無影
罵我林達標。」可見他對其所引用的數據相當有信心。

　　但是有些唸歌的描述則與事實出入極大，如竹林書局的《基隆七號房慘
案》，敷唱一九三四年基隆發生的一起謀殺事件。當時《臺南新報》於一九三
四年十一月六日至十二月三十日之間有密集的追蹤報導，事件的大要是：於
交通局擔任官員的日人吉村恆次郎與屋良靜發生婚外情，產下一女。其妻宮
氏常以言語和暴力侮辱屋良，乃至屋良的女兒夭折後，宮氏仍於其葬禮上滋
事，導致屋良、吉村憤而殺之，分屍後置入油桶，丟棄海中。〔註48〕但是《基
隆七號房慘案》的人名均不相同，男子名野村，妻子名千代子，外遇的對象
是阿雲，後來娶為小妾。在唸歌當中，元配千代子是一位賢良的婦人，不但
接納阿雲，對阿雲所生的孩子也疼愛有加，但因阿雲之子染病去世，阿雲將
此歸罪於千代子，於是唆使野村共謀殺害千代子，毀屍之後，置入油桶，棄

〔註47〕柯榮三：《有關新聞事件之臺灣歌仔冊研究》（臺南：成功大學，臺灣文學研
　　　　究所碩士論文，2004年6月），頁86。
〔註48〕柯榮三據《臺南新報》將案發的始末整理為文，可參見其碩士論文，頁35～37。

於海港。該歌所描述的內容與新聞報導已呈現極大的差距。

　　雖然作者以「報導者」自居，欲將其所見所聞的新聞時事透過唸歌來傳播，但是，唸歌在描述的觀點上和強調「客觀性」、「真實性」的專業新聞仍大不相同。它沒有「新聞責任」，不必對報導的內容負責，且經常在描述的過程當中加入個人的觀點，如《束縛養女新歌》〔註49〕：

> 不通見錢子着放，乎做養女先不通，
>
> 做人爸母責任重，誤子青春一世人。
>
> 愛錢不管子乎害，我即（才）編歌廣（說）恁知，
>
> 不是獨個（每個）朗（都）做呆（壞），人廣（說）有道來得財。
>
> 趁食人伊个家庭，勸恁姊妹認乎爭（認得清），
>
> 做養女也着順命，一生趁食半生成。
>
> 趁錢（賺錢）着想通不通（可不可），咱來出世平（都）是人，
>
> 不通（可）看錢箱（太）過重，全用心肝靴倒田。

在報導新聞事件的同時，也對新聞事件提出批判，表達觀點。儘管如此，唸歌對當時的民眾來說仍提供了許多新聞資訊，如竹林書局的《八七水災歌》所言：「有人卜問咱好應，看歌免用人精神。」，是易於獲取新知的管道。

第七節　政　治

　　因為唸歌擁有廣大的群眾，語言通俗，是早期民眾傳達政治觀點的重要媒介，但也由於它在民間能發揮極大的影響力，所以經常成為有心者的政治工具。

　　日治時期，日本政府積極建立「大東亞共榮圈」，出現了以宣揚國策為目的的唸歌，如《南方》報刊載的《志願兵制度實施奉讚歌》〔註50〕、《大詔降下》〔註51〕、《大東亞戰爭歌》〔註52〕、《皇民奉公歌》〔註53〕。《大東亞戰爭歌》的作者簡安都在該歌的前言中提到：「在此重大時局下對國策的宣傳，島內雖有六日刊紙及其他雜誌極力從事工作，但此皆和文，對於本島在住之四

〔註49〕洪月：《束縛養女新歌》（新竹：竹林書局，出版時間待考）。

〔註50〕《南方》134期。

〔註51〕《南方》149期。

〔註52〕《南方》183～185期。

〔註53〕《南方》186期。

十歲以上之中老年輩及七八萬之不解國語之華僑，很難容易使其理解，自然對於國策的宣傳上難免有隔靴搔癢的地方，實是遺憾之至！作者因鑑於此，把大東亞戰爭發生的原因及其經過，皇軍奮戰的情況，米英軍的卑劣無人道的行為，今後國民應盡的義務⋯⋯以極其簡白的歌詞，給一般大眾容易理解，開聲高唱，使他們在不知不覺之中了徹大東亞戰爭的真義，協力國策，盡了國民的義務。」〔註54〕這一段話清楚的說出這些唸歌的政治目的，無非是希望臺灣民眾在不知不覺中為殖民政府效忠，全心全力為實現日本的「大東亞共榮圈」而努力。如黃文車所說：「我們可以相信這些充滿皇國思想的歌謠創作者用心可知：藉著臺灣民眾最熟悉的閩南語歌謠進行思想改造的工作，因此形式上採七言四句不斷疊踏，亦是閩南語發音，外表包裝精美，內涵卻已經變了質。」〔註55〕

臺灣光復初期，國民政府曾聘請知名的說唱者汪思明，於臺北廣播電台、臺灣廣播電台對民眾進行政治思想的教育，婁子匡、朱介凡的《五十年來的俗文學》中即提到：「呂訴上藏有兩冊可貴的唱本，都名『歡迎祖國』，民國三十四年十月發行。作者是住在龍山寺町二丁目三七番地的汪思明。一本註明『臺北廣播電台選定放送歌』，第二集則有『臺灣廣播電台推選』的字樣。」，內容多是稱頌臺灣光復、回歸祖國等，三句不離「祖國」，敘事的角度雖是一般民眾，然而歌中對於政府的推崇和讚嘆，已近乎信仰般的崇拜，如：「老人對天拜攔拜，祖國光復咱全臺，咱對祖國真固愛，跪拜天地合應該」、「祖國今日大得勝，臺灣無上大光榮，愛民如子人欽敬，祖國永遠大振興」、「賢人做事真賢忍，五十年來到只今，咱受祖國來至蔭，大家正經共和心。」希望在日本政權離臺之後，重新建立起臺灣民眾對國家政權的認同。

另外，還有為選舉而編作的唸歌。如張玉成編作的《嘉義縣第四屆縣議會議員嘉義市候選人講演政見歌》〔註56〕，內容有如一場政見發表會，三十位候選人以第一人稱的敘事角度，依序介紹自己的經歷和政見，如：

姓蕭敬厚二十四，小弟是在咱本市，

〔註54〕同註51。
〔註55〕黃文車：《日治時期閩南臺灣歌謠研究》（臺北：文津出版社，2008年10月），頁253。
〔註56〕張玉成：《嘉義縣第四屆縣議會議員嘉義市候選人講演政見歌》（嘉義：張玉成，民國47年）。

感謝同胞眞熱意，多多來甲（給）我支持。

爲民候（喉）舌來杭（抗）議，自我力量建議伊，

自我政見幾條理，爭取乎咱有福利。

連任二屆的議員，能未大家攏（都）知枝（知道），

不免不才閣（又）講起，希望閣（再）來再支持。

參加候選的心理，現在五點的意義，

當選卜做的代志，做到達成大眾利。

不才參加去登記，候選四屆的縣議，

感謝同胞眾有志，撥玉卜（要）來聽動機。

不才感覺很欣喜，銘謝過去的支持，

希望大家照過去，閣（又）再來共（給）我指示。

授（受）著同胞的熱意，感謝過去的支持，

那閣（又）當選的心理，絕對卜（要）閣照實施。

「嘉義縣第四屆縣議會議員」於民國四十七年舉行，此歌發行於當時，它在該次的選舉中爲民眾提供了選舉的資訊。又如《尤清博士選縣長歌》，從它的內容可知該歌作於尤清第二次參選臺北縣長時（民國七十八年），以此作爲候選人的競選歌曲，如：

尤清登記第六號，汝咱逐家愛協和，

親晟（戚）朋友緊（快）相報，當選是恁分（的）功勞。

對手確實眞屬害，經過設計閣（又）安排，

光復迄今毋（無）捌敗，伊無準備毋敢來。

所以尤清眞苦戰，在佇生死兮邊緣，

會得奇蹟來出現，汝是貴人大神仙。

票聲咱愛拴（備）雙倍，再三懇求咱逐家（大家），

這項佮（和）咱大關係，予伊拜託毋通推。

……

汝分一票眞寶貴，咱有權利緊發揮，

免閣（又）予（給）儂（人）彈臭屁，

選贏笑甲（得）喙（嘴）開開。

由上所述，可知唸歌在選舉中，也發揮了公告、助選的功能。

第八節　反映時弊

　　唸歌作爲一種說唱的藝術，它因群眾的支持而存在，它的內容必須取決於民眾的喜好，在傳播資訊尚未發達的年代，民眾除了希望聽到精彩的故事，也希望從唸歌當中獲得社會的動態和新知。從清朝末年到民國，無論閩南或是臺灣的社會都經歷著由傳統走向現代的過程，受到西方思潮的影響，許多舊有的現象和觀念都在改變當中，社會上產生一股革新的力量，希望從各方面對社會進行改革，脫去舊有的沈痾，建立文明進步的新社會。有些唸歌的作者也希望藉著唸歌的傳唱反映時弊，改變民眾的想法，以期達到社會改革的作用。唸歌所反映的時弊主要有以下幾點。

一、溺女的問題

　　會文堂的唱本《通俗勸世歌》裡收有十首唸歌，其中有一首《溺女歌》，篇幅不長，但卻非常寫實的揭露了清末民初「溺女」的陋習，茲錄其唱詞於下：

　　　　天地生人有男女，因何活活來打死，
　　　　免說受罪歸陰間，將心比心也不甘。
　　　　既是十月苦懷胎，在通（怎可）出世就去埋，
　　　　叫爹救命說不出，叫娘救命說不來。
　　　　聽見哭叫心苦傷，二目金金（睜睜）看我娘，
　　　　那卜（要）當初不卻汝，並無汝通（可）來做母。
　　　　那卜（要）人人不卻仔，並無新婦做親成，
　　　　不通看仔無出處，嫁有仔婿是半子。
　　　　無男歸女鄉鄉有，有孝贏過仔心婦（媳婦），
　　　　飼仔也只十外年，嫁仔也有銀共（和）錢。
　　　　不用煩惱無家伙，仔（子）也安份食碗尾，
　　　　不用煩惱無嫁粧，竹釵插去金釵轉。
　　　　就是無工通養飼，護（給）人抱做心婦喫，
　　　　救命陰功天補庇（保佑），明年生來一小弟。
　　　　別日男女滿廳堂，爹娘好命眞十全。

全歌以女嬰爲第一人稱的敘事角度，敷唱自身的處境，使人倍感淒涼。泣訴同是父母的親生兒，卻只因是女兒身，便遭到父母親殺害，被剝奪了生命權。

　　「溺女」乃中國自古已有的陋習，《韓非子・六反》已有：「父母之於子也，產男則相賀，產女則殺之」之語。清朝歷代皇帝都非常重視溺女問題，嚴禁民間溺女。清政府還採取種種措施，諸如在各地設立女嬰堂、保嬰會等慈善機構收養女嬰，以期減少溺女行為，但溺女行為仍相當普遍，可見陋俗的根深蒂固。〔註57〕溺女習俗首先嚴重違反了人道，再者也造成了嚴重的社會問題，楊劍利指出，第一，造成性別比例嚴重失衡；第二，引發惡劣的婚俗，如早婚、童養媳等；第三，影響正常的社會風氣，如促使娼業的發展；第四，使得社會犯罪率增高，如因性別失衡造成的買妻現象。〔註58〕

　　溺女的惡俗在福建尤其嚴重，如福清縣「比戶兩計，實無一戶之不溺」〔註59〕，侯官縣「鄉愚多溺女，歲以千計」〔註60〕。道光《重纂福建通志》卷五七《風俗》有潘拱辰〈生生所記〉說：「俗尚寡恩，凡貧民生子弗能蓄者，多溺不舉，而女尤甚。」重男輕女還是溺女的主因。〔註61〕

　　《溺女歌》試圖為那些沒有機會長大的女嬰們發聲，希望藉著唸歌的傳唱，引起社會的關注，並強調女兒的價值，認為女兒亦能對原生家庭產生貢獻，如女兒出嫁，父母反多了有如半子的女婿、女兒的孝心往往勝過沒有血緣關係的媳婦、女兒出嫁時父母還可獲得聘金的收入、倘若父母因為貧窮，無力撫養女兒，若不將她殺害，送人當童養媳，或可因此累積陰德，得到上天的庇佑而生得麟兒。《溺女歌》欲由感情面喚醒人們的人倫良知，並從現實面分析育養女兒的價值，雖仍未脫以父系為中心的思考角度，但可知作者嘗試從社會大眾的價值觀，對其進行勸說，以為那些被輕賤忽視的女嬰找尋一條生路。

二、養女的問題

　　竹林書局的《束縛養女新歌》反映的是養女風氣所造成的社會問題，如：

　　　　有看報紙朗知影，我煞編歌論恁听，

〔註57〕楊劍利：〈近代華北地區的溺女習俗〉，《北京理工大學學報》第 4 期（2003年）。

〔註58〕同前註。

〔註59〕道光《重纂福建通志》卷五七《風俗》。

〔註60〕民國《福建通志》卷四二《孝義傳》。

〔註61〕方寶璋：《閩臺民間習俗》（福州：福建人民出版社，2003 年 7 月），頁 145～147。

那廣（說）養女有呆（壞）命，迫落烟花打着行。

養母親母想恰好，有錢買賣打迌迌（好玩），

雙方不緊反悔過，判罪入監加狼狽。

不通（可）見錢子着放，乎做養女先不通（可），

做人爸母責任重，誤子青春一世人。

愛錢不管子乎害，我即編歌廣（說）恁知，

不是獨个（每個）朗（都）做呆（壞），人廣（說）有道來得財。

趁食人伊个家庭，勸恁姊妹認乎爭（認得清），

做養女也着順命，一生趁食半生成（天生的）。

趁錢着想通不通（渴不渴），咱來出世平是人，

不通看錢箱（太）過重，全用心肝靴倒田。

作者洪月於歌中表明其編作的用意，「養女有樣可憐代，編歌大家做公開」、「各報新聞報眞多，專是養女兮問題」，因其從報中得知養女問題的嚴重，故而編作此歌以告眾人。「養母親母想恰好，有錢買賣打迌迌……愛錢不管子乎害，我即編歌廣恁知」、「只款老爸無責任，甘願賣子錢乎娘」，當時有些親生父母爲獲取金錢，表面雖名爲「認養」，實際上是將女兒賣入娼戶，而所謂的養父母即是娼戶的經營者。「我問姐妹即知影，內中養女鎭八成」，娼戶的娼妓來源約有八成透過這種買賣的認養行爲，「法官公訴煞定罪」，政府的法律雖然禁止這種人口買賣的認養行爲，但是「一款都也無反變」，娼戶業者依然故我，只因「老蔥貪人大楝錢，別人個子不驚死，伊想不是伊親生」，養女本非娼戶業者的親生女兒，乃是他們「性命用錢甲伊買」，花錢買來的的謀財工具，並無親情可言，即便政府明令禁止，卻仍遏止不了這個問題。因此歌中也提到養女自救的方法，「養女那是呆環境，著對女會去陳情，有人通甲咱做証，冤枉代志著個明。有人被迫眞艱苦，著去女會恰對都，要求女會罩援助，即免誤咱個前途」，養女可向「女會」請求援助，以助其脫離苦海。

　　臺灣養女的問題始自日治時期，據李南棣報導：「及至日人佔領台灣後，因爲日本傳統男尊女卑的習慣，遠比中國更爲深遠，兼受日本藝妓制的渲染，養女遂致漸次被人當作可供賺錢的財產，不久便形成社會普遍的風氣，竟然一發不可收拾，最明顯的就是『當養女』制度。一般被『當』的養女年齡多在十二、三歲至十七、八歲之間，當期從一年至七、八年不等，一個女孩被

『當』的當金約為一年兩、三百日元，被當期間，所有權益皆屬養父母，直到當期屆滿，才可由親生父母領回。由於養女慢慢有了金錢的身價，有些無力購買養女的人，不覺想出變通的方法，那就是以自己親生的女兒去跟別人互相交換。畢竟以自己親生骨肉硬要強迫去做粗重的勞役或下海賣淫掙錢難免於心不忍，於是便拿換來別人的女兒以為替代，如此相沿成習，各地養女也就越來越多。」〔註62〕臺灣光復以後，養女買賣的問題依然嚴重，因此當時的省議員呂錦花於省議會第一屆第二次大會上提出保護養女的問題，並於一九五一年七月二十四日，在台北市中山堂舉行「台灣省養女運動保護委員會」成立大會，推動保護養女的工作。「台灣省養女運動保護委員會」應該就是《束縛養女新歌》裡提到的「女會」。「保護養女運動委員會成立十年後養女人數增加到十九萬，但養女買賣已被嚴屬禁止，社會視幼女販賣為罪惡，漸漸沒人敢公開買賣，經過十多年的努力，在社會默許下公然買賣幼女，逼良為娼的養女制度終於成了歷史名詞」〔註63〕。《束縛養女新歌》反映的正是臺灣早期社會的養女問題，顯見隨著臺灣的現代化，人權的觀念逐漸進步，買賣養女的行為已逐漸受到社會普遍的重視，因此作者也希望透過唸歌，呼籲民眾停止這種泯滅親情、漠視人權的惡習，歌末結句說道「養女歸家團團圓」，企盼臺灣的女性能夠不再遭受這種非人的對待，回歸於家庭，享受溫暖而健康的天倫之情。

三、纏足的問題

博文齋的《新樣縛腳歌》反映的是「纏足」的問題，如：

縛（綁）腳今着息，出在閒人唱，

作親原在有，姻緣天所注。

不在縛也無，實在是真好，

無縛心那好，人人都荷老（稱讚）。

有縛心若呆（壞），人人叫無采（可惜），

生做若歹格，縛了亦無體。

人才若是巧，無縛也窈嬌（窈窕），

〔註62〕抗日協會：〈抗日志士呂錦花終結養女制度〉（《抗日協會訊》第 4 期，2010年 7 月）。

〔註63〕同前註。

　　　　心地好要緊，縛腳不使品。

　　　　苦心戒縛腳，此話無精差（沒有錯），

　　　　求爾聽我嘴，無縛人富貴。

　　　　甘願聽我讀，的確不可縛，

　　　　無縛腳原成，允當（一定）是好行。

開頭就唱道：「天地創造人，男女腳相同，算是天生成，好走又好行。可惜
戇父母，以爲縛腳好，愛子來縛腳，情理講一拋。」指父母親盲目無知，將
女兒健康的腳纏成小腳。歌中描述纏足時的痛苦，「老母心肝殘，腳帛推緊
緊，縛到弗弗彈，遍身流冷汗，查某好腳骨，不縛強強鬱，害伊啼哮哮，暗
靜去偷透。」母親不顧女兒疼痛難忍，哭泣哀嚎，仍強爲女兒纏足。「縛腳
叫苦痛，二个成凶綜，其實癩哥鬼，見人又畏強。縛到那姜牙，恰慘掛腳枷，
曲龜那龍蝦，愈洗又愈爬。破皮又成空，即着抹紅丹，五指做一員，隻着糁
明礬。大痛又無藥，只有鹹菜葉」，真實的記述女子纏足的方式，乃將五隻
足指折入腳底，腳背弓起如龍蝦，敷以明礬，再以布帛將兩足包裹如粽，有
如套上枷鎖般，寸步難行。纏足後的腳會發生破皮潰爛的情形，疼痛至極，
卻僅敷以鹹菜葉。而經歷了這有如酷刑般的折磨，裹成小腳之後卻是「縛腳
不行遠，艱苦難出門，婦女講無差，縛只死人腳。行踏不自在，真正自己害，
上船着人牽，過船亦艱難。」生活行走盡是百般不便，於情於理，都不見纏
足有何益處。

　　因此，《新樣縛腳歌》爲反對纏足提出了立論的觀點，指當朝皇后即未纏
足〔註64〕，且「婦女中狀元，出身做官員，有个能出征，掛帥又領兵。」女
性能當官也能上戰場，能力上實與男性相當。由此可見，《新樣縛腳歌》已具
兩性平權的進步觀念，故能對女性纏足的陋習提出革新的看法。並進一步對
社會大眾進行勸說，勸導女子應注重品德的培養；爲人父母者應著重於兒女
的教養；男子娶妻則應以品德爲衡量的標準，強調兩性的婚姻應建立於人的
品德，而非腳的形狀、大小。

　　《新樣縛腳歌》除消極的痛陳纏足的害處之外，亦積極的呼籲社會大眾
建立正確的婚配觀念，透過唸歌的傳唱，以期對民眾發揮教育的作用，革除
纏足的陋習。這首歌後來在臺灣被「臺北天然足會」於一九○四年初以《俗語

―――――――――――――――――――
〔註64〕由此推測此歌應作於民國之前。

勸解纏足歌》之名刊登於「天然足會會報」月刊〔註65〕，作爲推動放足運動
的歌謠。

四、婚姻制度

　　瑞成書局的《婚姻制度改良歌》〔註66〕，作者林達標，開篇即自稱學識
甚淺，因此欲以此歌就教於大方，「請教先生眾名人，相談舊式的婚姻」，實
際上乃以反映舊式婚姻的問題爲其目的，「促進改革做要緊，提倡婚姻要革
新，促進改革舊禮教，當然維新即着頭。」認爲改革傳統婚姻的觀念，是當
前極要緊的事。作者在歌中表明「並素好看新民報」，他於平日喜歡閱讀「新
民報」，即《臺灣新民報》〔註67〕，該報刊爲主張人權、提倡民主、強調自由
的報紙，可知作者亦具有文化維新的思想。《婚姻制度改良歌》對於舊式婚姻
提出了看法：

> 舊式婚姻用專制，兒女看做豬狗雞，
> 裁決不管兒不卜，做無抗議之間題。
> 惡習婚姻用命令，賣買價錢先聲明，
> 採用第三者爲正，價錢不和就未成。
> 舊色婚姻最不好，常七夫婦未合和，
> 人身買賣無人道，一款（樣）買人打迌迌。
> 舊時婚姻重一項，人身買賣用中人（仲介），
> 兩方承意定先送，今日婚姻是無相。

認爲舊式婚姻乃是一種「買辦婚姻」，由男女雙方的父母決定，以金錢爲衡量
兒女婚事的標準，指其如同家畜買賣；再者，由於沒有感情的基礎，夫妻婚

〔註65〕《台灣慣習記事》卷四上號二（1904年2月23日）。

〔註66〕玉珍漢書部亦出版此唱本，題名爲《婚姻制度改革歌》，內容相同。（臺大圖
書館收藏）。

〔註67〕《臺灣新民報》，原名《臺灣民報》，由林呈祿、蔡惠如等日本留學生於1923
年4月15日於東京發行，從臺灣人的立場以白話文報導，期使臺灣的民眾接
受新知，達到文化啓蒙的目的。起初爲半月刊的發行方式，後又改爲旬刊，
再改爲週刊。1928年8月1日，《臺灣民報》正式在台發行。從1930年3月
29日起，改稱爲「臺灣新民報」，並在1932年4月15日，改以日報的型態發
行。1941年2月11日，《臺灣新民報》被日本政府逼迫改名爲《興南新聞》。
1944年3月26日，台灣總督府強迫全台六家報紙，《臺灣日日新報》、《臺灣
日報》、《臺灣新聞》、《興南新聞》、《高雄新報》、《東台灣新報》合併爲一家，
改稱《臺灣新報》。至此，《臺灣新民報》正式走入了歷史。

後的相處上也容易發生問題。歌中還指出舊式婚姻裡的階級問題，「想理舊式的婚姻，全是窮人合窮人，富家富室取相陣，貧家窮女合配貧。富家配合取門位，貧子富女難作堆，選擇門當之戶對，只種惡習真克虧。」由於財富的差距，貧人與富人難以成婚，造成「續出情死人即多，每年統計數多回」，許多年輕男女，由於遭到父母的反對，他們又沒有婚姻自主權，而發生許多殉情的悲劇。

　　基於上述的理由，歌中所主張的婚姻方式是：

> 今日婚姻無相款（不一樣），父母今無專制權，
> 若照現時新習慣，父母兒女糾察員。
> 父母兒女的顧問，無專制權通主婚，
> 專制過度人命損，鄙人小言勸諸君。
> 自由結婚免相笑，終久个七昭七着，
> 能大多數是未少，父母兒女的參謀。
> 兒女暫得着（就）自治，參謀無權干涉伊，
> 參加意見的而已，終身大事兒權利。
> 情投意合是戀愛，應當兒女的決裁。……

認為兩性的婚姻應經由自由戀愛和感情的培養，父母須尊重兒女的婚姻自主權，僅需從旁關懷，適時提出建議即可。歌中認為「情投意合的意思，階級區別絕對無，不是錢有對錢有，並等主義的言詞。不管農家的貧女，無分富家的貴兒　愛情標準為主義，是合現代的時期。新式結婚應時勢，有合文明之問題」，摒除貧富的階級觀念，以感情為基礎所結合的婚姻，方符合現代文明的思想。

第六章　唸歌的唱本和出版者

「唱本」是說唱者表演時所依據的底本，如唐代的轉變有「變文」，宋代的彈詞有「詞話」，為說唱藝術的欣賞者提供了另一種書面欣賞的角度，對文化研究者來說，則是一座研究歷史、文化與文學的寶庫。「唸歌」的唱本一般稱為「歌仔冊」，有出版社發行和手抄本二種。由於唸歌的盛行，閩南和臺灣都有許多出版社曾經發行大量的歌仔冊，在民間流傳甚廣。

現今可見最早的歌仔冊為英國牛津大學東方圖書館（Bodleian Library）所藏〔註1〕。李獻璋於一九五○年代末至一九六○年代初擁有該批歌仔冊之微捲，經其整理之後，一九八二年刊登於《臺灣民謠專輯》〔註2〕。另外，金師榮華於一九八二年訪問倫敦牛津大學時看見這一批資料，將其帶回臺灣〔註3〕，文化大學李李教授當年即據此寫作碩士論文《臺灣陳辦歌研究》〔註4〕。張秀蓉於一九九二年前往英國進修時也將這一批資料帶回臺灣，存放於臺灣大學圖書館。〔註5〕

由於以上幾位學者的貢獻，使得臺灣的學者得以見到清道光年間的歌仔

〔註1〕 張秀蓉：〈牛津大學所藏有關臺灣的七首歌謠〉《臺灣風物》第 43 卷第 3 期，頁 196～176。

〔註2〕 李獻璋：〈臺灣民謠專輯〉，《臺灣文藝》革新第 25 號（第 78 冊）、第 26 號（第 79 冊）合刊（民國 71 年 12 月），頁 251～301。

〔註3〕 金師榮華曾據此發表〈記牛津大學所藏「臺灣陳辦歌」〉一文，刊於《書目季刊》第 19 卷第 2 期（民國 74 年 9 月），頁 12～15。

〔註4〕 李李：《臺灣陳辦歌研究》（臺北：中國文化大學中國文學研究所碩士論文，民國 74 年 6 月）。

〔註5〕 張秀蓉：〈牛津大學所藏有關臺灣的七首歌謠〉《臺灣風物》第 43 卷第 3 期，頁 196～176。

冊，在唸歌的研究上能有更深入的瞭解。向達認爲該批唱本爲英國傳教士
Alexander Wylie 於清道光年間至中國傳教時帶回英國〔註6〕，張秀蓉特向東方
圖書館負責人 David Helliwell 先生瞭解該批唱本的來源，David Helliwell 先生
肯定的表示該批唱本與 Alexander Wylie 無關，並懷疑可能是一九五八年牛津
大學向另一位傳教士 Helliwelln Evans 所購買〔註7〕。

　　牛津大學所藏的歌仔冊共有十九本〔註8〕，爲《新刊莫往臺灣歌》、《選
刻花會新歌》、《新刊神姐歌》、《繡像荔枝記陳三歌》、《新刊臺灣十二月相思
歌》、《新刊鴉片歌》、《潘必正陳妙常情歌》、《新刊東海鯉魚歌》〔註9〕、《圖
像英臺歌》〔註10〕、《新傳臺灣娘仔歌》、《新刊臺灣十八闖歌節婦附新刊臺
灣風流女子歌》、《新刊臺灣陳辦歌》、《新刻拔皎歌》、《新傳離某歌》、《新選
笑談俗語歌》、《新設十勸娘附落神歌》、《繡像王抄娘歌》、《新刊戲闖歌》、《繡
像姜女歌》。其中《新刊莫往臺灣歌》內有《新刊勸人莫過臺灣歌》、《又勸
莫過臺灣歌》；《選刻花會新歌》內有《新抄花會歌》、《十二月歌》、《上大人
附花會》、《位正花會歌》、《花會呈》；《新刊臺灣十八闖歌節婦附新刊臺灣風
流女子歌》內有《新刊臺灣林益娘歌》、《新刊臺灣五十闖歌》，計十九本歌
仔冊中共有二十六首歌。

　　牛津大學所藏的歌仔冊，部分唱本封面印有刊刻時間，《選刻花會新歌》
有「道光柒年春花月刻」，《新傳臺灣娘仔歌》有「道光丙戌年新鐫」，《新選
笑談俗語歌》有「道光己酉年新鐫」，《繡像王抄娘歌》有「道光陸年多刻」，
由此推論該批唱本應爲清道光年間（1821〜1850）所刊行，爲目前所見最早
的歌仔冊，可見歌仔冊當時已是流通於市面的通俗唱本。〔註11〕

〔註6〕　向達：〈記牛津所藏的中文書〉，原載於「北平圖書館館刊」10卷5號（民國
　　　　25年10月），後收入其「唐代長安與西域文明」一書（臺北：明文書局，民
　　　　國70年），向氏所記21種歌仔冊在該書第637〜638頁。
〔註7〕　張秀蓉：〈牛津大學所藏有關臺灣的七首歌謠〉《臺灣風物》第43卷第3期，
　　　　頁196〜176。
〔註8〕　李獻璋：〈臺灣民謠專輯〉，《臺灣文藝》革新第25號（第78冊）、第26號（第
　　　　79冊）合刊（民國71年12月），頁251。
〔註9〕　內題《海反歌》。
〔註10〕　內題《新刻繡像英台念歌》。
〔註11〕　特別值得注意的是，其中與臺灣有關的唸歌有七首，分別是《新刊莫往臺灣
　　　　歌》、《又勸莫過臺灣歌》、《新刊臺灣十二月相思歌》、《新傳臺灣娘仔歌》、《新
　　　　刊臺灣林益娘歌》、《新刊臺灣五十闖歌》、《新刊臺灣陳辦歌》。

第一節　大陸的歌仔冊和出版者

　　「歌仔冊」曾經是閩南地區流行的通俗讀物，羅時芳於其所撰的〈博文齋及其唱本〉中說：「閩南歷來爲民間曲藝盛行之鄉，型式多樣，歷史悠久，尤以錦歌、南曲流傳最廣……各種專業、業餘組織，稱「ㄨㄨ閣」、「ㄨㄨ堂」，遍布各地，也有盲藝人上街賣唱。每逢節日、廟會，各種「堂」、「閣」出動「歌仔陣」，或踩街演唱，或排場坐唱，熱鬧非常。民間說唱的盛行，使得廈門一些書局經營起錦歌、南曲唱本」〔註 12〕，此處所說的「錦歌」即是「唸歌」，文中提及因爲唸歌表演的盛行促使歌仔冊大量印行。

　　大陸的歌仔冊大多由廈門的書店所出版，徐常波於〈閩臺歌仔冊（唱本）探源〉一文中說：「廈門於鴉片戰爭後，被迫開闢爲五口通商的口岸之一，逐漸成爲閩南金三角地的經濟、文化的繁榮地帶，隨著商業的發展，戲曲、曲藝和民間藝人的講唱文學及演出也日漸活躍，印刷出版群眾喜聞樂見的演唱材料——歌仔冊的機構也應運而生。」〔註 13〕如文德堂、會文堂、博文齋等均曾發行大量的歌仔冊。廈門的學者羅時芳於〈近百年廈門歌仔的發展情況〉〔註 14〕一文中曾說：

> 筆者僅知本市最早刊印歌仔冊的是文德堂，繼之有會文堂。光緒年間（1908 年）開業的有博文齋書局，地址在二十四崎腳，店東林進財（又名國香），少東林文宣童年時常在店中，據林文宣先生回憶，會文堂和博文齋的歌仔冊起先都是木刻版本，早期博文齋還向會文堂購取版本來印售。除在本店出售，還批發給閩南各地的書局及小攤販。……由於「歌仔」的盛行，博文齋的歌冊銷售量日益增加，以後到上海石印，最後曾用鉛印。

除了書店印行、銷售之外，連小攤販也成了歌仔冊的販售地點，我們不難想像，歌仔冊當時的流通量極大，在閩南地區擁有廣大的讀者，如同現在的漫畫書一般，他們將價格便宜、內容通俗的歌仔冊視爲調劑生活的休閒讀物。

〔註 12〕羅時芳：〈博文齋及其唱本〉，轉引自王順隆：〈談臺閩『歌仔冊』的出版概況〉，《臺灣風物》第 43 卷第 3 期（民國 82 年 9 月 30 日），頁 109～110。作者任職於廈門歌仔戲團。

〔註 13〕徐常波：〈閩臺歌仔冊（唱本）探源〉，《閩南文化研究》2003 年第 8 期。作者於文末註明其爲廈門市群眾藝術館原副館長、研究員。

〔註 14〕羅時芳：〈近百年廈門歌仔的發展情況〉收於福建省藝術研究所、廈門市台灣藝術研究室：《閩臺民間藝術散論》（中國：鷺江出版社，1989 年），頁 291～304。

從版式來看，道光年間的歌仔冊多以木刻印刷，清末時由於印刷成本的考量，改以石印印刷，但石印技術盛行的時間不長，不久又被鉛字印刷所取代。

當時上海也有書局以石印或鉛字活版印製了許多歌仔冊〔註 15〕，當時上海的印刷技術非常進步，是全中國的印刷中心，也印製外地的方言唱本，廈門的書局曾經委託上海的書局代印，如博文齋書局出版的歌仔冊木記即有「上海神州書局代印」的字樣〔註 16〕；亦有當地書局掛上自己的行號，自行出版，如「開文書局」在自家發行的歌仔冊木記中即特別說明，如《朱買臣妻迫寫離婚書》〔註 17〕：

> 本局所編歌本向以漳泉俗語土腔編成白話，故重韻而舍義，是白字居多，俾得人人能曉，一頌而韻洽，茲特將本歌内中借用白字表出，祈聞者注意：
>
> 　　加己作自己講　　代志作世事講
>
> 　　賣字作不字講　　歸大辟即大多數
>
> 　　最字作多字講　　繪字作快字講
>
> 　　咚字作透字講　　哉字作知字講
>
> 　　不通作不可講

強調唱本所使用的語言為閩南漳泉地區的方言，文字上採用閩南語的擬音字。上海印製的歌仔冊主要銷售的市場還是閩南、臺灣以及東南亞一帶〔註 18〕。

目前可知大陸歌仔冊的出版處，茲條列如下：

廈門：文德堂、會文堂、博文齋、文山書社、鴻文堂、榮記書局、林清
　　　國〔註 19〕、倍文書館〔註 20〕、鷺江書局、學記

泉州：清源齋、見古堂、一琦文堂〔註 21〕、古香參、泉山書社

〔註15〕 王順隆：〈談臺閩『歌仔冊』的出版概況〉，《臺灣風物》第 43 卷第 3 期（民國 82 年 9 月 30 日），頁 114。

〔註16〕 如《最新玉堂春廟會歌　上本》、《最新玉堂春廟會歌　下本》木記均有該字樣（見《俗文學叢刊》363 冊（臺北：中央研究院歷史語言研究所、新文豐出版股份有限公司合作出版，民國 90 年 10 月），頁 437、頁 459。

〔註17〕 《朱買臣妻迫寫離婚書》（上海：開文書局，出版時間待考）。

〔註18〕 王順隆：《閩台「歌仔冊」書目‧曲目》（《臺灣文獻》第 45 卷第 3 期（民國 83 年 9 月 30 日。），頁 114。

〔註19〕 其所出版的唱本均註明「廈門林國清發售」，如《冤枉錢拔輪餃》（廈門：林國清，民國 17）。

〔註20〕 如《風水醒世歌》（廈門：倍文書局，出版時間待考），臺灣大學圖書館藏。

〔註21〕 邱曙炎：〈「歌仔」是歌仔戲音樂的主要聲腔〉，《臺灣戲專學刊》第 9 期（2004

漳州：文健堂、永記書坊、彩文樓〔註22〕、古風書社

福州：鼓山內湧泉寺〔註23〕

上海：開文書局、點石齋、文寶書局、上洋書局〔註24〕、石印書局〔註25〕

待考：掃葉古莊、文記堂、會文齋、同文齋、世文堂、以文新刊、雙燕
　　　堂、學海書社、廣文軒、日新堂、會文堂勝記、天南書社、西園
　　　書屋、惠文堂、霞漳世文堂、潔心堂、石柳軒、秀峰館、紅葉山
　　　房、大中書局

　　由今日歌仔冊的存目所見，以博文齋書局、會文堂、文德堂的發行數量最多，博文齋還曾在馬尼拉和新加坡設有分店〔註26〕，據王順隆民國八十三年調查的歌仔冊書目，四九九種大陸出版的歌仔冊中，約有三五二種由廈門所出版〔註27〕。

　　歌仔冊經常發生盜版的情形，出版社常於木記刊登啓事，如博文齋的《最新百樣花全歌》〔註28〕木記有：

　　　　近有無恥之徒，每遇敝初出版時，輒圖翻印而收便利，殊屬可惡。
　　　　獨不知敝初次出版後再付印，其間有一、二未妥，必逐次竭意改良，
　　　　以期語意和韻，求無見哂於大雅家也。如蒙遠近光顧，格外招待。
　　　　祈認本齋招牌，庶不致誤。　　　博文齋主人啓。

會文堂的《王昭君和番歌》〔註29〕的木記有：

　　　　本堂將古今事實編成各歌，每被無恥小人翻版，希圖漁利，不知敝
　　　　再印疊次改良以期語意俱要，諸君若販兌或零買請認各歌標上敝號
　　　　爲記。

　　　　年7月），頁185。

〔註22〕同前註，頁184～185。

〔註23〕如《曾氏二娘經》（福州：鼓山湧泉寺，出版時間待考）。

〔註24〕如《最新百樣花歌》（上海：上洋書局，出版時間待考），臺灣大學圖書館藏。

〔註25〕如《最新張繡英林無宜相褒歌》（上海：石印書局，民國11年），傅斯年圖書
　　　　館藏。

〔註26〕據劉春曙〈閩台錦歌漫議〉，《民俗曲藝》第72期「民間信仰　民間文學　民
　　　　族音樂專號」（臺北財團法人施合鄭民俗文化基金會，民國80年7、9月），
　　　　頁279。

〔註27〕王順隆：《閩台「歌仔冊」書目‧曲目》，《臺灣文獻》第45卷第3期（民國
　　　　83年9月30日。）

〔註28〕《最新百樣花全歌》（廈門：博文齋，出版時間待考）。

〔註29〕《王昭君和番歌》（廈門：會文堂，民國10年）。

出版社也經常在歌詞裡嚇阻盜版的行為，如會文堂的《最新月台夢美女歌》
〔註30〕：

> 敢編新歌非容易，亦費許多個心機，
> 諸君要用價克己，誰人印出我歌詩。
> 男盜女娼難脫離，便是跟尾狗男兒，
> 雖然小可（小小）微東西，算是事理非所宜。

出版社斥責盜印者為「無恥小人」，甚至詛咒「誰人印出我歌詩。男盜女娼難
脫離」，措辭強烈，可見當時盜版的情形相當嚴重。或許因為這樣的緣故，所
以同一首唸歌，常見有多家出版社的版本，臺灣早期的歌仔冊內容多與閩南
歌仔冊相同，可能與此有關。

中日戰爭爆發之後，廈門的許多書局都曾結束營業〔註31〕，據羅時芳所
述，博文齋書局於抗戰勝利後，還曾經營過一段時間，約至五十年代歌仔冊
銷售完畢，便不再續印。之後，小販抄寫舊版的歌仔冊段落，以蠟紙油印，
封面繪有人物畫像，於菜市場口附近擺攤銷售。文化大革命期間歌仔冊一度
遭到禁絕，文化大革命之後油印本歌仔冊才又重現於市面〔註32〕，又說，如
今在某些市鎮還仍有油印本歌仔冊銷售。

第二節　臺灣的歌仔冊和出版者

清代末年臺灣流通的歌仔冊，多為大陸出版，由商人引進。當時臺灣有
大量渡海來台的閩南人，唸歌與歌仔冊隨著他們的遷移而傳入臺灣。日本大
正年間（1912～1926），臺北市西門町的黃塗活版所開始大量出版歌仔冊，到
昭和四年（1929）停止出版前〔註33〕，歌仔冊的銷售市場可說是黃塗活版所
的天下。黃塗活版所不再出版歌仔冊之後，各地的書局均紛紛起而搶食它原
有的市場。民國二十一年（1932）發生上海事變，國民政府下令禁止運送物
資到臺灣，使得大陸歌仔冊無法運送到臺灣，臺灣書局只好自行印製大量歌

〔註30〕《最新月台夢美女歌》（廈門：會文堂，出版時間待考）。
〔註31〕王順隆：《閩台「歌仔冊」書目・曲目》，《臺灣文獻》第 45 卷第 3 期（民國
　　　　83 年 9 月 30 日。），頁 115。
〔註32〕參見王順隆：〈談臺閩『歌仔冊』的出版概況〉引文，《臺灣風物》第 43 卷第
　　　　3 期（民國 82 年 9 月），頁 109～110。
〔註33〕黃塗活版所停止出版歌仔冊的原因不明。

仔冊，以應付廣大的市場需求。〔註34〕王順隆說：

> 昭和七年（1932）起，黃塗活版所的歌仔冊又被各地的印刷所翻版盜
> 印。至此，臺灣的歌仔冊出版進入戰國時代，也是顛峰期。嘉義捷發
> 漢書部、嘉義玉珍書局、臺中瑞成書局、臺北周協隆書局等幾家主要
> 書局都發行了大量的歌仔冊。另外還有一些分散於臺灣各地零星出版
> 歌仔冊的印刷所，如台北禮樂活版社、台北光明社、台中秀明堂、嘉
> 義村子活版所、台南雲龍堂、高雄三成堂等等……。〔註35〕

一開始是翻印或改編大陸的歌仔冊，後來市場的競爭愈趨激烈，各家書局開
始廣徵作者編作唸歌，期能以富有新意的題材吸引讀者，如臺中的瑞成書局，
林良哲說：

> 一九三二年日本在中國上海發動戰爭，中國的書源斷絕，許克綏
> 〔註36〕遂自行創辦瑞成活版印刷廠，印製漢文書籍。在自行印製
> 書籍的過程當中，許克綏也印製歌仔冊來銷售，並聘請知名的「歌
> 仔先」自行創作新的作品，來符合市場需求。從目前已發現的資
> 料中，瑞成書局在一九三二年到一九三四年之間，至少出版一○
> 三種不同書目的歌仔冊。〔註37〕

如此一來，果真刺激了歌仔冊的銷售，歌仔冊在臺灣竟因時局的動盪，綻放
出新的花朵。據當時任職於臺北帝國大學的日人稻田尹估計，當時臺灣出版
的歌仔冊就超過了五百種〔註38〕。除了人口聚集的城鎮，甚至遠銷台東、澎
湖等偏遠地區，如《最新戲情相褒》有：「歌仔捷發塊發行，嘉義塊印阮只間，
烈位那是有欠用，赶緊寫批來讚成。寫來捷發漢書部，買就一萬減五圓，不
但販賣台灣島，賣過台東甲澎湖」〔註39〕誠如王順隆所說：「一九三○年代的
確可稱爲歌仔冊的黃金時期。」〔註40〕

　　一九三七年蘆溝橋事變發生，大陸與臺灣的運輸完全中斷，日本對臺政
策由漸進的「同化」改爲積進的「皇民化」政策（1937～1945），日本總督府

〔註34〕同註 15，頁 115～118。
〔註35〕同註 15，頁 117。
〔註36〕許克綏，臺中瑞成書局創辦人。
〔註37〕林良哲：〈古早彈唱勸世歌──從瑞成書局出版之仔冊談臺灣通俗文化〉，《大
　　　墩文化》第 48 期（2008 年 3 月），頁 52～55。
〔註38〕稻田尹：〈臺灣の歌謠たついて〉，（《臺灣時報》，昭和 16 年（1941））。
〔註39〕《最新戲情相褒》（嘉義：捷發漢書部，昭和 7 年（1932））。
〔註40〕同註 15，頁 118。

宣達「漢文廢止令」，所有的機關、學校，包括報章雜誌都禁止使用漢語，不准在公共場所使用漢語，強迫推行「國語（日語）普及運動」，要求全面使用日文，歌仔冊自然也在禁止之列。

臺灣光復之後，歌仔冊又開始銷售、流通，但是國民政府來台以後為全面推行「說國語運動」，強調「語言不統一，影響民族之團結」，許多方言的歌謠和書籍遭到查禁，如民國四十二年〈省公報春十六期〉：「查禁方言歌曲（瑞成書局出版方語唱本）計九十二首」，又民國四十三年〈省公報冬十二期〉：「查禁竹林書局印行之方言唱本。」政府認為歌仔冊的「內容荒謬」予以查禁〔註41〕。民國四十五年頒行「加強推行國語計畫」實施辦法，規定各級學校必須全面使用國語，禁止方言，包括電影院等公共場所都禁止方言，方言性的刊物自然也遭遇了被禁制的命運，歌仔冊的流通面臨空前阻礙，而逐漸衰落。民國七十六年，臺灣解嚴，政府對出版品的政策鬆綁，但是社會型態轉變，國語歌曲、流行歌曲、廣播、電視成為民眾主要的生活娛樂，唸歌已經沒落，歌仔冊的讀者寥寥無幾，出版社大多沒有重新發行歌仔冊的意願。

目前臺灣僅新竹市城隍廟旁的「竹林書局」仍有銷售，筆者曾經於 2007 年造訪竹林書局，詢問書店老闆是否會重新印製歌仔冊，他們回答說：「那是很久以後的事，倉庫裡還有好多存貨，等賣完了才會再印。」還說購買歌仔冊的人，多是學校的老師和學生，可見購買者多以研究為目的。此外，瑞成書局的總經理許欽福表示，該出版社有意與收藏家合作，重新出版瑞成書局的歌仔冊。〔註42〕

臺灣歌仔冊的出版處，茲條列如下：

臺北：黃塗活版所、周協隆書局、禮樂印刷所、光明社、其芳公司、德
　　　利活版所、星文堂、榮文社、廣榮社、稻江書社、思明書局、義

〔註41〕政府以「內容荒謬」為由查禁歌仔冊，如《臺灣省政府公報》於民國 41 年第 38 期教育廳函〈函各縣市（局）政府為竹林書局印行之方言唱本黑貓黑狗歌等十一種內容荒謬應予查禁希查照〉、民國 42 年第 16 號教育廳函〈函臺中市（局）政府為檢送查禁瑞成書局出版方言唱本目錄一份希查照〉、民國 42 年第 16 期教育廳函教育廳函〈函各縣市（局）政府為臺中瑞成書局印行之方言唱本九十二種內容荒謬應予查禁希查照〉、民國 43 年第 12 期教育廳函〈函各縣市（局）政府為竹林書局印行之方言唱本雷峰塔烏白蛇歌應予查禁希查照〉。

〔註42〕林良哲：〈古早彈唱勸世歌——從瑞成書局出版之歌仔冊談臺灣通俗文化〉《大墩文化》第 48 期（2003 年 3 月），頁 55。

成圖書社、亞洲書報社〔註43〕、周玉芳、黃春田、黃春山、周天
生〔註44〕、林文德〔註45〕、高連碧〔註46〕、汪思明、黃阿田〔註47〕、
林來發〔註48〕、王金火〔註49〕、黃阿土〔註50〕

新竹：竹林書局、興新書局

臺中：瑞成書局、文林出版社、秀明堂印刷所

嘉義：玉珍書局、捷發漢書部、村子活版所

臺南：博文堂〔註51〕、雲龍堂出版所、自強、府前書社、陳忠〔註52〕、
華南書局〔註53〕

高雄：三成堂美術出版所

待考：南洋三益書社

這些書局所出版的歌仔冊，過去在台灣傳遍了大街小巷，幾乎人人手邊
都有一、二本歌仔冊，都可以隨口唱上一段唸歌，陳健銘說：「過去臺灣各地
城鎮農村，每逢迎神賽會，都可以在趕集的熱鬧人潮中，以極低廉的代價向
路邊賣書的攤販買幾本你喜愛的俗曲唱本。別瞧這種紙張粗劣、印刷裝訂差、
售價低廉，人們稱為『歌冊』或『歌仔簿』的小唱本，和其他印刷精美，種
類繁多的繡像小說這些書籍擺在一塊兒，有一點像一個穿粗衣衫的鄉村野夫
和身穿長袍馬掛的殷商富賈並列，顯得不相陪襯，但因其詞句通俗押韻，易

〔註43〕 如《歐洲大戰歌》（臺北，出版時間待考），木記有「新出《日本打青島歌》」
　　　　的廣告文宣。

〔註44〕 如新笙編輯：《乞食改良歌》（臺北：周天生，昭和 10 年（1935））及《最新
　　　　僥倖前開食了》（臺北：周天生，昭和 7 年（1932））。臺灣大學圖書館收藏。

〔註45〕 如《好笑歌》（臺北州日新町：林文德，昭和 7 年（1932））。臺灣大學圖書館
　　　　收藏。

〔註46〕 如《國語白文新歌》（臺北州：高連碧，昭和 4 年（1929））。

〔註47〕 如《最新三國相褒歌》（臺北：黃阿田，大正 14 年（1925））。

〔註48〕 如《社會風俗歌》（臺北：林來發，昭和 6 年（1931））。傅斯年圖書館收藏。

〔註49〕 如《新刊紙馬記歌》（臺北：王金火，大正 15 年（1926））。傅斯年圖書館收
　　　　藏。

〔註50〕 如《正派三國歌第五回》（臺北：黃阿土，昭和 4 年（1929））。傅斯年圖書館
　　　　收藏。

〔註51〕 如《十二菜碗歌》（臺南：博文堂，出版時間待考），臺灣大學圖書館收藏。

〔註52〕 如陳忠編輯：《少華被害訪仙新歌》（臺南州嘉義市西門町：陳忠，昭和 7 年
　　　　（1932））及《眾仙下凡麗君出世新歌》（臺南州：陳忠，昭和 7 年（1932））。
　　　　臺灣大學圖書館收藏。

〔註53〕 如《臺灣通俗歌選集第三集梁三伯與祝英台》（臺南：華南書局，民國 46 年），
　　　　傅斯年圖書館收藏。

學好唱而廣受市井引車賣漿的百姓歡迎。」〔註54〕

第三節　唸歌的手抄本

關於手抄本的來源，廈門學者邱曙炎曾經說：「流傳在民間的手抄本也很多，如王雅忠存有歌仔唱本《陳三歌》是抄於舊時『歌仔冊』，並請秀才校對整理，共有四套」〔註55〕。臺灣的說唱者王玉川先生亦曾請研究者將其唱詞抄錄成冊，陳冠華則是自行抄錄唱詞，於演唱時參看。〔註56〕

據王順隆調查，廈門研究者林鵬翔〔註57〕藏有手抄本十數種，陳勁之〔註58〕藏有手抄本三種。王順隆已將他蒐得十四種手抄本的內容，公開於「閩南語俗曲唱本歌仔冊全文資料庫」網站〔註59〕，其中以「梁祝故事」為題材者，即有九種。收藏家杜建坊藏有手抄本六十三本。另外如陳建銘、陳兆南、劉峰松等人亦多有收藏。

筆者自藏的手抄本有六種，茲作提要於下〔註60〕：

甲、書皮題為《三碧英台全歌》，藍布書皮線裝，寬約 19 公分，長約 18.6 公分。內容抄有《英台歌全部》及《呂蒙正》二部分，書皮題有「昭和八年拾二月立」。《英台歌全部》文起自「唱出英台分恁听，並無姊妹弟共兄，爹媽若切叫無子，英台拱手出大廳。」迄「拜謝天地共神祇，雙人相牽入房去，二人相愛不甘利，三伯英台有名聲。」止，共 62 頁。《呂蒙正》文起自「宋朝蒙正識文章，恨我命歹不成樣，日來食飽逛街市，冥來屈守破磘邊。」迄「一時行人大听逛，謹謹西瓜提出去，卜乎蒙正通止飢，蒙正聽著心歡喜。」

〔註54〕陳建銘：《野台鑼鼓》（板橋：稻香出版社，民國 78 年），頁 79。

〔註55〕邱曙炎：〈歌仔是歌仔戲音樂的主要聲腔〉《臺灣戲曲專刊》第 9 期（2004 年 7 月），頁 185。

〔註56〕王玉川因不識字，故由他人代為記錄，他視為獨門絕學，不輕易示人。陳冠華識字懂譜，自行將唱詞記錄下來，已刊載於王友蘭：《陳冠華的吹拉彈唱》（宜蘭：國立傳統藝術中心，民國 94 年 12 月）。

〔註57〕廈門市群眾藝術館調研室主任，「答嘴鼓」民俗曲藝專家。

〔註58〕廈門音出版社像特約編輯。

〔註59〕「閩南語俗曲唱本歌仔冊全文資料庫」
網址：http://hanji.sinica.edu.tw/?tdb=kua-a-chheh。

〔註60〕手抄本，□處，表示缺字；⊙處，表示有字，但因字體模糊、訛誤而無法辨認。

乙、書皮題為《四詩白文上論讀庄》，藍布書皮線裝，寬約 22 公分，長約 20.7 公分，書皮題有「王竹木」、「明治四拾四年」、「王秀清讀人⊙⊙合」、「辛亥」等字樣。內頁題名「三伯英台歌簿」，文起自「越州英台有名聲，並無姊妹弟共兄，爹媽田園租業多，英台連步出秀听。」迄「仁心做嫺不敢逆，謹謹入內办酒⊙，延席办來都齊備。」，唱詞之後約有三十幾頁，作商業記事用，如進出貨時間、數量及金額等，如豬肉、米酒、香菸等日常用品。

丙、書皮題有《英台三伯簿》，藍布書皮線裝，寬約 22 公分，長約 20 公分，前缺數頁，文起自「□□□看笑微微，梁哥不去是在年，□□□月不去賞，喜氣清⊙少年時」迄「君王見奏孝微微，勅封三伯為尚書，梁城風官万封候，君王賜恁返行里」，末缺數頁。

丁、書皮無題，內容為「梁祝故事」，黃色書皮線裝，寬約 13.8 公分，長約 17 公分。文起自「新寫一本好古文，句句言語說得真，一唱梁家梁三伯，二唱祝家祝英台，天上神仙下還來。」迄「三伯分別轉回歸，回到家中日落西，叫聲堂上老父母，我兒杭州轉回歸，父母雙全福壽齊。」。

戊、《三伯英台》，牛皮紙線裝，寬約 9.8 公分，長約 9.8 公分。文起自「小妹共我情意深，珠人一命值千金，人說清春無三時，人情不做是在年。」迄「早間起來天光時，英台共君說透機，梁成今日身長大，愛叫媒人做親義。」。

己、《茱瓜鸞英為夫守節歌》，米色書皮線裝，寬約 12 公分，長約 20.6 公分。文起自「茱瓜開花滿枰黃，其兄病洛妹眠床，有心小妹走來看，卜食茶湯妹來煎」迄「自幼勤文詩書才，賜恁頂戴是榮皆，鸞英思著心歡喜，果然我子有立志。」。

筆者所藏的抄本甲、乙、丙，本子的大小形式相近，應是臺灣早期普遍使用的記事本子，其中抄本乙後面數頁記有帳目，似為帳本性質，陳建銘於《野台鑼鼓》中說曾說：「筆者自藏歌冊就有一本『文明堂』老式帳簿，以毛筆字書寫的手抄本。」〔註61〕與抄本乙雷同，而且早期歌仔戲也經常將唱詞抄於帳本上，如廈門羅時芳採訪早期臺灣歌仔戲演員賽月金時，曾說：「賽師八歲時（1918 年）在養父組織的如意社學歌仔戲。如意社請台中人林三寶來

〔註61〕陳健銘：《野台鑼鼓》（板橋：稻鄉出版社，民國 78 年），頁 81。

臺北新莊教《山伯英台》，有如帳本般用毛筆寫的歌仔簿（手抄本）……」，宜蘭邱萬來、張松池所收藏的歌仔戲唱本亦是如此〔註 62〕，陳兆南於《臺灣歌冊綜錄》一文中也提到：「歌冊抄本……，有的會記錄抄者的姓名、隸籍、時間、歌冊名稱，有的則盡付闕如。抄本會使用的紙簿，較常見的是記帳的帳本，或是一些便於攜帶的小型簿本」〔註 63〕足見使用帳本型式的本子抄寫唱詞，應是早期手抄唱本的常態。

「閩南語俗曲唱本歌仔冊全文資料庫」及筆者蒐藏的手抄本，均是整齊的七字句韻文，但是說唱者陳冠華自用的《斷機教子》、《孟日紅》二本手抄本，則記載了完整的演唱內容，包括「歌仔頭」、「正文」和「歌仔尾」，有說有唱，爲代言體的表演方式，角色標明清楚，有如劇本。茲摘引一段《斷機教子》的內容爲例：

> （梅）雪梅想著心頭酸，可比攑（拿）刀刈（割）心腸，
> 　　　是奴當初失打算，枉費守節商家門。
> 　　　薄命青春著守寡，織絹奉成乾家官（婆婆），
> 　　　逆子講話來逆我，親像萬箭刺心肝。
> （輅）噯喲！阿媽！恰緊（趕快）出來啦！
> （媽）噯喲！我一個金孫，阿媽惜惜！你是怎樣啦！
> （輅）阿媽！大娘無情無理，我讀書返來，甲（給）我打甲（得）
> 　　　半小死。
> 　　　………
> （公）老漢听見出廳堂，媳婦爲何心頭酸，
> 　　　按怎（爲何）布機來剪斷，那通（怎可）反背商家門。
> （梅）爲著逆子來啓智（起因），婆婆將我笑甲皮，
> 　　　因爲斷機不得已，奴帶（在）商家無了時。
> 　　　………

由於陳冠華是少數識字的說唱者，所以能夠親自將表演的內容記載下來，他的手抄本如實呈現了唸歌活潑多變的表演方式。

〔註 62〕同前註，頁 129～130。
〔註 63〕陳兆南：〈臺灣歌冊綜錄〉，《逢甲大學中文學報》第 2 期（臺中：逢甲大學，1994 年 4 月），頁 43～47。

第七章　唸歌的作者與說唱者

第一節　唸歌的作者

一、大陸的作者

　　大陸的歌仔冊中偶爾可見唸歌的作者留下名號，茲將其條列如下：

　　清代木刻本：漳州擺彬仙、廈門勑桃仙、潮州蕭秀才。

　　會文堂：會文堂編輯部、廈門抗日救國團、南安清風閣遊客〔註1〕、南安唱瓜仙、南安明月樓中醉客、南安江湖客〔註2〕、蔡竟康〔註3〕、黃奕福、南安輔國禾火先、汪思明〔註4〕、林匕、南安江湖客、廈門廷世先、廈門敕桃仙、海岸廷熾先、劉懷信〔註5〕、王金火〔註6〕。

　　上洋書局：南安明月樓中醉客〔註7〕

　　大陸歌仔冊的作者甚少於作品中表明身份，多用化名，如「清風閣遊客」、「唱瓜仙」，陳建銘說：「或許他們認為這種通俗歌謠係屬遊戲文章，難登大

〔註1〕 如《最新張繡英林無宜相褒歌》（廈門：會文堂，出版時間待考）。

〔註2〕 如《新刻金姑看羊劉永新歌》（廈門：會文堂，出版時間待考）。

〔註3〕 如《新編浪子回頭歌》（廈門：會文堂，出版時間待考）。

〔註4〕 如《烏貓屋狗歌》（廈門：會文堂，民國21年）。

〔註5〕 如《特別遊臺新歌》（廈門：會文堂，出版時間待考）。

〔註6〕 如《最新週遊歌》（廈門：會文堂，出版時間待考）。陳建銘收藏。

〔註7〕 如《最新百樣花歌》（上海：上洋書局，出版時間待考）。臺灣大學圖書館收藏。

雅之堂」〔註8〕，故有此現象。閩南歌仔冊，多由當地作者所作，罕見臺灣人；
會文堂的作者「汪思明」，是臺灣知名的唸歌說唱者，他自編自唱的《黑貓黑
狗歌》，曾發行歌仔冊和唱片，深受臺灣民眾喜愛，流傳至廈門，在當地造成
轟動，他在廈門是極具知名度的臺灣說唱者，因此他的作品也在當地出版。
會文堂的作者「黃亦福」也是臺灣人，《新編人之初歌》〔註9〕的封底註明「著
作者　臺灣黃奕福」，創作不多，背景不詳。

二、臺灣的作者

臺灣唸歌的作者經常於歌仔冊中表明身份並宣示版權，茲條列如下：

黃塗活版所：廈門唱歌先〔註10〕、黃季卿〔註11〕。

周協隆書局：梁松林、廖永成。

捷發漢書部：許嘉樂、許應元、高阿蓮、宋阿食、許文華、黃福、王賢
　　　　　　德、許文華、宋文和。

玉珍書局：麥田、陳玉珍、麥國安、戴三奇、林達標〔註12〕、邱清壽、
　　　　　安定子。

瑞成書局：許深溪〔註13〕、林九、高阿蓮〔註14〕、邱清壽、許伯虎〔註15〕。

光明社：林文德

秀明堂：宋阿食

文林書局：張新興

興新書局：梁松林、陳春榮〔註16〕

竹林書局：林有來、林阿頭、陳月清、林達標

思明書局：尤瑞珍〔註17〕

〔註8〕　陳建銘：〈閩台歌冊縱橫談〉，收於《野台鑼鼓》（板橋：稻香出版社，民國84
　　　　年），頁82。

〔註9〕　黃奕福：《新編人之初歌》（廈門：會文堂，民國21年）。傅斯年圖書館收藏。

〔註10〕見於《最新覽爛歌》（臺北：黃塗活版所，大正15年（1926））。

〔註11〕如《正派三國歌》（臺北：黃塗活版所，出版時間待考）。

〔註12〕林達標另有別名「林阿九」，亦見於其所編作的歌仔冊。見賴崇仁：《台中書
　　　　局及其歌仔冊研究》（臺中：逢甲大學中國文學研究所碩士論文，民94年6
　　　　月），頁41。

〔註13〕曾任瑞成書局發行人。

〔註14〕如《劍仙狐狸鬪新法歌》（臺中：瑞成書局，出版時間待考）。陳建銘收藏。

〔註15〕如《最新愛情與黃金歌》（臺中：瑞成書局，昭和8年（1933））。

〔註16〕如《看破世情》（新竹：興新書局，民國46年）。

　　義成圖書社：梁松林〔註 18〕

　　邱清壽書局：邱清壽〔註 19〕

　　個人出版：陳忠〔註 20〕、宋阿食〔註 21〕、汪思明〔註 22〕、陳炳鑽〔註 23〕

　　藥品宣傳單：蔡阿生、蔡坤燥、辜豐登〔註 24〕

　　手抄本：陳清波、沈合、黃水返

　　臺灣歌仔冊的作者中，以梁松林編寫的數量為全臺之冠，〔註 25〕他住在臺北萬華的龍山寺附近，曾經創作五十五集的梁祝歌仔冊。

三、其他書籍轉載或書目抄錄的作者

　　其他書籍轉載或書目抄錄的作者有邱壽、王秋榮、謝新進、賴阿塗、廖永成、劉建仁、洪燇明。

　　除了歌仔冊中所記載的作者，有些說唱者也能自行創作唸歌，如閩南的說唱者邵江海、孫烏鎮、王雅忠、林廷，臺灣的說唱者汪思明、陳達、吳天羅、楊秀卿、鄭來好等人均能創作新歌。另外值得一提的是，雖然唸歌逐漸式微，但是近年來臺灣有些知識份子，因於對臺灣傳統文化的重視，也從事唸歌的創作，如鹿耳門漁夫〔註 26〕，創作了《臺灣白話史詩》〔註 27〕；周定邦〔註 28〕創作了《義戰嘸吧年》〔註 29〕和《臺灣風雲榜》，他們不約而同都以

〔註 17〕如《番仔反歌集》（臺北：思明書局，出版時間待考）。陳建銘收藏。

〔註 18〕如《新編曹操縣寶刀》（臺北：義成圖書社，出版時間待考）。陳建銘收藏。

〔註 19〕如《接迎祖國河山光復歌》（出版地待考：邱清壽書局，出版時間待考）。陳建銘收藏。

〔註 20〕如陳忠編輯：《少華被害訪仙新歌》（臺南州嘉義市：陳忠，昭和 7 年（1932））及陳忠編輯：《眾仙下凡麗君出世新歌》（臺南州嘉義市西門町：陳忠，昭和 7 年（1932））臺灣大學圖書館「楊雲萍書庫」入藏。

〔註 21〕如《路鰻拓北兵歌》（基隆：宋阿食，出版時間待考）。

〔註 22〕如《臺灣博覽會歌》（臺北：汪思明，出版時間待考）。

〔註 23〕如《人生因果勸世歌》（板橋：正一善書出版社，民國 77～84 年）。

〔註 24〕以上三者見於王順隆：〈「歌仔冊」書目補遺〉《臺灣文獻》第 47 卷第 1 期（民國 85 年 3 月 31 日），頁 98。

〔註 25〕陳建銘：〈閩台歌冊縱橫談〉，收於《野台鑼鼓》（板橋：稻香出版社，民國 84 年），頁 88。

〔註 26〕本名蔡奇蘭，1944 年生於台南市鹿耳門。他曾表示他對唸歌的興趣源自於幼年時期經常聽母親唱《周成過台灣》、《雪梅思君》。

〔註 27〕鹿耳門漁夫：《臺灣白話史詩》（台南：台笠出版社，1998 年）。

〔註 28〕周定邦，1958 年生於台南縣將軍鄉青鯤鯓，成立「台灣說唱藝術工作室」，曾

臺灣歷史為創作的題材，在他們在作品裡表現了現代知識份子的歷史觀點，與過去的庶民觀點呈現了極大的差異。

第二節　唸歌的說唱者

一、閩南的說唱者

（一）王雅忠〔註30〕

　　王雅忠，生於一八五九年，卒於一九二〇年，福建廈門人，祖籍漳州。光緒末年，他在廈門市後岸街組織歌仔館，民國以後，隨著歌仔館的競爭激烈，他開始融入南曲的曲調和唱腔，並採用南管的樂器，以琵琶代替了月琴，增加洞簫、二弦、三弦等，創新的表演風格，大受民眾歡迎，其他歌仔館紛紛起而效之「在王雅忠的影響下，僅僅一年多的時間，廈門十幾家歌仔館就完成改調換弦的工作」〔註31〕。

　　他擅長的曲目是《陳三五娘》、《英台三伯》、《雪梅訓商輅》、《彩樓配》、《鬧蔥蔥》、《火燒樓》、《最新改良陳三歌》。廈門學者吳福興說：「王雅忠演唱的歌仔唱（唸歌），聲情並茂、技藝超群。入夜，男女老少經常圍在後岸歌仔館門口，傾聽他用歌仔演繹的朝代興衰，悲歡離合的民間故事，常聽到深夜才依依不捨地離開」〔註32〕。他不但為閩南唸歌創造了新的風貌，也是一位非常優秀的說唱者，因而獲得「歌仔王」的美稱。

　　德國興登堡唱片公司曾邀請他赴香港錄製《彩樓配》唱片一套；美國維克多唱片公司也為他錄製了《鬧蔥蔥》唱片一張〔註33〕。知名的說唱者王財喜及孫烏鎮都是他的學生，他曾傳授予王財喜《審英台》、《益春留傘》及《火燒樓》，傳授予孫烏鎮《死某歌》〔註34〕，師徒三人在海澄、石碼、漳州一帶

向吳天羅、朱丁順學習唸歌。

〔註29〕周定邦創作、彈唱：《義戰嗄吧年——台語七字仔白話史詩》（台南：臺灣藝術說唱工作室，2001 年 7 月），一冊二 CD。

〔註30〕有關王雅忠的資料，主要參考自吳福興：〈廈門著名歌仔說唱藝人：王雅忠和洪道〉《閩南文化研究》，2005 年第 6 期。

〔註31〕同註 30。

〔註32〕同註 30。

〔註33〕王雅忠也擅長南曲，因此美國維克多唱片也為他錄製了南曲唱片，有《三更鼓》、《五更鼓》、《昨冥一夢》、《于伊弗盡，花園外邊有心》、《忍除八死》。

〔註34〕王財喜、孫烏鎮習自王雅忠的唸歌均錄有唱片。

頗富盛名。

（二）洪　道〔註35〕

洪道，生於清末〔註36〕，祖籍福建龍海，眼盲，在石碼、海澄一帶以月琴走唱，供人抽籤卜卦，民國以後至廈門演唱，承襲堂派的表演風格。

他講究唱腔，重視人物性格的刻畫。吳福興曾經聽過他的演唱〔註37〕，說道：「他彈唱的曲牌（曲調），多數接近民歌、民謠、小調。唱腔宏亮、粗獷而又有力，最擅長的曲牌（曲調）是錦歌什碎，它的旋律靈活，唱唸自由，每一句或每一段的後面，都加上過門，曲調是隨著唱詞的字音平仄高低，靈活唱唸。」〔註38〕如唱《海底反》〔註39〕時，節奏明快，澎湃洶湧，氣勢十足；運用豐富的聲音表情表現海龍王的蠻橫、鯉魚的膽小，以及各種水族的特性。「維妙維肖地表達出來，觀眾無不為之喝采」〔註40〕，是一位非常優秀的唸歌說唱者。

他能演唱的曲目將近三百多首，較為擅長的有《海底反》、《加令記》、《火燒樓》、《呂蒙正》、《董永遇仙姬》、《壽昌尋母》、《金姑趕羊》、《井邊會》、《玉真找夫》、《妙常怨》、《閩損拖車》等。

（三）盧　菊

盧菊，生於一九一六年，卒於二〇〇一年，福建漳州人。三歲時為治父病，家人以三十元的代價將她賣予人；六歲時因染天花導致眼盲，又被轉送予舊府路的盲人說唱者，但因為遭到了虐待，再轉送東園教堂；後來有一對夫婦，因聽說培養盲人唸歌技藝，可以為家庭帶來收入，才又收養了她。

七歲時養父母請了平和縣小溪鎮的章姓師傅〔註41〕來家中教唱，學唱「古舊調」，即《英台三伯》、《孟姜女》、《雪梅教子》、《金姑趕羊》、《乾隆

〔註35〕有關洪道的資料，主要參考自吳福興：〈廈門著名歌仔說唱藝人：王雅忠和洪道〉《閩南文化研究》，2005 年第 6 期。

〔註36〕1949 年時約五十多歲。

〔註37〕1952 年吳福興於廈門中山公園西門內聽洪道唱《海底反》。

〔註38〕吳福興：〈廈門著名歌仔說唱藝人：王雅忠和洪道〉《閩南文化研究》，2005 年第 6 期。

〔註39〕已由廈門文藝工作者整理出版。

〔註40〕同註 38。

〔註41〕約生於 1880 年，參加鄉舉考試落榜，精通古冊，流浪各地，以講古、抽籤卜卦、唸歌為生，盧菊七歲起向其學藝，直至 13 歲時，因其前往浦南歌仔館教唱，盧菊才改向他人學藝。

遊蘇州》、《郭子儀》、《訓商輅》、《陳三》等傳統曲目。白天學藝,晚上就帶
著她及另一位盲人養女到東門街洋蔘行、藥材行卜卦說唱,一晚賺一元多,
因收入不錯,養父母便以帶她至四處走唱為生。

　　十三歲時先向盲人說唱者王樓子學《無影歌》、《海底反》,後來又向「亭」
派牛姓師傅學唱《白扇記》、《火燒樓》、《金姑趕羊》、《賣雜貨》、《什細記》、
《加令記》〔註42〕及《乾隆遊江南》。十七歲時,養父帶她到廈門走唱。十九
歲時(1935年),隨雙珠鳳歌仔戲班來臺北,除了賣唱以外,並在臺北機場灌
製唱片,在臺期間也學會《新病仔歌》〔註43〕、《雪梅思君》。二十二歲收盧
來發〔註44〕為徒。〔註45〕她和盧來發曾經共同演唱《加另記》、《唐朝子儀》。
〔註46〕

(四)張上下

　　張上下,生於一九四一年,卒於一九八三年,福建長泰縣武安鎮官山村
人。十六歲時父母雙亡後,便開始過著流浪的生活。他在廈門附近的嵩嶼為
人看管果園時,結識了臺灣藝人廖益寧等人,向他們學習樂器和說唱、演戲
的技藝,編、彈、唱、演皆擅長,在龍海縣石碼一帶享有盛名。一九四九年
以後於長泰縣文化館工作,並曾透過廣播電台向金門、馬祖播唱。文化大革
命後,長泰縣文化局將他的唸歌錄製保存。

　　有關他演唱唸歌的書面紀錄,主要記載於《中國民歌集成(福建卷)·
龍溪地區民間音樂資料(下)》〔註47〕、《長泰縣民間音樂資料》〔註48〕、《中
國曲藝集成·福建卷·錦歌》〔註49〕。其中記載張上下所演唱的唸歌曲目

〔註42〕藍雪霏案語:天寶鎮山美社黑狗仙編。
〔註43〕即《病子歌》,敘婦女懷孕時喜歡吃的食物。
〔註44〕卒於1963年。
〔註45〕據藍雪霏及劉春曙的記載。藍雪霏:《閩臺閩南語民歌研究》(福州:福建人
　　　　民出版社,2003年10月)頁346～347。劉春曙:〈閩臺錦歌漫譯〉,《民俗曲
　　　　藝》72期(民國80年7、9月),頁283～284。
〔註46〕呂炳川藏有這兩個曲目的錄音帶。《加另記》共分四段為〈偷銀一〉、〈偷銀二〉、
　　　　〈偷銀三〉、〈偷銀四〉。錄音帶編號為T-499,標示其內容為「走唱」。見於網
　　　　站:「呂炳川音樂資料館」中「借閱資料」的「錄音帶目錄」。上網日期2010
　　　　年11月2日。陸續建檔至「國家文化資料庫」,尚未完成及開放。
　　　　網址:http://libibmap.nhu.edu.tw/music/file/05.pdf。
〔註47〕編委會工作組:《中國民歌集成(福建卷)》收於編委會工作組編:《龍溪地區
　　　　民間音樂資料(下)》(北京:中國ISBN中心,1961年12月)。
〔註48〕長泰縣文化館:《長泰縣民間音樂資料》(1981年9月)。
〔註49〕中國曲藝音樂集成編輯委員會:《中國曲藝集成·福建卷》收於中國曲藝音樂

有《孟姜女哭長城》、《大七字》、《大調衣》、《大哀調》、《倚門邊》、《病囝歌》、《限十月》、《跪某歌》、《管甫送》、《錦字大七調》、《錦歌雜碎》、《錦歌停板雜碎》、《相思引》、《上下堂》、《十二生相歌》、《打某歌》、《牽君歌》、《生囝歌》、《搖船調》、《雪梅調》、《五空仔正管》、《大調依》、《大調哀》、《雜碎調》（一）、《停板雜碎》、《搖船曲》、《相思引》、《送哥調》。〔註50〕

　　由其曲目所見，曲目名稱有「唸歌名」，如《孟姜女哭長城》、《病囝歌》、《跪某歌》、《十二生相歌》，也有「曲調名」，如《大哀調》、《五空仔正管》、《雜碎調》。因為未能得見其演唱的內容，故不知以曲調為名的曲目其演唱的內容為何。有關張上下在唸歌方面的成就，據藍雪霏所述：「張上下是個傑出的藝人，他對歌子（唸歌）的貢獻主要在於將北來時調小曲鄉土化，並在其歌子演唱生涯中不斷有所創新。通過張上下歌子唱腔的研究，或可見歌子藝人的歌子創造成就之一斑。」〔註51〕

（五）生平事蹟不可考的說唱者

　　閩南其他的唸歌說唱者有名雲漳（漳州）〔註52〕、鍾菁（漳州）、純子（漳州）、鄭秋桂（漳州）、石揚泉（漳州）〔註53〕、林廷（漳州）〔註54〕、蔡鷗（漳州）〔註55〕、游捷老（漳州）〔註56〕、王清吉（漳州）、陳加掠（漳州）、陳利水（漳州）〔註57〕、楊振興（漳州）〔註58〕、樹根（漳州）〔註59〕、阮

　　　　集成編輯委員會：《中國曲藝集成·福建卷·錦歌》（一）、（二）冊（北京：中國 ISBN 中心，1998 年，11 月）。

〔註50〕藍雪霏：《閩臺閩南語民歌研究》（福州：福建人民出版社，2003 年 10 月），頁 174。

〔註51〕同前註，頁 174～175。

〔註52〕因懷才不遇，以彈奏月琴，唸歌走唱為業，後自立「錦云堂」，鍾菁、純子、鄭秋桂為其傳人。

〔註53〕生於 1916 年，卒於 1987 年，13 歲拜師，先學洞簫，後學琵琶，為王清吉的門徒。

〔註54〕生於 1880 年，卒於 1967 年，為亭派「龍眼營什錦歌社」說唱者，童年時受到村裡歌仔館的薰陶，學會以月琴自彈自唱，後結識龍眼營什錦歌社說唱者王清吉。

〔註55〕亭派。

〔註56〕1908 年生。

〔註57〕據藍雪霏所言，陳利水、林廷、王清吉、陳加掠四人為師兄弟，石揚泉、郭長河……三十多人為其傳人。藍雪霏：《閩臺閩南語民歌研究》（福州：福建人民出版社，2003 年 10 月），頁 344～345。

〔註58〕約生於 1897 年，卒於 1945 年，為亭派「東門錦歌社」的說唱者。

進祥（漳州）、鄭棋亮（漳州）、白水仙（廈門）、紀芋如（廈門）、鄭藩水（龍海）〔註 60〕、曾振春（龍海）、王棕雖（龍海）〔註 61〕、吳仲食（長泰）、梁虫麻蜞（雲霄）、黃金（雲霄）、邵江海〔註 62〕（平和）、黃師（平和）、林文祥（平和）、陳麗水、陳不的、鍾青〔註 63〕、王財喜（廈門）、孫烏鎮（廈門）、盧來發、好仔、臭在、曾螺仔〔註 64〕、石清泉〔註 65〕。

二、臺灣的說唱者

（一）呂柳仙〔註 66〕

呂柳仙，本名呂石柳，台北縣人。據陳兆南推測，他約生於大正年間（約1914～1924），卒於民國八十二年以前，是一個盲人說唱者，又有「青盲柳」、「柳仙仔」的綽號。師承汪思明，為賽月金的師弟。他向汪思明學習「賣藥仔哭」、「雜念仔」，並能自行融合其他曲調，形成具有個人特色的說唱腔調。呂柳仙的唸歌，保留了早期唸歌「說重於唱」的傳統表演型態，他以月琴為主要的伴奏樂器，張炫文說呂柳仙：「擅長以『江湖調』說唱長篇故事……他的江湖調已經爐火純青到可以不按牌理出牌，常常神龍見首不見尾。即興的自由發揮」〔註 67〕。

〔註 59〕 約生於 1978 年，卒於 1945 年，亭派，為楊振興師弟。

〔註 60〕 約生於 1857 年，出身於古縣乞食營，於田墘開館，並經常至其他歌仔館教授。

〔註 61〕 堂派。

〔註 62〕 劭江海生於 1914 年，卒於 1980 年，廈門人。曾讀過三年私塾，幼年常至家附近的「樂誼的」歌仔館聽歌、學歌，因為遭到父親反對，只好偷偷跑到離家較遠的「亦樂軒」學習，曾經編作《賣大丁歌》《送壯丁歌》、《懶惰歌》、《抗倭寇歌》、《原子彈歌》。他後來從事歌仔戲的創作，成為知名的歌仔戲劇作家。參見曾學文：《廈門戲曲》（廈門：鷺江出版社，1999 年 8 月），頁 103～105。

〔註 63〕 據劉春曙所言，唸歌也曾流行於南洋群島的閩南人生活圈。1929 年德國興登堡唱片公司邀請說唱者林廷、陳麗水、陳不的、鍾青等人，在新加坡灌製《陳三磨鏡》、《審陳三》、《安童鬧》、《無影歌》、《賭博歌》、《大伯公歌》、《牽亡歌》等唱片，風靡一時。

〔註 64〕 好仔、臭在、曾螺仔三位，是非常活躍的說唱者，並組織過歌仔社。見於曾學文：《廈門戲曲》（廈門：鷺江出版社，1999 年 8 月），頁 27。

〔註 65〕 漳州龍眼營人，福建省曲藝協會理事，在家設館教歌，漳州市文化部門曾為石清泉舉辦從藝六十年活動。

〔註 66〕 有關呂柳仙的記載，主要見於陳兆南：〈臺灣歌仔呂柳仙的說唱藝術與文學〉，收於《2003 年說唱藝術學術研討會論文集》（臺北：國立傳統藝術中心、國立臺灣藝術大學主編，民國 92 年），頁 199～210。

〔註 67〕 張炫文：《歌仔調之美》（臺北：國立傳統藝術中心籌備處，民國 87 年 7 月 31

　　呂柳仙曾經說唱的唸歌有《呂蒙正》、《呂蒙正拋繡球》、《呂蒙正樂暢姐》、《呂蒙正賣離詩》、《李哪吒鬧東海》、《金姑看羊》、《雪梅教子》、《雪梅訓商輅》、《文禧戲雪梅》、《孝子大舜》、《詹典嫂告御狀》、《周成過臺灣》、《青竹絲奇案》、《劉庭英賣身》、《李連生什細記》、《鄭元和會李亞仙》、《十殿閻王》、《改過自新》、《勸化人生》、《勸世風花》、《人生勸世歌》。以故事類和勸世類的說唱為主，在故事類的唸歌方面，他的說唱內容多根據坊間發行的唸歌唱本，內容上並無創新，主要以富有特色的說唱技巧吸引群眾；勸世類唸歌則因不受限於情節和人物的安排，偶爾亦會自創新詞。

　　陳兆南於〈臺灣歌仔呂柳仙的說唱藝術與文學〉說道：

　　　　他的聲音裡有一種摩擦嗚啞的音色，這種音色在詮釋故事人物內心
　　　　的幽暗世界時，特別富有感情，也特別容易感人。

並說呂柳仙「對於敘事中兩個主題，尤其關切：一為受難，一為勸世。」他對故事人物的苦難帶有深刻的同情，擅長表達人物的內心情感，在勸世的主題上，亦充分表達他對社會人情的關懷。

（二）陳　達

　　陳達，生於民國前六年四月廿六日，卒於民國七十年四月十一日（1906～1981）。屏東縣恆春鎮，祖籍福建閩南，祖母為臺灣原住民。因為一隻眼睛患有眼疾，鄰人多以「紅目達仔」稱呼他。陳達自小喜歡唱歌、彈奏月琴，他不識字，不懂譜，音樂的學習全憑耳濡目染，沒有師承。十二歲以後經常到台東糖廠工作，工作之餘，仍經常抱著月琴彈彈唱唱。二十歲以後開始到處走唱，許常惠說：

　　　　陳達從二十歲至六十歲，換句話說，從日據時代到台灣光復後，唱
　　　　了四十年的台灣說唱類民歌。他的足跡走遍了高、屏一帶的農村。
　　　　他捱過吃不飽的日子，近於乞丐的生活，但並非從未有過得意日子。
　　　　陳達說：有時候一個晚會上收入幾百元，而當時的米價一斗才三元
　　　　五角。〔註68〕

他的歌聲在恆春當地頗具盛名，據恆春的父老說：「有陳達在，別的歌手都不敢現藝」〔註69〕。臺灣光復以後，他回到恆春，從事苧麻絲及土地仲介的買

　　　　日），頁70。
〔註68〕許常惠：〈從民歌手陳達，談台灣的說唱〉收於《民族音樂論述稿》（一）（臺
　　　　北：樂韻出版社，1987年）。
〔註69〕音樂CD：「山城走唱」所附的小冊，（新店：風潮音樂，2000年），頁21。

賣，曾經有過不錯的收入，但是陳達不擅理財，終究落得一身孤窮。

直到民國五十六年，史惟亮、許常惠兩位教授，在台灣各地進行民歌採集工作，在恆春初次聽到陳達滄桑的歌聲時，一行人深受感動而潸然落淚。民國六十五年，許常惠安排陳達參加民間藝人音樂會，並安排他上電視節目及餐廳演唱。民國六十七年十一月，雲門舞集邀請七十三歲的陳達，為林懷民先生描述開拓台灣的新舞劇「薪傳」伴唱。陳達晚年，患有精神疾病，時常於街頭遊蕩，民國七十年四月十一日，他於穿越馬路時發生車禍，不幸去世，享壽七十六歲。

陳達彈唱的種類包括民謠與唸歌，均以自製的月琴自彈自唱，他演唱的民謠，較為人熟知的如：《思想起》、《四季春》、《台東調》。據許常惠調查〔註70〕，陳達演唱唸歌時經常使用的曲調是：「江湖調」〔註71〕和「七字仔調」，前者的使用頻率最高。每葩的第 1、2、4 句押韻，襯字的使用頻繁而靈活。許常惠將他的唸歌依篇幅分為短篇和長篇兩種，短篇的唸歌有以下幾類：

祝賀感謝類：即興演出〔註72〕，如參加喜宴時，表達對主人的感謝及祝賀。

回憶類：回憶人生經歷。

勸世類：勸人應遵循忠孝信義等傳統道德。

敘景類：描述南台灣的名勝古蹟。

寫實類：控訴日治時期，因遭受日本政府的壓迫，生活的貧困與艱辛。

感情類〔註73〕：敘述男女之情、夫妻之情與父子之情，多以悲劇收場，

〔註70〕 許常惠：《台灣音樂史初稿》，（臺北：全音樂譜出版社，民國 85 年 10 月 20 日），頁 173～174。

〔註71〕 又稱「五空小調」。

〔註72〕 在「向陳達致敬」的網站裡有一段吳燦崑（恆春思想起民謠促進會理事長）憶述有關陳達即興演唱的紀錄：「民國六十五年春節，農曆初二，是女兒回娘家的日子，我也帶著內人回恆春鎮龍水里草潭路岳父王添水家，內人的姑媽、舅父、舅媽、及妹弟等大家在客廳聊天，大約上午十點左右，陳達老先生背著月琴走進客廳，我請他坐，他不但沒坐，還一一詢問在場的人和主人的關係，問完以後，隨即撥起月琴，把在場的人自小就喜歡唱歌、該如何對待主人，以及主人要如何招待等等，所在場的十多人，不分老幼，每人都用唱送他四句話。他不用事先擬稿，及「嘴口利便」（隨口唱出）唱出，而且一個唱完並沒有停止，隨即唱第二個、第三個……直到把十多人都唱完止，以一個沒念過書的人，卻能邊唱邊想，把整句完整的唱完，並且四句都押韻，真是一個不可多得的奇才。」網址：http://www.hcps.ptc.edu.tw/cyberfair2006/D/d1%20.htm

〔註73〕 許常惠此類以「愛情類」名目，為免侷限於男女愛情，筆者將其改為「感情類」。

勸人應珍惜感情。

長篇的唸歌，陳達多以自身的經歷為題材，如《阿遠與阿發的故事》、《港口事件》、《日本人事件》〔註74〕。

　　許常惠曾經問他：「你會不會唱《廖添丁》、《陳三五娘》……？」他回答說：

　　「大家都會唱的戲，大家都知道的故事，我不要唱！」

　　「我會唱的故事很多，別人不會的，是真實的故事，我自己編的」

〔註75〕

陳達與其他的說唱者不同，他們大多以歌仔冊為底本，或依循師父所傳授的唱詞忠實演唱，極少自行編作，陳達則不然，「即興演唱」是他最大的特色，也是他的表演可貴之處，在有聲書《本土音樂與傳唱——歌子說唱與民歌》中收錄一段他的唸歌，茲轉引如下：

　　少年們恁們的時間還正長，教音樂若會，名聲就通達四方。

　　啊！恁若富貴項項都介（很）齊全。眼睛有看上介遠（最為遠）。

　　啊！恁有大姐小妹相勸開，家庭無口耳卡（較）自在。

　　啊！父子母弟得來相擔待。

　　我看他們這個守信又人英雄。恁出入足好天良。

　　啊！你們的心臟那（若）有夠勇，

　　啊！那勇氣家庭可以一個人作主將，

　　他可以一個人作主將，

　　他可以小妹勸阿兄……。

　　我們是同肚子來出世……。

　　啊，隨人緣會卡（較）好命。

　　父母是隨人的命來註定定，阿兄也有疼小妹。

　　查埔查某要有顧到咱們的人氣啊！什項（每樣）可作可得合理……。

〔註76〕

〔註74〕據音樂CD專輯：「山城走唱」所附的小冊，頁27，許常惠說《港口事件》、《日本人事件》都沒有留下資料。

〔註75〕許常惠：《台灣音樂史初稿》（臺北：全音樂譜出版社，民國85年10月20日），頁174。

〔註76〕國立傳統藝術中心籌備處：《本土音樂與傳唱——歌子說唱與民歌》（臺北：國立傳統藝術中心籌備處，民國89年12月），頁310。

該歌為陳達受林谷芳〔註 77〕之邀至林宅餐會，席間陳達見其屋內掛滿樂器，宴後有感而發，即興演唱。歌中表達了他的觀點，認為認真學習音樂，將可獲得富貴及名聲，眼光須遠大，家庭以和樂為本等，頗有勸說的意味。

史惟亮說：「他是一個作曲家，因為他要適應歌詞，而能自由修改一個既有的曲調。他是詩人，因為他能即景生情，創造活生生的歌詞來描寫感情、講故事或說道理……，他也是自彈自唱的演唱家。」他以自己的生命經驗為底本，唸歌是他自我表達的工具，他不僅是一位說唱者，也是一位創作者，藉唸歌表達他的思想、敘述他的滄桑、宣洩他的苦痛，以蒼涼沙啞的歌聲，唱出生命裡的千滋百味，也記錄了一個純樸而真誠的年代。

（三）陳冠華〔註 78〕

陳冠華，民國元年七月二十三日出生於北投，卒於民國九十一年（1918～2002），本名陳水柳〔註 79〕。陳冠華十二歲就讀北投公校〔註 80〕時即能夠以空罐頭、竹條、琴絃自製「弦仔」彈奏，已展露其音樂上的天份。十四歲進入子弟戲班「清樂社」，起初學淨角，因對演奏特別有興趣，故改而學習弦仔和嗩吶。在清樂社的二年期間，陳冠華接觸到各種戲曲如亂彈戲、四平戲、西皮戲，為他打開了戲曲上的視野。

民國十六年他擔任布袋戲後場音樂樂師，民國十九年左右歌仔戲成為台灣盛行的戲曲，陳冠華進入歌仔戲班擔任後場樂師，並學習多種樂器，經過幾年的累積，他能演奏各種音樂如南北管、歌仔戲、傳統歌謠、客家音樂，民國二十二年之後更經常受邀至日本錄製唱片，並開始創作音樂如《望鄉調》、《勸浪子》等。

民國二十六年盧溝橋事變爆發中日戰爭，日本政府在台實施「皇民化」的政策，禁止漢文漢語、推行日語，也禁止各種傳統的戲曲活動，許多傳統戲班只好解散或表演新劇，〔註 81〕陳冠華迫於形勢也加入新劇團，並學習西

〔註 77〕現任佛光人文社會學院藝術學研究所所長。
〔註 78〕本節有關陳冠華的背景與演唱經歷，主要參考自王友蘭：《陳冠華的吹拉彈唱》
　　　　（宜蘭：國立傳統藝術中心，民國 94 年 12 月）。
〔註 79〕陳冠華 56 歲時因參加「第一屆全國鄉土民謠比賽」，榮獲冠軍，遂取「中華的冠軍」之意，改名為陳冠華。
〔註 80〕今北投國小。
〔註 81〕新劇主要是指在日治時期形成，以寫實的戲劇型態演出，是不同於傳統戲曲的新型態戲劇。

方樂器如薩克斯風、小提琴。但是因為新劇團樂師的配給非常微薄，為了生計，熱愛音樂的陳冠華只好收起樂器，轉而從事「扛米」的工作。

　　一直到台灣光復之後，陳冠華才重新拿起樂器。他加入了賣藥團，在艋舺、圓環一帶走唱。據歌仔戲資深藝人廖瓊枝所說：「我小時候就聽他唱過，我住萬華嘛！陳老師他都在龍山寺那個賣藥團表演，他跟蘇桐老師在同一團，蘇桐彈揚琴，陳老師會玩很多樂器，他會拉小提琴，邊拉邊唱。」〔註82〕陳冠華便開始了將近十年的走唱生涯。〔註83〕在此之前，擅長樂器演奏的陳冠華大多擔任樂師，屬後場性質的工作，並非演述者；自此之後，他走到觀眾前面，以自己的思想和情感，唱出許多動聽的故事和歌謠，成為一位唸歌說唱者。

　　陳冠華雖是小學畢業，但他識字、懂譜，並將自己的表演錄成錄音帶，記下曲譜、唱詞，且將其整理成一份名為「自奏、自唱──拾種的歌曲」目錄，編目依序為北管、南管、福州調、客家調、江湖調、歌仔戲、日語歌、台語歌、台灣民謠、平劇‧放曹等十種。他所錄製的錄音帶約 120 捲。唸歌歸入「台灣民謠」一類。

　　他所演唱的唸歌有《勸世諸娘人》、《山伯英台》、《安童哥買菜》、《周成過台灣》、《義賊廖添丁》、《陳三五娘》、《人生了解歌》、《人心不足》、《斷機教子》、《驚某大丈夫》、《乞食開藝旦》、《王寶川》、《戶神蚊仔冤家》、《李三娘汲水》、《買臣妻》、《孟姜女哭倒萬里長城》、《周公鬥法桃花女》、《夢日紅》、《黑貓黑狗相罵》、《五更鼓》、《草暝弄雞公》。〔註84〕王友蘭說：

　　　　陳冠華演唱的唸歌歌詞，皆改編自前人演唱的傳統歌仔簿（冊），從
　　　　他親手整理記錄的唸歌曲文手稿來看，現存十八個說唱曲目中，最
　　　　短的有勸世歌《勸世諸娘人》為 42 葩，最長的敘事詩《山伯英台》
　　　　長達 500 葩。〔註85〕

可知陳冠華唸歌的唱詞以歌仔冊為主要來源。

　　陳冠華唸歌的主要曲牌為「江湖調」，有時也使用「雜唸調」。他的表演，多採用「唱」的方式，均為七字句，如《李三娘汲水》：

〔註82〕王友蘭：《陳冠華的吹拉彈唱》（宜蘭：國立傳統藝術中心，民國 94 年 12 月），
　　　　頁 34。
〔註83〕民國 36 年至 38 年間曾至日月園歌仔戲團擔任後場工作。
〔註84〕陳冠華的唸歌唱詞大部分已由王友蘭整理紀錄於《陳冠華的吹拉彈唱》一書。
〔註85〕同註 82，頁 102。

總且列位正先生，有榮（空）帶（在）者（這）聽歌詩，

唸李三娘的代志（事情），爲聽到尾便知機。

江蘇省民劉智遠，徐州沛縣沙陀府，

唸歌做戲無仝款（不一樣），古書內面提來詳。

書是漢朝的時代，有看古書朗（都）吓（會）知，

對書做歌照實排，即知出世絡呼來。〔註86〕

但演唱《安童哥買菜》時則不然：

安童哥仔喂！一時有主意，一頂碗帽仔提來戴，走去巷仔頭、巷仔
邊，扁擔來夯（拿）一枝，菜籃子就擔起，匆匆行又匆匆去，行路
親像風送箭，不覺來到大路邊。〔註87〕

「說」、「唱」並用，爲雜言的形式。陳冠華雖擅長多種樂器，但演唱唸歌時，「月琴」爲其唯一的伴奏樂器。他的唱腔並無繁複的技巧，較爲樸素，雖以唱爲主，但他的「唱」，配合旋律簡單的「江湖調」或「雜念調」，誦唸唱詞，幾近於「說」，乃是「唸歌」的傳統本色。

民國四十五年陳冠華離開賣藥團不再四處走唱，自組「省都什音團」，並在民國五十六年時於「第一屆台灣鄉土民謠比賽」中獲得冠軍，他因深感榮耀，取意於「中華之冠軍」而改陳水柳之名爲「陳冠華」，樂團也改名爲「陳冠華民俗樂團」，他自此聲名遠播，帶團參與許多政府與民間的表演活動，並受邀前往大陸、美國、日本、中南美洲等地表演，陳冠華演奏各種樂器的技藝備受矚目之外，「尤其是長篇說唱唸歌表演——傳統曲目《義賊廖添丁》與創作曲目《人生了解歌》，獲得大陸曲藝界相當大的肯定」〔註88〕。

（四）吳天羅

吳天羅，民國十九年出生於雲林土庫，卒於民國八十九年七月（1930～2000）。十歲時向盲人女子學習唸歌和月琴。十五歲起學習歌仔戲調與演戲身段，二十四歲時開始學習車鼓的歌舞小戲，四十歲自組「旭陽車鼓劇團」。因廣收弟子，故有「天羅師」的尊稱。吳天羅演唱唸歌時所使用的樂器甚爲獨特，爲其自製的「六角月琴」。他是一位具有即興編作能力的唸歌說唱者，他將其對臺灣文化、社會及歷史的觀察，編寫成唸歌，唸歌對他而言，不僅是

〔註86〕同註82，頁342。

〔註87〕同註82，頁107。

〔註88〕同註82，頁39。

一種謀生的技藝，也是他關懷社會的一種媒介。他於民國八十九年獲頒「民族藝術終身成就獎」。〔註89〕

　　他所演唱的唸歌，如歌頌眾神的《上元雜念》：

　　　　正月十五迎燈節，眾神巡掃湊遊街，

　　　　巡掃兇神著趕走，兇神不可在莊頭，

　　　　元宵迎燈代巡掃，主婦（ia ia）〔註90〕不可留，

　　　　正月十五上元節，三官大帝是三個，

　　　　上元主神是堯帝，慶祝迎接滿滿燈。〔註91〕

敘人們於元宵點燈以迎眾神返回人間的熱鬧情景。

　　《虎尾在哭泣》：

　　　　唱歌是一人唱一款（種），需要四句拄（揀）乎全，

　　　　來唱臺灣分（的）作亂，可憐寶島分（的）臺灣，

　　　　臺灣河川是真儕（多），雲林一條虎尾溪，

　　　　這條大溪透山內，水對山內流出來，

　　　　雨期大水透落海……這條大溪水真敧，

　　　　結果嘛變臭水溝。〔註92〕

則是表達對他對虎尾溪污染問題的關注。

　　以臺灣歷史為主題的唸歌，如曾子良所採錄的《臺灣史詩》：

　　　　……台灣是咱的寶島，卡早（從前）平洋專草埔，

　　　　出門專是行小路，路邊專菅林投湖，

　　　　講起臺灣當擾亂，島內專是紅毛番，

　　　　彼號荷蘭來咧管，鄭成功才來扑臺灣……

　　　　可恨滿清卡（較）無理，割予日本五十年，

　　　　滿清割子日本管，日本起兵扑臺灣，

　　　　臺灣同胞誠（真）不滿……〔註93〕

〔註89〕主要依據曾子良：〈臺灣地震歌之探討〉中「吳天羅的生平」，收於《2003說唱藝術研討會論文集》（臺北，國立傳統藝術中心、國立藝術大學，民92年），頁217。

〔註90〕筆者疑（ia ia）為「夜夜」。

〔註91〕同註89，頁222。

〔註92〕同註89，頁222。

〔註93〕同註89，頁223。

歷敘臺灣開墾、政權更迭的史事。另外，在陳益源所採錄的《臺灣歷史說唱》〔註94〕，則在細節上有更詳盡的描述，如荷蘭人曾經來臺大量採買鹿、蔗糖和芎蕉，許多臺灣人因此致富；如臺灣割讓予日本時，臺灣人反抗日本統治，戰火由西螺、虎尾延燒至其家鄉土庫的慘烈戰況；歌中對臺灣人在日本統治之下，曾經遭受壓迫與欺凌的歷史創痛，尤其有著深切、沈痛的控訴。主題相似的唸歌，尚有《臺灣歷史》〔註95〕、《歲月流轉》〔註96〕。

民國八十八年九月二十一日臺灣發生了嚴重的「九二一大地震」，同年十二月二十五日，臺北市政府舉辦「用心疼臺灣，牽手過臺灣」關懷災區的活動，吳天羅為此編寫《集集大地震歌》：

> 古早傳說地會動，地牛翻身好驚人。
> 地牛就是水牛港，翻身地離山也崩。……
> 災區死人滿滿是，每個開聲哭甲（和）啼。
> 也有全家通總死，受困無人可解圍。
> 真多祖產消失去，賣田賣厝可安居。
> 地動厝倒無著死，便成破產無可歸。〔註97〕

《集集大地震歌》紀錄了九二一大地震災情的嚴重和災民的哀痛，歌末唱道：「希望大家鬥幫忙，不論多少幾百元，幫助無家生活路，幫助災民大功勞。」以唸歌真實而懇切的感染力，號召民眾對災區表達關愛與協助。

吳天羅是創作型的唸歌說唱者，唸歌對他而言，已不僅是以技巧取勝的謀生技藝，可以傳達思想，也可以展現他對社會的關懷。

（五）鄭來好〔註98〕

鄭來好，昭和二年（1927）十月十四日出生於台北縣三峽山上，因家中生活極為艱困，三歲時父母親便將她送予遠房姻親作童養媳。五歲時患了痲疹，導致失明，遂返回原生家庭。外公為培養其謀生能力，再度將她送予唸歌藝人為養女。鄭來好自此跟隨養母學習唸歌。據鄭來好所述，她與大姊〔註99〕一同

〔註94〕 陳益源：《俗文學稀見文獻校考》（臺北，里仁書局，2005年10月），頁209～228。
〔註95〕 同註94，頁245～278。
〔註96〕 同註94，頁279～283。
〔註97〕 曾子良：〈臺灣地震歌之探討〉（《2003說唱藝術研討會論文集》臺北，國立傳統藝術中心、國立藝術大學，民92年），頁217。
〔註98〕 筆者於2007年8月21日採訪鄭來好。
〔註99〕 與楊秀卿同是養父母所領養的盲人。

學藝，學藝的過程非常艱辛。因為眼盲的緣故，養母教琴的方式，乃是用力的將她的手按壓於弦上用力拉扯，極為嚴厲，她感嘆的說：「這都是硬學的」，「剛開始學琴時，手經常破皮流血。」除了與養母學藝之外，養父也時常帶著她們向其他的前輩藝人學藝，如：陳石春〔註100〕等人。然而向前輩學藝必須非常恭敬，必先備妥豐盛的菜餚宴請前輩，前輩方願意傳授技藝，如流行的曲調、滾歌（kún-kua）〔註101〕的技巧及男女聲的唱腔等。

　　鄭來好與養父母居住於臺中豐原，因為地處臺灣中部，冬季時臺灣南部較溫暖，多往南部表演，如台南南鯤鯓一帶；夏季時則北上至台北縣及宜蘭一帶表演。鄭來好約十一、二歲時開始與大姊外出表演，大姊拉弦，她彈琴，由三輪車業者載她們四處走唱，據她所述，剛開始走唱時，尚是日治時代，以角計價，她說：「例如，你出三分錢，他出三分錢，若湊有一角就可以請我們唱了。有時人家出五分錢，養母也讓我們表演，可是五分錢少了一點，一般藝人比較不願意唱。」，「以前唱歌很累，賺錢要養一家十幾口人，所以一早八、九點便得出門，晚上十一、二點才回家，有時連吃飯的時間都沒有。」鄭來好說，日治時代，唱歌的地點多在菜市場、茶館，觀眾很多，以老年人為主〔註102〕，每回表演以三十分鐘為單位，中場休息時，觀眾會將觀賞的費用投於地上，一次約丟五分錢，她說：「一場大概會唱二、三個小時，對老人家來說就像看電影一樣，花個三角，就度過一下午了。」「老人家若聽得喜歡，便會帶我們回家，左右鄰居各出一點錢，也可以唱整晚」。後來爆發世界大戰，日本政府禁止走唱，鄭來好說：「那時仍有人想聽歌，只能偷偷表演，有時遇到有人來巡察，才趕緊把琴藏起來。」

　　光復以後，賣藥團盛行，鄭來好和大姊改隨賣藥團演出，她說日據時代是沒有電燈的，一直到國民政府來臺以後，他們才開始以電火土〔註103〕作為表演的照明工具，她回憶二二八事件對表演的影響：「那時不可以唱，很多人都被捉了。」她們經常到台南南鯤鯓一帶表演，每到台南表演，當地居民都

〔註100〕陳石春與阿留為夫妻，乃知名唸歌藝人，日治時期曾經錄製唱片，黑膠唱片收藏家李坤城先生（臺中）藏有他們演唱的唱片。

〔註101〕據鄭來好所言擬音紀錄。

〔註102〕鄭來好說：「因為年輕人忙於工作，老年人平日無事可做，就喜歡聽人講古、唱歌。」

〔註103〕即電石燈（乙炔 C2H2），又稱「電土燈」，臺灣電力設備和蓄電池未普及前經常使用的照明工具。

會準備鮮美的蚵、蝦盛情款待。在外地表演時，大多住在旅社，旅社裡的旅客大多是和他們一樣出外謀生的人，例如賣鴨、賣藥材的小販，她說：「那時候不像現在，到處都是商店，以前做生意都是挑著擔子四處去賣。」光復後歌仔戲逐漸盛行，若遇見歌仔戲班於同地演出，兩方即產生濃厚的較勁意味，極力爭取觀眾，鄭來好自信的說：「我們唱《孟麗君脫靴》時，旁邊的歌仔戲若表演相同的戲碼，觀眾都來看我們表演，歌仔戲團還得來我們唱歌的地方發傳單。」可見他們的表演深受民眾喜愛。

鄭來好三、四十歲時（約民國五十年代）廣播、電視已成為一般人主要的娛樂，逐漸取代街頭的表演，鄭來好於是改行從事按摩業。直到近年，在洪瑞珍〔註104〕的力邀之下，鄭來好才重新抱起月琴，閒暇之餘，偶隨「洪瑞珍唸歌團」登台演出。

鄭來好的唸歌包括故事類和勸善類，故事類如《呂蒙正》、《紙馬記》、《孟姜女》、《孟麗君脫靴》，勸善類如《勸節儉》，據她所述，有時一個故事很長，要近一個月的時間才能唱完，但唸歌的長短主要還是取決於金錢的多寡，她說：

> 如果價錢好，我們就唱長一點，如果錢比較少，我們就唱短一點。「麻糬手來出」〔註105〕，要大要小都可以，就像捏麻糬，錢多就捏大粒一點，錢少就捏小粒一點。例如一條歌，我們要二角，他們只願意出一角半或對折，若當時天氣很熱，我們也不想再四處去繞，就只好接受，就唱短一點。

筆者採訪她時，她已年逾八十，身體頗為健朗，她說她不喜歡唱故事類的唸歌，認為「那是大家都會唱的」，她喜歡唱勸世類的唸歌，認為該類唸歌較具意義，且由她自己編作，不與他人演唱的內容重複，她在曲目的選擇上，比較喜歡具有勸化功能與創作新意的唸歌。

筆者於二〇〇七年八月三十一日採訪鄭來好時，她演唱了一段唸歌《勸節儉》，茲錄於下：

> 現在的社會真文明，咱若來做事要正經，
> 有賺來用錢就節省，認真來打拼最光明。

〔註104〕洪瑞珍，文化大學西樂系畢業，向資深說唱者楊秀卿學習唸歌多年，近年來致力於推廣唸歌藝術，除開班授課之外，並帶領「洪瑞珍唸歌團」巡迴海內外，為幾近消失的唸歌，注入一股新的生命力。2008年因癌症病逝。
〔註105〕說唱者王玉川先生也曾說過相同的譬喻。

咱人來節儉上一代，後代累積才不困難。

認眞來努力較認眞賺，心肝就不要太過奢侈。

累積勤儉有幫助，咱就來專心想正途。

家庭事業若有顧，免怕失敗會走路。

忠厚做事要公平，社會處事就正經。

不要失德來做壞事，才會快樂過一生。

爲人正直要忠厚，心肝不要太糊塗。

無論上帝或佛祖，一生就會給咱保護。

咱就要認眞來奉獻，無論老的或少年。

不要在那亂亂展（現），人說孝順感動天。

好，這樣我欲來說再見，有機會再來結緣。

祝咱大家大發展，給咱富貴萬萬年。〔註106〕

她以「江湖調」演唱，爲傳統式的唸歌，雖以《勸節儉》爲名，全歌的內容實際上包括了節儉、踏實、正直、勤勞、孝順等多種道德勸說，歌末並以簡單的祝福當作「歌仔尾」。

（六）王玉川

王玉川，民國十九年（1930）生於新竹市頂竹圍，現定居台北縣板橋市，祖籍福建泉州安溪。

王玉川年少時便對曲藝懷有高度興趣，剛滿十八歲時，王玉川請求父親給他兩元〔註107〕學子弟戲，父親認爲學戲對家中經濟並無實質的幫助，斷然予以拒絕。自此以後，每當村裡子弟戲班授課時，他便在一旁觀看，偷偷的跟著學，儘管他不曾讀書識字，可記性、悟性都較子弟戲班的學生佳，總是學得比他們快。有一天他去鄰人瘦四的家中，見牆上掛有一把月琴，眼睛爲之一亮，他請瘦四將琴取下借他稍彈，他彈了幾個譜，瘦四聽了非常訝異，對於王玉川無師自通的本事感到驚奇，便爲他引見一位老師李金俊，李金俊看過他的表演，也對他的天份極爲讚賞，願免費收他爲徒，自此，他與曲藝結下一輩子的緣分。

當時學戲以一館爲單位，即一期的意思，一館是四個月。他學了兩館之後，已經學會老師所傳授的技藝。有一天一個賣藥團來到村莊裡賣藥，賣藥

〔註106〕唱詞爲筆者所譯。

〔註107〕王玉川述，當時兩元約可買兩百斤的蕃薯。

團僅有一位女性歌者，沒有伴奏者，他見了便回家取大廣弦幫忙伴奏，吸引許多村人圍觀，那晚賣藥團的生意特別好，收場時，老闆給了他五元〔註108〕，並繼續聘請他擔任伴奏，直到賣藥團離開村子。從此以後，凡有賣藥團來村裡，若缺伴奏時，他便為他們拉弦伴奏。

結婚娶妻後，妻子也會唸歌〔註109〕，有一家賣藥團經常請她到臺北唸歌，有時他也會一起北上表演。他們的正職原是玻璃工廠的工作〔註110〕，但是因為他們夫妻倆的表演很受歡迎，漸漸的就以賣藥團的唸歌走唱為主業。他們經常演唱的故事是《周成過臺灣》、《三伯英台》、《陳三五娘》、《呂蒙正拋繡球》、《薛平貴王寶釧》、《李三娘》、《通州奇案》、《鋒劍春秋》，他拉大廣弦，妻子彈月琴，兩人一同表演，有時分別擔任故事中的角色，唸唱段落的接續或輪替，則憑依兩人的表演默契，即能自然呼應，流暢無礙。當唸唱至故事精彩處則須暫停表演，一方面可讓說唱者稍作休息，更主要的目的是向民眾銷售藥品。王玉川說，有些觀眾因為不耐久等，甚至願意買下全部的藥品，以便能盡情的欣賞表演。

他們的表演遍及全省，當時賣藥團很多，需有政府核發的「成藥許可證」，俗稱「賣藥牌」，持有該牌照者可組成八人以內的賣藥團，每到一個地方兜售藥品前須先至當地的派出所登記申請，一次可申請三天，生意若是很好，則可以連續申請，只要不違法，原則上不限制申請次數。在村裡表演時，當地的人都會特別關照他們，有時不但不收取賣藥團用電的電費，還泡茶招待他們，王玉川回憶起這一段往事時，對於昔時濃厚的人情味有著無限的懷念。

王玉川說，電視普及以後，電視台播放歌仔戲，賣藥團的生意受到了影響，十幾年前他也停止了賣藥走唱的生涯。他第一任的妻子過世後，他與陳美珠女士合作搭檔，他們白天多在公園營業，於清晨時段向運動的民眾兜售藥品，例如台北的青年公園、桃園的文昌公園、三重的大同公園和水流公園。晚上則在夜市營業。

王玉川和陳美珠也曾經在臺北的民本電台和高雄的高雄電台表演，以長篇的故事類唸歌為主，如《通州奇案》、《鋒劍春秋》，每回只唱一段，有如連

〔註108〕 王玉川述，當時他一天的工資是七元，因此他認為一個晚上便可賺取五元，是相當優渥的薪資。

〔註109〕 王玉川的第一任妻子，已去世多年。

〔註110〕 王玉川述，那時玻璃工廠一天的工資是十元。

續劇一般，有時一首歌須唱兩三個月。除了與電台簽約，他們也曾經受聘於藥廠，由藥廠安排到各電台表演、賣藥，曾經演唱過的電台不計其數。〔註111〕

　　唸歌是王玉川先生終生的職業，他具備了對唸歌的熱情和專業，他認為說唱者表演時必須融入其中，有時得配合表情、動作，他說：

　　　　唸歌不是坐著唸一唸而已，那樣觀眾是聽不下去的。唸到激動處要站
　　　　起來揮舞雙手，這種表演的技巧就叫做『欠頭』（khiàm-thâu）〔註112〕

他說觀眾多時更能激起說唱者的潛力，「觀眾一多就會愈唸愈好，變化也愈多，欠頭若不夠漂亮，就不會好聽。唸到悲苦的部分，要讓聽的人眼淚快滴下來，那才是成功的演出。」

　　王玉川說以前唸歌的人都要拜師學藝，他敘述老師傳藝的過程：「例如一位老師肚中有十簿歌，他會分成三段分別交給三位學生，三人分別習得頭、中、尾段，師兄弟之間再私下互相交換、傳授。」可知說唱者多視其技藝為絕學，不輕易外傳〔註113〕，以保有其表演的特色和價值〔註114〕。王玉川說這也是他不願錄製唱片的原因之一。

　　近年來王玉川已經退休，但有時仍隨「洪瑞珍唸歌團」及「楊秀卿說唱藝術團」於臺灣及海外巡迴表演，經常表演的唸歌是《歌仔頭》、《勸世歌》、《甘國寶過臺灣》、《翁某相褒》、《通州奇案》、《雜碎歌》、《戲班歌》、《勸博傲》、《勸有孝》〔註115〕，並於「李江却台語文教基金會」教授大廣弦。

　　筆者於二○○七年拜訪王玉川時，他演唱了一小段唸歌：敘《紙馬記》中，張文貴因家庭貧困，決定赴京趕考，冀望功名能為他的家庭帶來富貴。今錄其唱詞如下：

　　　　唱起宋朝一古代，山東一位張秀才，
　　　　家住歷城的所在，博古通今每樣知。
　　　　這人姓張名文貴，家貧落魄真克虧（潦倒），
　　　　娶妻貴娘是真美，一對子女真可愛。

〔註111〕陳家慧：《民間說唱藝師──王玉川研究》（臺南：成功大學臺灣文學研究所
　　　　　碩士論文，2008年8月）頁30。
〔註112〕「欠頭」（擬音），意指說唱者唸歌的技藝，說唱者運用生動且富有感情的聲
　　　　　音、表情、動作詮釋唸歌，務使唸歌的表演臻於上乘。
〔註113〕若將所學外傳，稱為「放部頭」（擬音）。
〔註114〕王玉川認為坊間的「歌仔簿」因為是公開販售的出版品，所以也就失去了它
　　　　　的稀有性。
〔註115〕據洪瑞珍唸歌團節目紀錄表（2000年5月～2007年9月），吳妹嬙製表。

女子珠觀是真靓，連地查埔是兒子，

家庭艱苦難經營，腳尖手幼（嫩）沒賺錢。

文貴想到真煩惱，恨我家窮錢又無，

想要就（上）京去赴考，家內無人可照料。

文貴就跟貴娘講，你夫十載的寒窗，

京城三年有一望，想要祭祖顯耀宗。

貴娘聽到心歡喜，君你就京會考期，

望君功名能成器，也能顯耀咱門楣。

貴娘賢妻從君令，我要就京去赴考，

放捨（拋棄）妾身在本省，二子細漢誰可養成。

文貴想清也有理，賢妻你放心不免驚，

我去放捨你母子，不如全家相取（攜）就（上）京城。

貴娘趕緊入房內，包好行李提出來，

文明京城好所在，夫唱婦隨才應該。

夫妻相取（攜）要出門，文貴看子心頭酸，

一去京城路途遠，不知金榜在何方。〔註116〕

王玉川多以整齊的七字句演唱，襯字的使用不多，每葩〔註117〕均符合傳統唸歌的用韻觀念，皆須「湊句」（tàu-kù）〔註118〕，如首葩的「代」、「才」、「在」、「知」，以閩南語讀之皆能諧韻。王玉川相當注重「湊句」的原則，他認為這是一首唸歌的基本條件。他所演唱的篇幅雖然不長，但是卻傳神地將張文貴赴京趕考的期待、貧困現實的壓迫、夫妻分離的煎熬以及前途未定的不安等心理轉折作了貼切的詮釋。

（七）楊秀卿〔註119〕

楊秀卿，民國二十三（1934）年出生於新店屈尺〔註120〕。四歲時因病發燒延誤就醫，以致眼盲。因此之故，父親希望她成年後得以自立更生，無

〔註116〕唱詞為筆者所譯。有關《紙馬記》的探討，可參見本論文第三章第二節，頁47～48。

〔註117〕唸歌的量詞，每四句稱一「葩」。

〔註118〕唸歌屬民間說唱，說唱者並無嚴格的韻律觀念，自然成韻即可；四句韻諧，稱作「湊句」。

〔註119〕筆者於 2007 年至 2008 年間數度於楊秀卿汐止家中及電話中訪問她。

〔註120〕楊秀卿祖籍福建漳州，因幼年於新店屈尺居住十年，據她所述，當地居民多祖籍泉州人，故其閩南語了混合漳、泉二腔。

須仰人鼻息，欲培養她成為唸歌藝人。起初，父親拿歌仔冊教她記誦唱詞，
例如：《分開和合》、《圓仔配姐夫》、《乞丐開藝旦》、《雪梅思君》，當時年僅
四歲的她，正是好玩的年紀，學習唸歌的意願極低，時常受罰。儘管她不喜
歡背誦唸歌，回憶這段歲月時她說：「雖然當時我不太愛學，但是只要我學
會了，再久我都不會忘記」，已顯露她強記的能力。

　　十歲時，父親決定帶她拜專業的唸歌藝人為師，她的第一位老師是當時
頗富盛名的邱查某〔註121〕，但習藝未滿一年，她即因故返家。過了不久，
父親想聘請唸歌藝人紅目現仔教導楊秀卿，但紅目現仔表示，楊秀卿須成為
她的養女，才願意傳授技藝，楊秀卿也因此離開原生家庭，由紅目現仔領養
〔註122〕，隨養父母居住在基隆，開始接受嚴格的唸歌訓練。養母收養她之
前已收養另一位眼盲的女孩，蕭金鳳，楊秀卿稱為大姐，據楊秀卿所述，養
母的聲音很好，但會唱的唸歌不多，僅《大明節孝王鑾英》與《周成過台灣》，
能傳授予她的技藝也很有限；倒是大姐蕭金鳳，曾在外拜師學藝，會唱很多
唸歌，如《山伯英台》、《斷機教子》、《詹典嫂告御狀》、《金姑看羊》、《呂蒙
正》、《孟姜女》，她也負責教導楊秀卿彈奏月琴和唸歌的技藝，可說是楊秀
卿真正的老師，她回憶當年學習唸歌時「早上天還沒亮，狗還未吠，我們就
起床一直唸，好像瘋子一樣，一直唸一直唸，《山伯英台》背完了，就背《斷
機教子》，全部都要背起來。」若忘記唱詞或是背錯的時候，必定會遭養母
嚴厲責打，學藝的過程極為艱辛。

　　起初她與大姊一同外出表演，表演時二人分配角色，共同說唱；約十二、
三歲時兩人開始分頭表演，有時也與其他的盲人說唱者搭配演唱。他們在基
隆、台北一帶，抱著月琴，在街上繞行，若有客人叫喚，談妥曲目和價碼，
即行演出。說唱的地點多在一般人家、酒肆、妓院、茶店、市場、碼頭，她
描述於市場走唱的情況：「我們走過那裏，琴聲叮叮咚咚的，他們聽到了就會
叫我們唱一段，那時正好市場做完生意了，賣魚、賣肉、賣菜的小販會各出
一點錢來聽歌。」又說在碼頭走唱「碼頭搬貨的工人晚上洗過澡，坐在戶外
乘涼，看到我們經過就叫我們進來唱，有時入夜一坐下來就唱到半夜。」「有

〔註121〕邱查某（又名邱鳳英）為日治時期極富盛名的唸歌藝人，曾錄製多張唱片。
　　　　詳見註144。
〔註122〕據《第十一屆國家文藝獎頒獎典禮專刊》（臺北：財團法人國家文化藝術基金
　　　　會，2007年10月），頁52所載，楊秀卿說她的養母，歌聲優美，但僅擅唱
　　　　《大明節孝王鑾英》、《周成過台灣》二首歌。

時會唱好幾天，今天沒唱完，叫我們明天早點來。」顯見當時對許多辛苦工作的人們來說，聽一段唸歌，是他們工作閒暇頗具娛樂性的消遣。

　　台灣光復之後，賣藥團的行業非常興盛，楊秀卿二十幾歲，與夫婿楊再興〔註123〕受聘於賣藥團，隨賣藥團至村里表演，助其招攬生意，起初是按日計酬，後又改抽成計酬。過了一段時間，他們夫婦倆不願再受聘於人，決定自行採購藥品，獨立經營賣藥團，表演唸歌、兜售藥品都由夫妻倆自行包辦。外出做生意時，搭乘三輪車至各村里，如林口、九份、汐止、三峽、雙溪、大里港、竹山一帶的村莊。賣藥走唱的生涯極為艱辛，「當時他們所到之處，大都在礦區、農莊、漁村的市集或廟埕上，他們活動的路線隨著地區的生活節令不同而遷移。譬如說，在竹山一地，因為當地盛產竹筍，竹筍大約在三、四月（農曆）間出產的比較多，此時竹筍市場就聚集了許多筍農，因此他們就趕到當地來推銷膏藥」〔註124〕；他們的唸歌深受人們喜愛，只要他們來到村子裡，村人不但熱心的協助他們擺設器材藥品，還為他們準備茶水，楊秀卿說：「以前我們走到哪裡大家都很疼我們」。雖名為賣藥團，販賣藥品對他們而言，提供了經濟上的收入，但是對村人而言，他們真正期待的並非採買藥品，而是精采的唸歌演出。每段表演約四、五十分鐘，便須休息，並開始兜售藥品，待藥品賣得一定數量，方又接續剛才的表演；有時賣藥的時間長了，觀眾不耐久等，甚至會幫忙邀集他人來買藥品，只為能盡快欣賞他們的演出。

　　民國四十八年，楊秀卿夫妻開始接受聘僱，錄製唸歌，搭配販賣藥品的節目播送，後來政府藥物管制法趨於嚴格，楊秀卿說：「後來藥物管制，大約我四十幾歲，三十多年前，要有攤販牌才可以賣藥，要不然就要去開西藥房，我們經常被罰錢，賣不夠罰，所以就收起來了。」結束賣藥團之後，他們以為電台錄製節目為專職，楊秀卿說：「那時金子一錢才二百多，我一個月可以賺三、四兩，賺一、二萬塊。」〔註125〕「賣藥不是不好賺，可是要

〔註123〕楊秀卿二十二歲時與楊再興先生結婚，楊再興原從事修車工作，婚後轉而與楊秀卿共同表演唸歌，擔任大廣弦的伴奏。自此夫妻倆人，無論表演或生活，皆形影相隨。令人深感遺憾的是，楊再興先生於2008年2月溘逝，倆人共同演出的畫面已成絕響。

〔註124〕竹碧華：《楊秀卿歌仔說唱之研究》（臺北：中國文化大學藝術研究所碩士論文，民國80年），頁48。

〔註125〕據竹碧華：《楊秀卿歌仔說唱之研究》（臺北：中國文化大學藝術研究所碩士

看天氣，演到一半下雨，觀眾就跑光了；如果遇到有人家失火、辦喪事、婚事，也會沒觀眾」，比之賣藥走唱，錄製唸歌的工作，無論在生活上或收入上，都變得穩定許多。楊秀卿夫婦曾受聘於六位雇主，分別是新竹的黃金群、高雄的曾志峰、新竹的蕭正山、高雄的朱泰郎、台中的孫正明〔註126〕，雇主多是藥商或是「歌仔販」，所謂的「歌仔販」即如孫正明先生，以錄製節目出租予電台為業；據竹碧華調查，楊秀卿為歌仔販孫正明錄製的唸歌有：《薛仁貴》、《包公案》、《孟麗君》、《雙印記》、《萬花樓》、《雙孝子》、《雪梅教子》、《越唐演義》、《七俠五義》、《隋唐演義》、《李旦復國》、《兒女英雄傳》〔註127〕。全盛時曾有五十三家電台播放她的唸歌錄音帶〔註128〕，顯見她的唸歌具有相當大的魅力，為電台吸引大量的聽眾，刺激了藥品的銷售量。

　　楊秀卿為電台製唸歌節目之後，唱片公司也邀請她錄製唱片，據她回憶，錄製唱片時約三、四十歲，曾在許多唱片公司錄過唱片，她至今僅記得「烏貓」、「月球」兩家唱片公司，也是錄得最多的公司。一張唱片片長約三十分鐘，唱片公司先提供唱詞，丈夫讀予她聽，她再搭配曲調練唱，需事先練習至極為純熟才能進錄音室錄製唱片，因租用錄音室的費用極高，基於成本考量，唱片公司要求須「一遍成」〔註129〕。起初錄製唱片的酬勞是一片四百元，但後來酬勞逐漸遞減，約至八十元時，楊秀卿認為酬勞過低，便不願再錄製唱片了。月球唱片公司近年將她當年的唱片改以 CD 的形式重新發行，市面可見的如《林投姐》、《通州奇案》、《勸善歌》、《歹子修善》、《勸賭博》、《探親結緣》。

　　民國七十一年，文建會舉辦「民間劇場」，邀請楊秀卿至全台各地巡迴演出，唸歌開始受到許多文化單位的重視，基於文化保存的理念，紛紛將其唸歌錄製成有聲出版品，如「台灣歌仔協會」監製的《楊秀卿的唸歌藝術》〔註130〕錄音帶十卷，計有八首唸歌：《黃鶴樓（劉備過江食酒）》、《大明節

論文，民國 80 年），頁 48～49 所載，楊秀卿夫婦自民國四十八年開始為電台錄製節目。

〔註126〕同註 125，頁 50。
〔註127〕同註 125，頁 51。
〔註128〕《第十一屆國家文藝獎贈獎典禮專刊》（臺北：財團法人國家文化藝術基金會，2007 年 10 月），頁 78。
〔註129〕《第十一屆國家文藝獎贈獎典禮專刊》中的〈楊秀卿簡歷〉，洪瑞珍整理，楊秀卿口述。
〔註130〕王振義、溫溪泉製作：《楊秀卿的唸歌藝術》（臺北：嘉映傳播公司，1994 年

孝》、《通州奇案（殺子報）》、《紙馬記》、《煙花女配夫》、《周成過台灣》、《乞食開藝旦》、《勸世歌》；「台灣台語社」出版的 CD 有聲書：《廖添丁傳奇》〔註131〕、《哪吒鬧東海》〔註132〕、《新編勸世歌》、《胡蠅蚊子大戰歌》〔註133〕；白鷺文教基金會出版的 CD《台灣民主歌》〔註134〕；「文化建設委員會」出版的《楊秀卿唸歌說唱故事有聲書》內有六首唸歌〔註135〕：《雪梅教子》、《昭君出塞》、《周成過台灣》、《孟姜女》、《山伯英台》、《孟麗君》。楊秀卿並於民國七十八年獲得教育部頒發「民族藝術薪傳獎」，民國九十六年獲得國家文化藝術基金會頒發第十一屆「國家文藝獎」，民國九十八年入選文建會「九八年度指定重要傳統藝術保存者」，同年並獲頒「第一屆臺北傳統藝術藝師」，諸多獎項在在肯定了楊秀卿在唸歌藝術上的成就與貢獻。

近年來，楊秀卿有感於唸歌即將失傳，對於有志學習者，皆不吝賜教，傾囊相授，以洪瑞珍爲其首席弟子。並經常隨「洪瑞珍唸歌團」、「臺灣唸歌團」至海內外各地巡迴演出，曾遠至美、日等國，亦深受當地僑胞歡迎；民國一百年更正式成立「楊秀卿說唱藝術團」，成爲臺灣最具代表性的唸歌表演團體。據筆者調查〔註136〕民國八十九年至一百年間她曾公開演出的唸歌有《周成過臺灣》、《山伯英台（母子答）》、《廖添丁傳奇》、《寶島臺灣歌》、《山伯英台（十二送哥）》、《一生傳》、《勸戒毒》、《山伯英台遊西湖》、《拜媽祖》、《雲林之美》、《老健康之樂》、《山伯討藥方》、《夯飯匙抵貓》、《勸世歌》、《高雄打狗歌》〔註137〕、《勸戒毒》、《王巒英拔番薯青》、《陳金枝中狀元》、《食圓仔歌》、《哪吒鬧東海》、《呂蒙正拋繡球》、《按軍審胡蠅》等，除演唱昔日走唱時所熟習的唸歌外，她說「瑞珍經常叫我想一些新的」，「有時候我喜歡聽布袋戲、廣播劇、新聞，我會拿來作材料」，楊秀卿將現代的題材融入唸歌，唱出具有「現代感」的唸歌，也爲唸歌灌注了活水，使唸歌得以與時代的脈動

---

6 月）。

〔註131〕《廖添丁傳奇》有聲書 CD，洪瑞珍製作，台灣台語社 2001 年 4 月出版。

〔註132〕《哪吒鬧東海》有聲書 CD，洪瑞珍製作，台灣台語社 2002 年 10 月出版。

〔註133〕《新編勸世歌》、《胡蠅蚊子大戰歌》有聲書 CD，洪瑞珍製作，台灣台語社 2002 年 10 月出版。

〔註134〕《台灣民主歌》，陳郁秀製作，白鷺鷥文教基金會 2001 年出版。

〔註135〕《楊秀卿唸歌說唱故事有聲書》，王友蘭著，臺灣傳統藝術總處籌備處 2008 年 5 月出版。

〔註136〕「洪瑞珍唸歌團」團長洪瑞珍曾於 2007 年請筆者代爲整理唸歌團歷年節目單，並協助建檔。

〔註137〕呂璧如作詞。

結合，仍保有其「爲民而歌」的主要精神。

　　楊秀卿演唱的特色是她自創「口白式唸歌」，即在以七字爲主的唱詞中加入口白，成爲「韻」、「散」夾雜的唸歌，楊秀卿敘其爲何自創「口白式唸歌」時說：「我小時候學唸歌時，也是教我一葩一葩一直唸下去，可是我去表演的時候，客人會說『你這樣一直唸一直唸，我會聽不懂』。後來我就想，我在說故事之前，先說一說故事的內容後再唱，這樣客人比較知道故事內容是什麼。後來客人的反應很好，我就這樣唱了！」的確，「口白式唸歌」的說唱方式，對以敘事爲主的唸歌而言，具有幾個優點：

　　一、解釋故事中複雜的人事關係，使觀眾易於理解。

　　二、韻散夾雜，說唱的方式更加活潑，富有戲劇性。

　　三、使說唱者可作更詳盡的描述。

因是之故，楊秀卿的「口白式唸歌」爲唸歌開闢了一條新徑，它的演述方式，深受民眾喜愛，時至今日，仍有電台播放她的唸歌，爲少數尚有群眾支持的唸歌說唱者。

　　筆者於二○○七年八月三十日採訪楊秀卿，她演唱了一段唸歌：《母子答》，乃梁祝故事中，梁山伯至祝家探訪祝英台，始知英台爲佳人，卻與馬俊已有婚約，梁山伯憾恨不已，返家後與母親敘及此事，母子之間的一段對話。茲錄其中一段唱詞於下〔註138〕：

　　　　（白）越州才到武州城，風吹柳葉心頭酸，安人伊知我子返，差婢
　　　　　　　接子入後堂。

　　　　（母）老身看子心頭酸。唉心肝子！你去讀書是桃花面，爲何返來
　　　　　　　面青黃。

　　　　（山）母親啊！三伯我跪落拜母親，阿母不知子的原因。

　　　　（母）那是當然囉！你若不說，我怎麼會知道呢？甚麼事情？

　　　　（山）阿母啊！我爲越州祝小妹，整夜沒睡又半點眠。

　　　　（母）四九，你說看看！

　　　　（四）老安人啊！就是爲了山伯楊桃！

　　　　（母）啊！死奴才！說憨話！甚麼叫做山伯楊桃！

　　　　（四）沒有啦！就是那個祝英台啦！我就跟伊說伊是女生不是男

〔註138〕唱詞前（）處，表明角色，「白」指旁白，「母」指梁山伯之母，「山」指梁山
　　　　伯，「四」指梁山伯的書僮四九。

生，伊就不信，現在才來傷心。

（母）哎喲！憨子！老身勸子免怨啼，子你就乖乖給我勤讀詩，就
　　　叫媒婆伊家去，去跟英台求親義，求親倘來配子兒。

（山）阿母！已經太慢了！我山伯來聽到心頭悶，阿母不免去求
　　　婚，英台親事配馬俊，有錢要娶也沒咱的份！

（白）這就叫做泉州城賣米粉，沒你份！

（母）哎喲！憨子！人說只欠天上美仙女，地面哪缺美姑娘，子你
　　　功名若成器，我再替你找那個美美美的來配子兒。

（山）山伯聽到淚哀哀，我沒說阿母你不知，別人再美我不要，我
　　　只喜歡我英台，別人再美不必來，母親啊！

楊秀卿一人分飾多角，各擬其聲，聲音表情非常豐富，有代言，也有旁白，
她的表演有如一場生動活潑的廣播劇。有「說」有「唱」，「說」與「唱」的
轉換，運用自如，口語化的表演風格，呈現出「口白式唸歌」的特色。

（八）臺灣其他的說唱者

臺灣的唸歌說唱者尚有溫紅塗、施金水、游桂芳、汪思明〔註 139〕、梅
英、素琴、梅中玉、冬氣王、小鳳、張永吉、滿台紅、正人愛、李申長、梁
松林、高桂花、坤操、紅桃、寶珠、侯金龍〔註 140〕、陳清雲〔註 141〕、呂寶
貴、張桂（貴）子〔註 142〕、謝財源〔註 143〕、邱鳳英（邱查某）〔註 144〕、

〔註139〕汪思明，生於 1987 年，卒於 1969 年。爲閩臺知名的唸歌說唱者和創作者。
　　　　擅長月琴彈唱，代表作爲《廖添丁》。早期隨賣藥團四處演唱，他所創作的
　　　　「賣藥仔哭」調盛行一時，遠播廈門。他所創作的《黑貓黑狗歌》，由閩南
　　　　的會文堂書局發行同名歌仔冊，暢銷閩臺。自組「汪思明歌仔廣播劇團」，
　　　　於多家廣播電台演唱，後來還成立「思明唱片」公司。他曾錄製的唸歌唱
　　　　片有《馬俊娶親》、《二本英台拜墓》、《安童買菜》、《呂蒙正打格》，利家唱
　　　　片發行。《世間了解新歌》，日東唱片發行。《呂蒙正探親》，泰平唱片發行。
　　　　《頭本英台病相思》、《二本英台相思》、《台中州下清水街》、《大震災新竹
　　　　州》、《草繩拖阿公》，思明唱片發行。參考陳兆南：〈臺灣歌仔江湖調的開
　　　　拓者──汪思明〉，收於「國家臺灣文學館」的「台灣民間文學歌仔冊資料
　　　　庫」網址 http://www.nmtl.gov.tw/index.php。
〔註140〕月球唱片曾發行《許夢蛟拜塔》、《孫臏學藝》。
〔註141〕月球唱片曾發行《孝子傳》、《雪梅教子》、《林投姐》、《前世夫妻》、《孝女奇
　　　　案》、《目蓮救母》、《改惡從善　勸世男女》、《孝女丁蘭》、。
〔註142〕以上三人（陳清雲、呂寶貴、張桂子）曾共同錄製《兄弟和好》的唱片，龍
　　　　鳳唱片發行。呂寶貴、張桂子二人共同錄製《勸世人心萬百種》，龍鳳唱片發
　　　　行。張桂子錄有《人心萬百種》，國聲唱片發行。

葉清雲、歐雲龍〔註145〕、葉秋雲〔註146〕、鳳鶯〔註147〕、林俊〔註148〕、張樹龍〔註149〕、陳青雲〔註150〕、葉秋雲、黃秋田〔註151〕、黃茂貴〔註152〕、徐鳳順、彰化哭、柯翠霞、廖秋、阿丁仙、陳美珠〔註153〕、陳寶貴〔註154〕、

〔註143〕 以上三人（呂寶貴、張桂子、謝財源）曾經錄製《挽茶相褒》、《愛答父母恩》、《勸戒嫖賭飲》、《家和萬事成》、《人塊做天塊看》、《幸福家庭》、《勸人兄弟和好》等唱片，國聲唱片發行。三人另錄有《酒醉誤大事》，龍鳳唱片發行。謝財源、張桂子曾錄製《好天粒來雨積糧》，龍鳳唱片發行。

〔註144〕 邱鳳英約生於民國1922年，為知名的唸歌說唱者（盲人），以月琴自彈自唱，早期以走唱為業，後來也曾至電台說唱，並受唱片公司之邀，錄製多張唱片，她曾於「國聲唱片」公司錄製多張唱片，據唱片封套上的廣告可知該公司曾為其發行的唱片有《廿四孝子》、《男女教化》、《風流勸世歌》、《勸化人生　十殿閻君》、《勸浪子回頭》、《勸少年着立志》、《勸煙花》、《家貧出孝子》、《孝子丁蘭刻木》、《孝子孟宗哭竹》、《周瑜討荊州》、《劉備過江飲酒》）、《欺貧重富》、《風流寡婦》、《福至心自靈》、《家庭教化》、《孝子目蓮救母》、《金姑看羊》、《乞丐開藝旦》、《相欠債》、《孝子大舜》、《周成過臺灣》、《忠孝節義》、《詹典嫂告御狀》、《石平貴與王寶釧》、《薛丁山征西與三請樊麗花》、《雪梅教子》、《孟姜女哭倒萬里長城》等。另，「皇冠唱片」公司也曾發行她的唱片，由唱片封套上的廣告可知有《最毒婦人心》、《櫸枷架》、《濟公賣狗肉》、《英雄難過美人關》、《趙子龍救阿斗》、《金姑看羊》、《談天說地》、《失身了時》、《科學仙拼散仙》、《人為財死鳥鋃食亡》、《陳靖姑平妖》、《三伯病相思》、《孫悟空出世》、《孫悟空鬧水晶》、《孫悟空大鬧地府》、《孫悟空大鬧天宮》、《孫悟空被崁五指山》等，唱片定價為20元。且，據王順隆「家藏唱片錄音帶目錄」，可知「環球唱片」也曾發行邱鳳英的唱片，有《戶神蚊子歌》、《王寶釧與薛平貴》、《孔明戰周瑜》、《關公過五關》、《關公困土山／古城會》、《趙子龍救阿斗／曹操割嘴鬚》。另，「龍鳳唱片」曾發行《勸烟花》。邱鳳英可說是錄製最多唸歌唱片的說唱者。

〔註145〕 波派唱片曾發行《驚某大丈夫打某豬狗牛》。歐雲龍與葉清雲合唱《華容道放曹》，惠美唱片發行。

〔註146〕 以上二人（歐雲龍、葉秋雲）共同錄製《三戒勸世歌》、《社會勸世歌》、《運命大註定》，波派唱片發行。

〔註147〕 環球唱片曾發行《烟花女配夫》。

〔註148〕 蓬萊集廣播唱片曾發行《戶神蚊仔歌》、《勸世閻君調》。

〔註149〕 皇冠唱片曾發行《勸世遊臺灣》；中聲唱片曾發行《家庭教化》、《勸世文》。

〔註150〕 應與「陳清雲」為同一人。

〔註151〕 月球唱片曾發行《李三娘》、《馬前潑水》、《大義滅親（道光案）》。惠美唱片曾發行《二個某真艱苦》內另含《雪梅思君》。

〔註152〕 皇冠唱片曾發行《風花勸世》。

〔註153〕 陳美珠，新竹人，1937年生，目前定居三峽。幼年曾讀過兩年日本公校，十五歲加入賣藥團四處演唱。幾年後與王玉川搭檔，她彈月琴，王玉川拉大廣弦，四處賣藥、演唱，二人合作的時間長達二、三十年。三十三歲時與王玉川進入電台演唱；後來並與陳寶貴合組「錦裙玉玲瓏」於電台共同演唱。擅

陳再得〔註155〕、高樂榮〔註156〕等。

長演唱的唸歌，如《包公會國母》、《包公案》、《青竹絲奇案》、《尪某相褒歌》、《雪梅教子》、《薛仁貴征東》、《薛丁山征西》、《秦始皇吞六國》、《毛遂偷魂丹》。參考陳家慧：〈說唱活寶——陳美珠〉，收於「國家臺灣文學館」的「台灣民間文學歌仔冊資料庫」，網址 http://www.nmtl.gov.tw/index.php。

〔註154〕陳寶貴，與陳美珠合組「錦裙玉玲瓏」，迄今仍時常參與唸歌團體的表演。

〔註155〕陳再得，彰化人，1929 年生，2005 年過世。以農為業，曾任村長，喜愛編唱唸歌，自娛娛人，創作演唱的作品有二十六首，如《時代勸世歌》、《政治明星陳水扁》、《臺灣集集大地動》、《芳苑鄉姓氏分佈》、《二林蔗農事件》……等。參考陳益源、林依華：〈鄉土歌仔先——陳再得〉，收於「國家臺灣文學館」網站的「台灣民間文學歌仔冊資料庫」，網址：http://www.nmtl.gov.tw/index.php。

〔註156〕惠美唱片曾發行《安童哥買菜》。

第八章　唸歌的說唱型態

　　唸歌的說唱型態早期以「走唱」最為普遍，隨著時代的變遷，大陸閩南地區發展出堂會式的「歌仔館」，臺灣則發展出以「賣藥團」、「電台說唱」、「視聽說唱」等表演方式，唸歌的表演型態因此有了多元的發展。

第一節　走　唱

　　「走唱」，是唸歌最常見的表演方式，是一種賣藝謀生的商業行為，說唱者大多為盲人或乞丐。早期普遍見於閩南及臺灣。

一、閩南的走唱

　　關於閩南藝人走唱的狀況，藍雪霏在《閩臺閩南語民歌研究》一書中提到：

> 漳州、廈門城裡盲藝人多於晚間或有孩子、男人牽引，或結伴搭肩
> 而行。他們懷抱月琴或弦子，琴頭掛有卜卦用的籤筒，沿街遊走，
> 在店鋪在碼頭在客棧，人稱『弄叮噹』。若有店家召喚，便進入其店
> 內，主人即會端凳子泡茶，盲歌者便會依照主人從籤筒中抽得的『籤
> 詩』歌唱，敷衍故事，卜算命運，主人會視籤詩及所唱歌曲的數目
> 給予報酬。〔註1〕

廈門學者陳耕也說：「手持月琴的走唱藝人，多是盲人，由一小女孩前導，懷

─────────────────

〔註 1〕 藍雪霏：《閩臺閩南語民歌研究》（福州：福建人民出版社，2003 年 10 月），
　　　　頁 69。

抱月琴沿街『叮噹』而行。月琴上懸有一些小竹片，片上烙刻著盲人可以摸出的記號。顧客摸到並不知上邊的記號表示什麼，盲人則可以告訴你這是《留傘》或是《孟姜女送寒衣》等等。然後就為你演唱一曲，唱完了告訴你這一籤說明你的什麼運氣，什麼命相等等。也有的並不算命，只是沿街市、村鎮走唱。唱一些太平歌，取悅聽眾以乞討。」〔註2〕閩南地區走唱式的唸歌經常兼具「卜算」的功能，唸歌所敷唱的故事則如同寺廟裡的籤詩，為猶疑或迷惘中的人們指引方向，這種演唱方式多在龍海、長泰、平和、華安、南靖等鄉鎮。

清道光二十二年（1842）11 月，廈門開埠後，成為東南的海港城市，商貿繁榮、人口激增，許多原本在鄉鎮走唱的盲人說唱者也紛紛來到廈門，據廈門當地的耆老林東海〔註3〕說：「光緒年間（1875～1908）從海澄、石碼、龍溪等地就有不少男、女盲藝人流入大街小巷，以抽籤卜卦、歌仔唱（唸歌）謀生」〔註4〕。民國三年至民國十五年是廈門唸歌最興盛的時期〔註5〕。廈門知名的說唱者白水仙〔註6〕表示，「那時廈門歌仔唱（唸歌）很流行。每到夜晚，廈門街頭巷尾很活躍，不僅有走街串巷，眾多的男女盲藝人以抽籤卜卦，演唱戲曲的民間故事的歌仔唱謀生，他們月琴頭掛著一個用鐵絲外面用紅布扎起來紅圈，下面掛著一支一支小竹籤，抽籤是以《呂蒙正》、《孟姜女》、《火燒樓》等戲曲的民間故事為竹籤破解和演唱的。每抽一支籤，演唱一段歌仔唱一角至二角的龍仔銀。」〔註7〕可知民國初年時，這種卜算式的走唱在廈門仍非常盛行〔註8〕。

〔註2〕 陳耕：《閩臺民間戲曲的傳承與變遷》（福州：福建人民出版社，2003 年 9 月），頁 83。

〔註3〕 年輕時在廈門的碼頭工作。

〔註4〕 陳福興：〈廈門錦歌說唱（錦歌）由來演變與興衰〉《閩南文化研究》2003 年第 8 期。

〔註5〕 同前註。

〔註6〕 生於 1904 年，原籍福建安溪，14 歲至廈門，學唱唸歌，曾在田仔乾組織歌仔館，取名「和鳴社」。

〔註7〕 同註4。

〔註8〕 劉向東曾經於 1994 年採訪資深的漳州說唱者盧菊，她介紹「過去在閩南街頭，常見到走唱藝人的月琴上刻有個掛著小竹籤的圓圈，這些竹籤共有二十四支，上刻著鋸狀小齒，每支竹籤都代表某個故事的一折，如《孟姜女》、《金姑趕羊》、《雪梅教子》、《郭子儀大拜壽》等。人們卜問吉凶禍福，便抽出其中一支竹籤，盲藝人就根據竹籤所示的故事，先唱一兩段歌仔，然後向你預

閩南的走唱以盲人爲主，他們爲了謀生，時常在街巷里弄、碼頭客店賣藝餬口，他們演唱的音調比較純樸，結構比較簡單，表達感情純樸、眞摯。具有通俗易懂、易學、易唱的特點，貼近民眾的生活。〔註 9〕

二、臺灣的走唱

吳瀛濤在《臺灣民俗》裡提到臺灣早期走唱的情形：

> 走唱：一爲乞丐，以要飯爲主，唱歌爲輔，二爲專門以賣唱爲業的所謂走唱的。所唱的都是通俗的乞丐調，或名捧鼓調。捧鼓是用粗竹一節，長可一尺半，直徑約二寸，一端空洞包以布，下端空洞則用蛇皮或田雞（類似青蛙）皮包緊。行走時，斜背於腰間，以右手的食指、中指、無名指同擊下端，則會發出『膀膀刧，膀膀膀膀刧，刧膀刧膀膀』的鼓音，而全以七字刧，膀膀一句，四句爲一首。〔註 10〕

這種表演的方式又叫做「打筒孔」或「打響鼓」，大多唱《姜女賞花》、《郭子儀》、《三藏取經》、《抛繡球》、《買魁生》、《三伯探》等歌，台灣在日治時期還有這一類的表演，日人片岡嚴《臺灣風俗誌》記載：「打響鼓……一邊打鼓一邊唱，假如主人只給二、三釐錢，那他就只隨口說幾句吉利話，假如主人能多給一些錢，他就可以接受主人的點唱，唱歷史古談或小說中的一段」〔註 11〕，當時打響鼓常見的表演曲目有《姜女賞花》、《郭子儀》、《三藏取經》、《皇都市》、《相毛走》、《千金出甌》、《董永送》、《王眞行》、《大拜壽》、《抛綉球》、《上大人》、《井邊會》、《相荔枝》、《買魁星》、《三伯探》、《振三元》、《鶯台賞花》、《磨鏡》、《送銀來》、《送寒衣》。表演的曲目多是折子，如《姜女賞花》、《三伯探》。許多曲目未見於「歌仔冊」中，如《皇都市》、《相毛走》、《千金出甌》、《王眞行》、《大拜壽》等。

臺灣也有「卜算」式的走唱，稱爲「抽籤仔」，較早的記載見於片岡嚴的

示占卜的結果，與菩薩廟抽籤有異曲同工之妙。」見於劉向東：〈閩臺錦歌的傳播衍化與同源現象〉2005 年第 1 期，頁 50。

〔註 9〕李賢淑：〈試論漳州錦歌的流派與藝術特色〉，《漳州職業大學學報》2004 年第 2 期，頁 28。

〔註 10〕吳瀛濤：《臺灣民俗》（臺北，眾文圖書公司印行，民 89 年 1 月），頁 329。

〔註 11〕片岡嚴著，陳金田譯：《臺灣風俗誌》（臺北：大立出版社，民國 70 年 1 月。原由臺北：臺灣日日新報社，大正 10 年（1921）2 月 10 日發行），頁 298。

《臺灣風俗誌》：「乞丐把一些歌籤拴在月琴的柄上，當乞討時任由主人抽籤，
抽到什麼籤他就唱什麼歌，唱時當然是以月琴來伴奏。」〔註12〕，簡上仁在
《臺灣民謠》有進一步的說明：「『抽籤仔』則是乞者肩掛月琴，琴上附有籤
條，讓人抽取，再按籤條以「乞食調」或其他說唱曲牌彈唱。通常抽選出的
籤題內容大概都是討好頭家的吉祥話，也有些是歷史故事、民間傳奇之類，
如《鄭成功的故事》、《周成過臺灣》、《邱罔舍放大炮》等。」〔註13〕根據說
唱者楊秀卿的回憶，她說：

> 我沒學過抽籤仔，不過我曾經遇過，也抽過，有人叫做『乞丐籤』，
> 那是一個像帽子狀的袋子繫在琴頭，籤條由布製成，若有人要抽，
> 便將一整把籤拿在手上，由人抽取，籤上有記號，代表不同的曲目，
> 如《呂蒙正拋繡球》、《孟姜女尋夫》，人客抽得籤後，只唱其中一、
> 二范，再將故事的內容及占卜的結果說明一下。如問感情問題，抽
> 得《孟姜女尋夫》，那就是不好的籤。〔註14〕

「抽籤仔」在台灣社會中已經消失許久，可以確知的是，在楊秀卿走唱的時
期（約至民國四十一年）仍然存在，從她的描述可知當時臺灣的「抽籤仔」
和閩南的走唱大致相同。演唱的曲目則是臺灣盛行的民間故事，如《鄭成功
的故事》、《周成過臺灣》、《邱罔舍放大炮》、《呂蒙正拋繡球》、《孟姜女尋夫》。
片岡嚴視「抽籤仔」為「乞丐」的乞討活動，但閩南及臺灣學者均認為「抽
籤仔」僅是一種為結合卜算的走唱表演，楊秀卿說若有些說唱者欲從事此
業，還得先拜師學藝〔註15〕。

純以賣唱為業的藝人，大多是盲人，男女皆有。演唱的人數，可一人，
也可兩人。有時走唱的盲人會群聚於某一地，兩兩組合為一小隊後各自營生。
他們每天由人牽引〔註16〕，抱著月琴沿街繞行，撥弄琴弦，以『叮叮噹噹』
的弦聲吸引民眾注意，欲聽歌者，可喚住他們，和他們討論曲目的選擇和價
錢，談妥之後，再至其處所演唱。演唱時間的長短，與聽歌者的價錢多寡有
關，聽歌的價格，鄭來好說，日治時期以角計價，若是一角便可以演唱，但

〔註12〕同註11。
〔註13〕簡上仁：《臺灣民謠》（臺北，眾文圖書公司，民81年9月），頁132。
〔註14〕筆者於2008年10月11日電訪楊秀卿。
〔註15〕筆者於2008年10月11日電訪楊秀卿。
〔註16〕牽引人，有時是自己的家人，有時是聘僱，據楊秀卿所述，牽引人的酬勞以
營利抽成的方式計算。

有時生意較冷清或天氣炎熱走得極累時，他們也願意接受較低的價格，但演唱的篇幅卻也相對較短。楊秀卿說，她演唱的時期，一首歌演唱的價格大約三元至五元，當時一斤米僅幾角，走唱的報酬很不錯，若客人喜歡聽唸歌，願付足夠的錢，要聽到半夜也可以。

盲人走唱的地方，鄭來好曾至基隆、圓環，宜蘭、台南南鯤鯓等地；楊秀卿多在基隆、八堵、仙洞、臺北、松山一帶；陳達則在高雄、恆春一帶。楊秀卿說，走唱的地點城市、鄉村皆有，白天多到鄉村、公園，許多未外出工作的老人、婦女會請他們唱歌；到了黃昏，就到城市裡走唱，因為那時很多人下班回家，也想聽歌。聽歌者有一般民眾、碼頭的工人，也有市場的小販和酒店的女子。鄭來好走唱的曲目有《呂蒙正》、《紙馬記》、《孟麗君脫靴》，楊秀卿走唱的曲目有《山伯英台》、《斷機教子》、《詹典嫂告御狀》、《金姑看羊》、《呂蒙正》、《孟姜女》，多是深受民眾歡迎的曲目。

盲人說唱者多是出生或幼年時即已失明，為培養獨立的謀生技能，自小便得開始學習唸歌技藝。由於盲人走唱者，所能從事的工作極少，因而將技藝視為極重要的謀生工具，不輕易將所學外傳，所以，盲人說唱者多自小便送養予資深的盲人說唱者，成為其養子女後，方願意傳授所學。盲人說唱者學藝的過程極為艱辛，只能憑藉聽覺和觸覺，每天天未亮即須努力的背誦唱詞，僅能依靠觸摸的方式來學習琴藝。養父母的管教往往極為嚴厲，稍有錯誤，必遭嚴厲的責打。說唱者鄭來好、楊秀卿回憶學藝的過程時，仍覺得艱辛無比。

在日治時期，唸歌走唱原可以自由演出，但在日本政府實施「皇民化」政策後被禁止。昭和十七年（1942）四月十四日臺灣總督府發出「訓令第十八號」，制訂了「腳本及臺本檢閱規則」管制傳統戲劇及新劇的演出，它規定演戲前必須先將劇本內容、演出場數、申請者姓名住址寫明，向總督府提出申請演出，經過核准始能上演，未經核准演出或記載不實者，將處以三個月以下有期徒刑，併科一百元以下罰金。對演出的內容也明文規定，如「教育上造成壞影響」、「內容涉及低劣卑俗」及「在公安及風俗上有危害之虞」〔註17〕，昭和十九年（1944）日本人又提倡以臺灣歌曲的旋律填上日本歌詞的「新臺灣音樂運動」，全面禁止臺語歌曲的演唱，唸歌亦在禁制之列。

〔註17〕葉龍彥：《臺灣唱片思想起》（蘆洲：博揚文化出版社，2001 年 12 月 15 日），頁 94。

　　雖然唸歌所面臨的是一個高壓的政治環境，但在當時，唸歌的表演其實並無法完全禁絕，民眾仍無法壓抑對唸歌的渴望，說唱者亦仍必須賴此維生，唸歌說唱只好偷偷的進行，鄭來好說：「那時我們去台南唱，唱整段的，他（指管轄者）如果沒來巡，我們也是一樣繼續唱，如果有人來巡，就會有人來通報說：『琴仔快拿去藏！』」說唱者楊秀卿也說：「只要日本人來查，我們就改唱日本歌」可見，愈是不自由的政治氣氛底下，人們愈是需要唸歌這樣的民間說唱，以抒解心中的苦悶！

　　光復之後，賣藥團日趨蓬勃，盲人走唱者紛紛加入賣藥團，又因按摩業盛行，也能獲得豐渥的收入，諸多盲人走唱者，也改行從事按摩工作，盲人走唱的表演型態逐漸漸從臺灣的社會中消失。

第二節　歌仔館

　　「歌仔館」，又稱「歌仔社」，指由幾位說唱者所組成的唸歌社團，也可指其活動聚會的處所。「歌仔館」的功能在於說唱者彼此傳習、交流技藝。師父傳授技藝予學生，稱為「開館」，每次開館的時間為四個月，每當逢年過節時則會踩街表演。

　　閩南地區的歌仔館，據《龍海縣志》記載：「明清時期，民間有弦歌堂樂社，清光緒年間，龍海縣浦南、九湖一帶有慶賢堂、豐慶堂歌社。」〔註18〕已知閩南龍海地區已有社團的弦歌樂社，部分學者認為它很可能就是所謂的「歌仔館」。藍雪霏於一九九〇年採訪福建省龍海縣六十一歲的鄭慕三，他是歌仔館「聲音堂」的說唱者，自十三歲時起開始學習唸歌，在他之前尚有七、八代學習此門技藝，因此保守估計約在一八九〇年清光緒年間已有「聲音社」。〔註19〕大陸的歌仔館，一般就其社團組織的型態，稱為「堂會式」，就其定點的表演方式，稱為「坐唱式」，以有別於沿街走唱的表演型態。

　　廈門學者陳耕說：「『歌仔社』，在村落或市鎮固定的場所，居民閒暇時聚集在一起有老師教唱，樂器比較齊全，為業餘性質。逢年過節時，歌仔館與

〔註18〕《龍海縣志》（北京：東方出版社，1993 年）。

〔註19〕藍雪霏：《閩臺閩南語民歌研究》（福州：福建人民出版社，2003 年 10 月），頁 69。

村落組織的歌仔陣、車鼓陣一起踩街表演。」〔註20〕清代時，城市鄉鎮到處設有歌仔館、歌仔社，如同治十二年（1837），漳州市郊小坑頭村說唱者李答余在該村成立第一家歌仔館「答余堂」收黃阿笠和陳老尚等八人爲徒。清光緒四年（1878）漳州平和縣說唱者雲漳師在市郊北溪的浦南村創辦「錦雲堂」。清光緒三十四年（1980）李答余的徒弟黃阿笠和陳和尚又分別在自己家鄉成立「豐慶堂」〔註21〕和「慶賢堂」〔註22〕。另外還有龍溪縣九湖鄉田垵村鄭藩水創立的「聲音堂」。

　　民國初年閩南歌仔館分爲兩大流派，「堂」字派和「亭」字派。民國十七年（1928）海澄乾果食雜店老闆劉振發出資，建立了「樂吟亭」歌仔館〔註23〕。亭字派主要活動於城市，受福建南音影響比較深，唱腔比較幽雅細膩，講究咬字、歸音、韻味。一九二○年前後，亭字派在漳州市區、龍海縣開設歌仔館四十餘館，以「八吟樂吟亭」爲代表，並影響至浦南、角美、石碼等地的「集弦閣」、「盛音堂」、「進得社」。〔註24〕堂字派多流行於縣鄉，演唱者多是農民、手工業者，唱腔具有樸實粗獷的特色，曲調接近於民間歌謠，尤其擅長《雜念調》，代表性班社有龍海、漳浦、雲霄等縣的「豐慶堂」、「慶賢堂」、「樂音堂」、「錦雲堂」、「一德堂」、「攀和堂」等〔註25〕三十餘館。另，曾學文《廈門戲曲》中提到著名的歌仔館尚有「和鳴社」〔註26〕、「樂誼的」〔註27〕、「亦樂軒」、「開樂社」、「福義社」、「新歧社」〔註28〕，但未說明屬於何派的演唱方式。

　　歌仔館經常於婚喪喜慶時組成「歌仔陣」，一開始邊走、邊奏、邊唱，到達目的地時才進行「排場」演出，受歡迎的程度有所謂「椅條疊椅條」〔註29〕

〔註20〕陳耕：《閩臺民間戲曲的傳承與變遷》（福州：福建人民出版社，2003 年 9 月），頁 82。

〔註21〕漳州市北郊小坑頭村（今薌城芝山鎮大同村）。

〔註22〕漳州市北郊鄉高坑村（今薌城石亭鎮高坑村）。

〔註23〕吳福興：〈廈門錦歌說唱（錦歌）由來演變與興衰〉，《閩南文化研究》2003 年第 8 期。

〔註24〕王耀華《福建傳統音樂》（福州：福建人民出版社，2008 年 8 月）頁 28～29。

〔註25〕同前註，頁 29。

〔註26〕由說唱者白水仙組織，位於廈門田仔乾。

〔註27〕廈門大王宮附近，廈門知名的歌仔戲編劇、藝人劭江海幼年即於此學習唸歌。見曾學文：《廈門戲曲》（福建：鷺江出版社，1996 年 7 月），頁 103。

〔註28〕曾學文：《廈門戲曲》（福建：鷺江出版社，1996 年 7 月），頁 30。

〔註29〕意指觀眾極多，距舞台較遠的人，便將椅子疊高，或站或坐，以求較佳的觀

的盛況，表演一直持續到天亮，觀眾還不肯散去〔註30〕。羅時芳在〈近百年廈門「歌仔」發展情況〉中說：

> 民間凡有迎神賽會，紅白喜事，常邀請歌子社前去演唱，有的具紅帖去請，並贈紅包贊助歌子社作活動經費。隆重的節慶活動如三月保生大帝誕辰大典，演唱頗講究排場，搭棚懸掛燈彩，設案燒香點燭，備有好茶鮮果糕餅。演唱者在棚內坐唱，以長篇故事為主，常連唱兩三夜。〔註31〕

而踩街「出陣」則「常裝扮《鄭元和》故事中的人物」〔註32〕。歌仔館的演出排場盛大，團體的說唱型態，擴大了唸歌的表演規模，使得它在婚喪場合，營造了相應的氣氛；在節慶時則具備了酬神謝恩的宗教功能，成為當時閩南社會中重要的禮俗活動。

閩南歌仔館演唱的曲目分為二種：

一、本地俗謠類：《無影歌》、《海底反》、《加令記》〔註33〕。

二、故事類：有稱為「四大柱」的《陳三五娘》、《三伯英台》、《孟姜女》、《商輅》。有稱為「八小折」的《妙常怨》、《金姑趕羊》、《井邊會》、《董永遇仙姬》、《呂蒙正》、《壽昌尋母》、《閩損拖車》、《玉貞尋夫》。亦有稱為「四大雜嘴」的《牽尪姨》、《土地公歌》、《五空仔雜嘴》、《倍思雜嘴》。另有長篇故事如《王昭君》、《鄭元和》、《雜貨記》、《火燒樓》、《楊管拾翠玉》等一百多種。〔註34〕

由其曲目所見，歌仔館的表演以「故事類」的唸歌為主，所謂「四大柱」也一直是唸歌最受歡迎的曲目，其中《陳三五娘》故事背景為泉、漳一帶，閩南觀眾聽來倍感熟悉，尤為盛行。

但是，到了抗日戰爭期間，歌仔館紛紛解散，廈門學者曾學文說：「藝人逃往內地避難，人員流離星散，連一向生意興隆的歌仔冊書坊也都停業。此

賞視線。

〔註30〕藍雪霏：《閩臺閩南語民歌研究》（福州：福建人民出版社，2003年10月）頁70。

〔註31〕羅時芳：〈近百年廈門『歌仔』發展情況〉，轉引自藍雪霏：《閩臺閩南語研究》（福州：福建人民出版社，2003年10月）頁70～71。

〔註32〕同前註，頁71。

〔註33〕藍雪霏：《閩臺閩南語民歌研究》（福州：福建人民出版社，2003年10月）頁336。

〔註34〕陳健銘：《野台鑼鼓》（板橋：稻鄉出版社，民國84年1月），頁53～54。

後，隨著老一輩歌仔（唸歌）藝人的相繼去世，又無後人接濟，歌仔一步一步的消失。」〔註35〕歌仔館也因而沒落。

第三節　賣藥團

臺灣光復以後，「賣藥團」極為盛行，它是以販售藥品為目的的行業，人數多在二人以上，故有「賣藥團」之名。日治時期雖也有賣藥團，但日本政府對藥物的管制極為嚴格，因此賣藥團並不多見。光復之後，政府准予核發執照「成藥攤販許可證」〔註36〕，賣藥團因而成為合法的藥品銷售管道，一般來說，持有執照者才可成立賣藥團，但也有無照的賣藥團。

當時臺灣多數鄉鎮仍是農村的生活型態，醫療院所尚未普及，民眾身體若有感冒、腹瀉、跌打損傷等小毛病，一般多習慣使用家中常備的藥品，即使身體並無不適，也有服藥強身的習慣。「賣藥團」經常巡迴各村落販售藥品，它所販售的藥大多屬傳統加工的藥丸、藥膏，種類繁多，幾乎概括生活中的藥品需求，如風濕丸、驅蟲藥、四物丸、補心丹、胃散、酸痛膏、目藥、十全大補酒……，連美容面霜、薄荷糖都有，有如一個移動藥局。除了鄉村以外，城鎮裡的寺廟、公園或市場也是它們經常設點營業的地方。

光復初期，電視仍是少數富裕的家庭才買得起的奢侈品，一般民眾的娛樂選擇不多，「賣藥團」觀察到民眾對娛樂的需求，結合如唸歌、雜耍、魔術、講古……等富有娛樂性的表演，藉此吸引民眾前來觀賞，以便於藥品的推銷。賣藥團的商業活動與民俗技藝的結合，存在於互利的基礎上，二者原屬不同的行業，透過異業合作的模式，不僅均能獲得經濟的收入，也造就彼此的蓬勃。「賣藥團」的經營模式獲得了市場認同，但唸歌走唱的市場卻遭受擠壓，因為，對民眾而言，賣藥團的表演是免費的，是附帶於藥品買賣的，但傳統的走唱卻需付費欣賞，顯然，在市場的機制底下，原以走唱為業的說唱者，已難與賣藥團競爭，若不是改行從事其它行業，要不就得加入賣藥團，才能繼續以唸歌技藝謀生。

劉秀庭於《「賣藥團」：一個另類歌仔戲班的研究》中說道：

從田野資料歸納 1920 年代之前臺灣賣藥團的活動方式，大致應不脫

〔註35〕曾學文：《廈門戲曲》（福建：鷺江出版社，1996 年 7 月），頁 30。
〔註36〕民國 18 年衛生部公布。

撲拳頭賣膏藥與江湖走唱等兩種，日治後期已出現較大場面的說唱
賣藥團體，到了 1945 年中日戰爭結束，臺灣社會的娛樂發展隨著百
業俱興而日漸蓬勃，當內台戲院流行連臺本戲的歌仔戲、布袋戲的
同時，如王玉川、陳美珠、蔡秋錦、吳天羅、楊秀卿、呂柳仙……
等說唱賣藥團則在大小鄉鎮流浪演出。造成一時之流行，同時還有
形形色色的表演方式加入賣藥行列。〔註37〕

唸歌的表演於是轉而為賣藥團的型態。

「賣藥團」營業的時間依其地點不同而有所調整。據楊秀卿所述，白天
的營業地點多在各地市場或公園，營業的時間或有早晚，如士林的市場營業
時間很早，賣藥團約於早上五點便開始擺攤，營業至七點左右市場收市。晚
上多在農村或夜市，營業時間約自晚上七點至十點，但觀眾若未盡興，欲罷
不能時，也曾唱至十二點多。每至一地停留的時間長短，需視藥品的銷售情
況而定，短則三、五天，長則可達半年、一年，與當地人口多寡有密切關係，
如宜蘭的三角公園，不僅當地人口眾多，山上的居民若得知賣藥團於此營業，
會走數小時的路，興奮的趕來觀賞賣藥團的表演。

賣藥團型態的唸歌表演，具有一套固定的經營模式，城鎮或農村大致相
同，茲以農村的演出為例，略作說明。賣藥團每至一個村落，須先觀察何處
是人潮易於聚集的地點，選定後向農家租用稻埕或向寺廟借用廣場來營業。
營業前需先向當地警察局報備，然後開始廣為宣傳，業者乘坐牛車、三輪車
或小卡車等交通工具於村落各處繞行，開啟擴音器後敲鑼、拉弦引人注意，
以告知當地居民賣藥團營業的時間、地點以及表演的節目，並邀請居民前來
觀賞表演和採買藥品，楊秀卿提及，廣告內容往往較實際的情形誇大，強調
節目的精彩和可看性，如此才能引來更多的觀眾。

農村人口白天多忙於農事，唯有結束一天工作，吃過晚餐後，才會出來
看賣藥團的表演。約於晚上七點，當地居民慢慢聚集，賣藥業者先營造熱鬧
的氣氛，唸歌說唱者先唱一段開場的「歌仔頭」，表達歡迎之意，楊秀卿說：
「人若來得早來得多，歌仔頭就唱短一點，人若來得少，歌仔頭就唱長一點。」
待人群聚集夠多，說唱者開始表演唸歌，約唱五十分鐘，唱到故事高潮之處，
民眾聽得興致高昂時，說唱者便中止演唱，讓業者開始推銷各種藥膏、藥丸

〔註37〕劉秀庭：《「賣藥團」：一個另類歌仔戲班的研究》（臺北：國立藝術學院傳統
藝術研究所碩士論文，民國 87 年）。

的神奇功效，有時也讓民眾試吃，民眾在業者的催化下，紛紛掏錢購買各種藥品，直到銷售至一定數量，說唱者才又接續演唱。如此表演與銷售交替，全部的過程約二、三小時，約至晚上十點結束營業，觀眾才散去。

　　賣藥團的演出型態，是傳統說唱者順應社會變遷而產生的演出方式，原本唸歌說唱在台灣社會即已深受廣大群眾喜愛，演出型態的改變，也改變了民眾欣賞唸歌的消費方式，有些說唱者，如楊秀卿，原本即具有一定的表演的水平，據她所述，表演的內容或品質與走唱時期並沒有太大的不同，仍能維持其表演的魅力，吸引民眾前來觀賞。楊秀卿說：

> 唱歌大家都會唱，但是表演時要放感情，喜怒哀樂要表現出來。喜，要唱到大家感到有趣、會笑；哀，就是讓人感到悲傷；樂，要讓人心情輕鬆；苦，要唱到阿婆聽了一邊流眼淚，一邊說那麼可憐！下次不來看了！可是，明天她又會來了！感情若放下去，觀眾聽得會上癮！〔註38〕

但是有些說唱者面對其他要槍弄棍，競爭激烈的賣藥團，為了提高競爭力，也會學一些戲法，說唱者王玉川曾經表示：通常江湖中人會學幾招簡易的魔術，在自己場子冷，沒有客人上門光臨時，要弄幾招以吸引客人。否則人群沒有聚集，歌仔也就沒人聆聽，影響收入最重要的藥品相對也較賣不出去〔註39〕，但是他也進一步的表示：「以唸歌維生者多半整場會單純表演唸歌，而魔術表演是為了『鬥客』，吸引客人注意」〔註40〕，表演戲法，僅是吸引觀眾的一種手段，唸歌還是他們主要的表演內容。

　　曾以賣藥團型態表演唸歌的說唱者有呂柳仙、陳冠華、王玉川、陳美珠、蔡秋錦、楊秀卿、廖瓊枝、吳天羅等人。有些說唱者受雇於藥商，配合藥品的宣傳而表演，如陳冠華，王友蘭說：

> 民國三十八年，陳冠華受聘於台南的廣慶堂藥房，為了宣傳「高家種子丸」，開始了他全島巡迴的演出旅程，約達七年之久。〔註41〕

楊秀卿原本也是如此，但是：

〔註38〕筆者於 2007 年 8 月 30 日訪問楊秀卿（楊秀卿宅，台北縣汐止八連路）。
〔註39〕陳家慧：《民間說唱藝師——王玉川研究》（臺南：成功大學臺灣文學研究所碩士論文，2009 年 8 月），頁 26。
〔註40〕同前註，頁 28。
〔註41〕王友蘭：《陳冠華的吹拉彈唱》（宜蘭：國立傳統藝術中心，民國 94 年 12 月），頁 34。

> 隨著四男一女的相繼出世，家庭負擔日趨沈重，此時，他們走江湖
> 賣藥不再受雇於藥商，而是自己當老闆直接向藥廠拿藥來賣，如此
> 利潤可多一點。〔註42〕

王玉川與藥商的合作方式比較特別，他也參與藥品的製作和製作，陳家慧說：

> 王玉川於泰豐製藥廠內當藥工、顧機器、幫忙製藥。王玉川不識字，
> 但林泰昆本身為中醫師，遂逐步教導他什麼症狀用哪些藥、如何用
> 藥，讓王玉川得以考照〔註43〕。而王玉川出外唸歌，貨源便是泰豐
> 製藥廠的「泰豐壯血丸」、「泰豐益壽丹」等，銷路都不錯。〔註44〕

由於經營模式的不同，有些說唱者僅需單純演唱唸歌；有些則參與藥品的製造或銷售。

　　直到七〇年代左右，臺灣社會轉型，經濟發展由農業社會進入工商業社會，西方文化的影響，電子設備的普及，許多賣藥團改而安排新式的表演節目，業者請來穿著清涼的女子配合震耳欲聾的舞曲扭腰擺臀，充滿聲色刺激的新式節目果然吸引了群眾的目光，而舊式以傳統技藝為號召的賣藥團，它們的生存空間也受到威脅，陳建銘於《野台鑼鼓》中回憶幼年的往事時說：「最令我難忘的一幕就是看到一位六七十歲，理著光頭，身材微胖的盲眼歌者，白色襯衫被汗水浸透，猶認真彈著月琴，神情專注的唱著他的江湖勸善調，場邊圍觀者祇有小貓兩三隻。當他聽到路人告訴那位花錢僱請他的藥商：『前幾天那個有小姑娘又扭又唱的賣藥團，一個晚上就賺了一萬多。』時那黯然神傷的表情。」〔註45〕賣藥團型態的唸歌說唱也因新式的表演節目出現，受到很大的衝擊。

　　賣藥團的盛行直到一九七三年政府公布〈成藥及固有成方製劑管理辦法〉：「我國固有醫藥習慣使用，具有療效之中藥處方，並經中央衛生主管機關選定公佈者，……依固有成方調製（劑）成之丸、散、膏、丹」，並規定此種成方藥劑不得「拆封或改裝及沿途或設攤販賣」〔註46〕，法令所針對的自

〔註42〕竹碧華：《楊秀卿歌仔說唱之研究》（臺北：中國文化大學藝術研究所碩士論文，民國80年6月），頁48。

〔註43〕「成藥攤販許可證」。

〔註44〕陳家慧：《民間說唱藝師——王玉川研究》（臺南：成功大學臺灣文學研究所碩士論文，2009年8月），頁17。

〔註45〕陳健銘：《野台鑼鼓》（板橋：稻鄉出版社，民國84年1月），頁5。

〔註46〕行政院衛生署1973年4月11日公布〈成藥及固有成方製劑管理辦法〉第五條、第六條。

是賣藥團所販售的這些未經嚴格檢驗的藥品，賣藥團成爲政府取締的對象後，漸漸的也就不再盛行。但是民衆的用藥習慣並非短時間內可以改變，昔日賣藥團所販售的丸、散、膏、丹仍然是民衆生活中不可或缺的必備藥品，這些藥品轉入電台節目中銷售，在賣藥團中流失觀衆的唸歌説唱，也隨之在電台找到一片新的天空。

第四節　電台説唱

　　台灣最早的廣播電台是一九二八年由日本總督府交通局遞信部成立的「台北放送局」，之後台南、台中、嘉義、花蓮等地的放送局也陸續成立，當時廣播的節目內容多以殖民統治爲目的，若有娛樂性質的節目，也是服務在台的日人，大多播放日本歌曲。戰後，國民政府來台，接收了五家放送局，有鑑於廣播在政令的宣導上有極大的便利性，於是政府又陸續設立多家廣播電台，並於民國四十九年開放民營電台。據交通部郵電司在民國五十年底的統計，當時臺灣廣播電臺數量共計有三十三家。隨著廣播電台的設立，收聽廣播節目也逐漸成了當時臺灣民衆的主要娛樂之一。

　　由於唸歌受到許多民衆的喜愛，成爲電台常見的節目。有些電台僅播放唸歌唱片，但也有些電台則是聘請唸歌説唱者主持節目，以唸歌爲主要的節目內容。日治時期，知名的説唱藝人汪思明即曾於「臺灣廣播電台」主持「臺灣民謠播唱」節目，後來又曾在「警察廣播電台」主持宣導交通安全的節目。〔註47〕

　　雖然他在「警察廣播電台」的節目，以政令宣導爲主，但是吸引聽衆的仍是精彩的唸歌，他的養女説道：

> 民國四十三年至五十年間在警察廣播電台負責下午二時至二時十五
> 分的節目〔註48〕，以宣揚交通安全爲主旨，養父親每天中午冒著大
> 太陽騎腳踏車（後面綁著五絃琴）由萬華住家到天津路警察廣播電

〔註47〕汪碧玉回憶：〈我所知的養父親——汪思明〉（2001年1月21日憶述），原載於網路，陳兆南：〈臺灣呂柳仙的説唱藝術與文學〉，附錄該記錄。該論文收於《2003年説唱藝術學術研討會論文集》（國立傳統藝術中心、國立臺灣藝術大學，民國92年），頁210。
〔註48〕葉雲龍於《臺灣唱片思想起》中曾提到民國36年1月27日，汪思明於「臺灣廣播電台」現場演唱臺灣民謠。頁126。

台去上節目，每天雖然只有十五分鐘，養父親也樂此不疲，因他認
爲能爲政府工作是一種榮譽，尤其是宣揚交通安全更爲有意義，所
以午後那段時間他的歌聲處處飄揚……養父親的確是家喻戶曉的知
名人物……〔註49〕

當時政府也深知唸歌在臺灣擁有廣大的群眾，因此透過電台，藉說唱者的群
眾魅力發揮影響力，以達到政令宣導的目的。

　　另外，許多民營電台也經常播放唸歌，尤其是以銷售藥品爲目的的電台，
爲了吸引聽眾，經常由藥商出資聘請說唱者錄製節目。如說唱者楊秀卿即曾
於民國五十七年至七十八年間，分別受雇於中壢的黃金群、新竹的曾志峰、
高雄的潘德昌、新竹的蕭正山、高雄的朱泰郎等藥商，及臺中的歌仔販孫正
明；爲了配合藥品的銷售，錄製許多電台節目〔註50〕。竹碧華於《楊秀卿歌
仔說唱之研究》中說：

在轉入電台做廣告後，最盛時期全省有五十三家電台同時播放她的
說唱錄音帶，包括了台東、花蓮、宜蘭、基隆、臺北、桃園、新竹、
苗栗、彰化、台中、台南、高雄、屏東等地區的大小電台，由賣藥
廠商提供節目，將錄音帶在節目中播放，直到七十八年爲止，才沒
有替廠商錄製說唱錄音帶。〔註51〕

顯見，唸歌節目爲藥商帶來相當可觀的商機。有些藥商甚至願意因此投入更
多資金，錄製新的唸歌，以吸引更多的聽眾。如新竹藥商曾志峰，於民國五
十七年至五十九年間，每個月花二千元，聘請一位老婦人爲楊秀卿講古，再
由楊秀卿將故事改編成唸歌。〔註52〕竹碧華並提及民國八十年時，臺北的民
本電台第二台的「臺灣民謠」節目中，每週一至週六下午四點到六點，仍固
定播放楊秀卿的唸歌。〔註53〕

　　由於電台說唱，只聞其聲不見其人，說唱者爲了使唸歌更加生動，對於
聲音的表達技巧格外重視，如王玉川與陳美珠在電台演唱《通州奇案・殺子
報》時經常一人需分飾多角，「有老人、小孩和女人等，就要分別按照老人

〔註49〕同註47。
〔註50〕竹碧華：《楊秀卿歌仔說唱之研究》（臺北：中國文化大學藝術研究所音樂組
　　　　碩士論文，民國80年6月）附表（二），頁50。
〔註51〕同前註，頁49。
〔註52〕同註50，附表（二），頁50。
〔註53〕同註50，頁50。

的聲音，低沈、緩慢；小孩的聲音常常是稚嫩、節奏較快；女人則以細柔、高尖的聲音來作聲」〔註54〕，「王玉川也說，爲了戲劇性與聲音的辨識度，通常在電台唸歌會較『膨風』〔註55〕些，如此觀眾也較容易進入劇情發展」〔註56〕。

　　電台的唸歌說唱，以長篇的故事爲主，一個曲目，分數集播出，有時播放的時間需長達數月。以楊秀卿錄製的唸歌節目爲例，每卷四十五分鐘的錄音帶，《月唐演義》共有一百四十二卷，《萬花樓》共有一百三十五卷，《七俠五義》共有一百一十一卷。〔註57〕電台的賣藥節目爲了留住消費者，利用唸歌的故事發展吸引聽眾，無形中促使了唸歌的篇幅大大的擴增，篇幅之長，遠非其他表演型態所能及。

　　楊秀卿曾經在電台說唱的唸歌有《薛仁貴》、《包公案》、《孟麗君》、《雙印記》、《萬花樓》、《雙孝子》、《雪梅教子》、《月唐演義》、《七俠五義》、《隋唐演義》、《李旦復國》、《兒女英雄傳》。從她演唱的曲目來看，多非傳統的唸歌曲目，應如前文所言，藥商爲了吸引消費者，請人講古，再由說唱者改編爲唸歌，以創新的題材和內容吸引聽眾。王玉川也曾表示他在電台演唱時，「今天電台唸完，回來後再繼續聽人講古、說明故事的內容發展，接著自行根據故事情節編成七字歌仔或口白；隔天去到電台錄音完，回來又再聽故事編歌，重複相同情形，直到將故事唸盡」〔註58〕，而因爲賣藥節目的商業性考量，在這一段時間，唸歌在題材和內容上向說書人取材，增加了許多新的曲目。

　　然而，隨著新式流行歌曲的盛行，民國八十年以後，唸歌的聽眾銳減，無法刺激藥品的銷售量，因此賣藥電台也改變了節目內容，改以流行歌曲爲主，僅偶爾播放唸歌，滿足少數的聽眾。

　　近年來，隨著臺灣鄉土意識的抬頭，傳統文化受到重視，「唸歌」成爲許多知識份子亟欲推廣的傳統藝術。楊秀卿及其夫婿楊再興先生（大廣絃伴奏），也因此受「綠色和平電台」之邀，與她的學生洪瑞珍共同主持「古月琴

〔註54〕陳家慧：《民間說唱藝師——王玉川研究》（臺南：成功大學臺灣文學研究所碩士論文，2009 年 8 月），頁39。

〔註55〕誇大之意。

〔註56〕同註54，頁30。

〔註57〕同註50，附表（三），頁51。

〔註58〕同註54，頁30。

聲」的節目,並於現場說唱,時間長達六年〔註59〕。另外,「臺北廣播電台」也曾經製作「台語歌詩」的節目,由洪瑞珍主持,以楊秀卿的唸歌說唱爲節目主要的內容。〔註60〕

第五節　視聽說唱

一、唱　片

　　一九一〇年十一月,日本最大唱片商在臺北市榮町(今衡陽路)成立「株式會社日本蓄音機〔註61〕會商臺北出張所」開始在臺灣銷售留聲機和唱片,並於一九三三成立「古倫美亞蓄音器公司」,起初唱片在台灣的銷量並不太好,直到幾年以後,日本人看到臺北漸漸繁榮,唱片在臺灣開始有了商機,許多日本唱片公司紛紛在臺灣成立分店,如鶴標、金鳥、東洋、飛鷹……等,並且著帶了許多臺灣的樂師和歌手到日本錄製唱片。〔註62〕當時並沒有販售唱片的專門店,大多放在西藥房、文具店、鐘錶店、化妝品店、書店、百貨店等地方出售,甚至到光復初期,臺灣鄉下的雜貨店也兼賣唱片。一九二二年臺北正式升格臺北市,代售唱片的地點多在榮町(今衡陽路)、表町(今博愛路)、本町(今重慶南路)。葉龍彥說:

> 1925 年金鳥唱片在本町的資生堂開始販售……它是以厚紙塗上蟲膠製成,寬度只有七吋,30～50 錢,正反面貼上「臺灣唱片特許」並標榜是專賣特許,內容以北管、客家山歌及歌仔戲爲主,其中最暢銷的是臺灣盲人陳石春(走唱藝人)所編唱的〈安童買菜〉。〔註63〕

又說:

> 收藏家林哲良亦藏有由余阿赤及宜蘭笑演唱的唸歌〈桃花過渡〉、

〔註59〕 播放時間由 1994 年 7 月 17 日至 2000 年 06 月 11 日,每星期日下午四點至六點。節目錄音檔今已公開於「臺灣唸歌團」的網站,網址爲:http://www.liam7kua.tw/唸歌團/古月琴聲/index.htm(上網日期:2010 年 10 月 13 日)。

〔註60〕 「台語歌詩」播放時間是每個星期日下午一點至二點。

〔註61〕 即留聲機。

〔註62〕 葉龍彥:《臺灣唱片思想起》(蘆洲:博揚文化公司,2001 年 12 月),頁 45。

〔註63〕 同前註,頁 44。

《蓮英托夢》、《臺灣風俗歌》等 10 片金鳥唱片。〔註64〕
一九二八年三月,「古倫美雅」唱片公司在臺灣擴大經營,而且另外在榮町成立日蓄唱片,銷售量非常大,快速佔有了臺灣的唱片市場。唱片公司的老闆柏野正次郎非常瞭解臺灣唱片的市場取向,於是發行臺灣人喜歡的南管、北管、唸歌、山歌一類的曲藝或戲曲。

據李坤城所述,基於商業考量,當時獲邀至日本錄製唱片的唸歌說唱者必定爲其中的佼佼者。當時的唱片是七十八轉的黑色蟲膠唱片,這種唱片大而易碎,保存極爲不易,十吋的唱片約可錄三分多鐘,十二吋的唱片約可錄五分多鐘。說唱者陳石春、阿留的《孟姜女哭倒萬里長城》就要錄好幾張唱片。當時唱片的製作成本很高,每張約一元六十錢,爲高消費的奢侈品。葉雲龍說:

> 臺灣早期較流行的傳統歌謠,多半是從廈門進口的歌仔簿,其中
> 《山伯英台》、《陳三五娘》、《呂蒙正》等已經在台灣輾轉流行,
> 因爲市場的需求「曲盤」也跟著應市,雖然臺灣人大都喜歡聽,
> 但因爲「曲盤」是昂貴的奢侈品,買的起的人並不多。〔註65〕

另外,他還提到《雪梅思君》更是轟動一時,原作應是廈門傳入,但在臺灣幾乎人人都會唱。

日本國立民族大學博物館藏有一批戰前臺灣蟲膠唱片,於日本任教的臺灣籍學者王順隆將其整理爲「戰前臺灣 SP 目錄」公布於網路上〔註66〕,其中唸歌唱片的曲目如下:

(一) 故事類

《英台思想》、《英台作詩》、《英台拜墓》、《陳三五娘太公》、《呂蒙正》、《李連生白玉枝》、《馬俊娶親》、《英台拜墓(二本)》、《安童買菜》、《呂蒙正打格》、《陳三回家》、《三伯思想》、《訓商輅》、《五娘探監》、《三跪九叩》、《姜女見秦王》、《蒙正入窯》、《英台思想》、《月裡尋夫(周成過臺灣二)》、《周裡尋夫(周成過臺灣三)》、《蒙正失明燈》、《姜女過江》、《英台請先生看病》、《呂蒙正求乞》、《薄命閨女怨》、《劉永連江祭妻兒》、《南山相會》、《呂蒙正乞瓜》、《鴛歌討藥》、《三伯歸陰》。

〔註64〕同註 62,頁 50～51。
〔註65〕同註 62,頁 73。
〔註66〕王順隆公布於網站的「日本國立民族學博物館藏　戰前臺灣 SP 目錄」2008
　　　　年 10 月 8 日。網址:http://www.32.ocn.ne.jp/~sunliong/columbia.htm。

（二）相褒類

《十步送歌》、《十條手巾》、《探娘歌》、《十盆牡丹》、《招娘罵迌迌》、《猿咬猿》、《月下飲》、《窗前嘆》、《勸世詞》

（三）勸世類

《人心感化》、《煙花勸世》

由此份目錄來看，「故事類」的唸歌唱片，是主要流行的種類，故事的內容多是大陸閩南原已流傳者，顯見此時唸歌唱片的取材，尚未出現較具臺灣本土性的題材。說唱者有溫紅塗、施金水、游桂芳、汪思明、梅英、素琴、梅中玉、冬氣王、小鳳、張永吉、滿台紅、正人愛、李申長、梁松林、高桂花、坤操、紅桃、寶珠等人。

在唱片業的帶動之下，臺語流行歌曲興起，這個時期的臺語流行歌歌詞內容主幹多為敘事，多為描述特定主角故事性的情節〔註67〕，也深受唸歌的影響，如被視為臺灣第一流行歌的「桃花泣血記」，葉雲龍說：

詹天馬作詞，王雲峰作曲，合力創作了「桃花泣血記」。

傳統的說唱故事，有如西洋的「吟唱詩」，邊彈邊唱就像是在說民間故事一樣，早期的流行歌深受影響。於是詹天馬根據劇情，用『七字仔』來寫長篇故事，就像訴說電影故事一樣。〔註68〕

「桃花泣血記」是配合同名電影所編寫的宣傳歌曲，它可說是唸歌的變體，作者模擬唸歌的形式，全篇以七字句敘事，再配合創新的音樂與曲風，脫胎換骨之後，成為台語流行歌曲，「桃花泣血記」在當時傳遍了臺灣大街小巷，不但使得電影因此而大賣，也開啓了台語流行歌曲的風潮。

一九三〇年代是臺灣唱片業的高峰，日本政府擔心臺語唱片的流行會破壞人民對日本政府的認同感，因此以「文化向上」及「防止風俗壞亂及妨害公安」為由對臺語唱片的發行予以嚴格的管控，目的是要打壓唸歌、歌仔戲、南管一類的傳統戲曲，以削弱人民的臺灣意識，使得唸歌唱片也面臨了危機。一九三六年日本政府實施「皇民化」政策，採用激進的手段管理臺灣，嚴禁臺語唱片；一九四一年太平洋戰爭爆發，隨著戰事的擴大，材料的進口也日益困難，唱片於是因而停止生產。

〔註67〕蟲膠收藏家林太崴：〈日治時期臺灣流行歌曲的商業操作——以古倫美亞及勝利唱片公司為例〉《臺灣音樂研究》第 8 期，2009 年 4 月。

〔註68〕葉龍彥：《臺灣唱片思想起》（蘆洲：博揚文化公司，2001 年 12 月），頁 76。

　　光復後，唱片又逐漸流行起來，但仍是富人的娛樂品，一般人若想聽唱片，便得至地主家，圍著唱機一起聽。六○年代臺灣的經濟發展快速，國民所得提高；唱片原料也改爲塑膠，生產速度大增，成本降低，唱片成爲一般大眾的娛樂產品，是唱片的繁榮時期。此時生產的唱片爲三十三又三分之一轉，塑膠的材質易於保存或收藏，今日較易見到的唸歌唱片大多出於此時期。

　　筆者藏有唸歌唱片八十張，全爲六○、七○年代所發行，有十吋和十二吋兩種規格，發行的公司有中美、龍鳳、惠美、黑貓、月球、波派、蓬萊集、鐘聲、國聲、寶麗多、皇冠；另外，根據王順隆公布於網路上的「家藏唱片及錄音帶目錄」可知發行唸歌的唱片公司尚有奇美、五虎、朝陽、環球等公司。

　　此時期的唸歌唱片可分爲兩大類，茲將自藏的唸歌唱片曲目列舉如下〔註69〕：

　　（一）故事類

　　《二林大奇案》、《安童哥買菜》、《孝子大舜》、《孝子傳》、《李三娘》、《關聖帝君立聖》、《十殿閻君》、《馬前潑水》、《大義滅親》、《雪梅思君》、《雪梅教子》、《青竹絲奇案》、《金姑看羊》、《周成過臺灣》、《雪梅戲禧文》、《呂蒙正》、《李連生什細記》、《呂蒙正賣離詩》、《呂蒙正樂暢姐》、《詹典嫂告御狀》、《許夢蛟拜塔》、《林投姐》、《孟姜女》、《三國誌　華容道放曹》、《煙花女配夫》、《三國誌　趙子龍》。

　　（二）勸世類

　　《人心萬百種》、《人生命運》、《人生勸世歌》、《三戒勸世歌》、《好天粒來雨積糧》、《社會勸世歌》、《酒醉誤大事》、《野花哪比家花香》、《運命天註定》、《勸少年》、《勸善歌》、《驚某大丈夫打某豬狗牛》、《勸賭博》、《勸飲酒不可醉》、《人生的命運》、《男女教化》、《家貧出孝子》、《人生勸化》、《家庭勸化》、《艾答父母恩》、《勸戒嫖賭飲》、《家和萬事成》、《天塊做天塊超》、《幸福家庭》、《勸人兄弟和好》、《勸煙花》、《戶神蚊子歌》、《家庭教化》。

　　將這個時期的唸歌唱片與日治時期的唸歌唱片曲目做比較，發現兩個值得注意的現象，第一，「故事類」的部分有了以臺灣社會爲敘事背景的題材，如：《二林大奇案》、《林投姐》、《十殿閻君》、《煙花女配夫》等；第二，「勸

〔註69〕因王順隆「家藏唱片錄音帶目錄」中多未記載唸歌唱片發行日期，故暫不列入。

世類」的唸歌唱片明顯增多，且上述二個現象都與臺灣歌仔冊的出版走向相符。此一時期的說唱者有呂柳仙、侯金龍、陳清雲、黃秋田、呂寶貴、張桂子、邱鳳英（邱查某）、謝財源、歐雲龍、葉清雲、鳳鶯、林俊、張樹龍、楊秀卿。其中呂柳仙、邱鳳英、楊秀卿在當時都是知名的走唱藝人，黃秋田除了擅長唸歌說唱外，也是演唱臺語流行歌曲的知名歌手。

　　臺語唱片的大賣，使得唱片公司一家一家如雨後春筍般成立，卻因版權觀念尚未成熟，唱片界翻版盜錄的情形極為嚴重，市場價格混亂，使得正當經營的公司面臨經營上的困難，也對唸歌藝人的報酬產生了衝擊，據楊秀卿所述，她剛開始灌製唱片時，一張唱片的酬勞是四百元，價格很好，有時她會刻意將唸歌的篇幅增長，一首歌可以錄好幾張唱片，她也可以獲得較多的酬勞，但是後來酬勞降至八十元時，她便因酬勞過低不願再錄製唱片了。七○年代中期，政府因實施「國語政策」，經常查禁臺語歌曲和唱片，使得臺語唱片業因此大受影響，許多唱片公司無以為繼，紛紛結束營業，唸歌唱片也隨之走入了歷史。

二、錄音帶、CD

　　臺灣解嚴之後，便宜、輕巧的卡式錄音帶在民眾的生活中已取代唱片；九○年代，數位科技化的 CD（Compact Disc）又逐漸普及，錄音帶的使用頻率也日益減少。

　　唸歌的有聲出版品隨著科技的腳步和時代的變遷，不斷改變。走過唱片的年代，唸歌說唱也轉以錄音帶、CD 出版。但此時的唸歌已經逐漸在一般大眾的生活中消失，唸歌的市場已遠不如唱片時期，走向小眾市場的經營方式，錄音帶和 CD 的發行數量都不大，發行的目的也由「商業銷售」逐漸轉向「文化保存」。

　　以商業目的發行唸歌錄音帶的公司有超群、環球、月球、寶音、麗聲、五虎、朝陽、皇后、龍鳳，大多是將舊有的唱片重新拷貝複製；另外，筆者藏有一套「中華廣播製作社」所發行的唸歌錄音帶「臺灣鄉土民謠」，內有二十卷錄音帶，共十九首唸歌，應是中華廣播製作社原於電台所播放的節目帶，曲目有《賢妻良母》、《遠親不如近鄰》、《喝酒誤大事》、《打虎捉賊親兄弟》、《父母恩重如山》、《人為財死，鳥為食亡》、《運河奇案》、《李哪吒鬧東海》、《濟公活佛救世》、《十殿閻君》、《勸化人生》、《孝子傳》、《人生命運》、《人

生必讀》、《孝子堯大舜》、《趙子龍救阿斗》、《目蓮救母》、《周成過臺灣》、《林投姐》；說唱者有歐雲龍、葉秋雲、謝財源、呂寶桂、張貴子、陳清雲、黃秋田、呂柳仙、陳金樹，部分曲目未註明說唱者。現在仍有少數地方販賣唸歌錄音帶，如台北市龍山寺前的流動攤販或市場、夜市的唱片行或唱片攤。

　　以商業目的發行的唸歌 CD，目前僅知有「月球唱片」及「弘揚視聽公司」二家。月球唱片將之歸為「懷念臺灣鄉土民謠 CD 系列」，可知唸歌說唱對許多民眾而言已是兒時記憶，街頭不再有撥弄琴弦的盲人走唱，鄉鎮也早不見賣藥團的蹤影，唸歌唱片則成了唱片收藏家的珍品，對唸歌記憶猶存的民眾，只好藉新穎的科技產品，回味過去的舊時光。

　　月球唱片以專輯的方式發行，曲目有《李三娘》、《青竹絲奇案》、《十殿閻君》、《勸世歌》、《孟姜女》、《馬前潑水》、《大義滅親》、《周成過臺灣》、《雪梅教子》、《通州奇案》、《勸善歌》、《歹子修善》、《林投姐》、《目連救母》、《前世夫妻》、《詹典嫂告御狀》、《由天不由人》、《呂蒙正》、《金姑看羊》、《李哪吒鬧東海》、《姜子牙下山》、《勸世男女》、《勸賭博》、《探親結緣》、《濟公活佛舊世》、《人為財死鳥為食亡》、《孝子傳－孝女丁蘭》、《社會勸化》、《勸世婦人心》、《社會勸化》、《欅尪架》、《改過自新》、《勸世風花》、《蒼蠅蚊子歌》、《有道得財》、《改惡從善》、《命運天註定》、《欠債怨財主》、《好天粒積雨來糧》。說唱者有黃秋田、呂柳仙、陳清雲、楊秀卿、葉秋雲、楊秀卿、邱鳳英、黃茂貴、徐鳳順。

　　「弘揚視聽公司」〔註70〕以套裝方式發行，共三套，以「勸世歌」①、②、③為名，每套十張 CD，「勸世歌①」的曲目為《十殿閻君》、《人生勸化》、《周成過臺灣》、《二十四孝》、《賢母教子》、《勸煙花》、《秋田勸世歌》、《勸少年》、《陳三五娘》、《社會勸世歌》、《勸善歌》、《改惡從善》、《勸世男女》、《戶神蚊子歌》；「勸世歌②」的曲目為《青竹絲命案》、《基隆奇案》、《林投姊》、《二林奇案》、《台南運河記》〔註71〕、《勸世人生》、《詹典嫂告御狀》、《落陰相褒》；「勸世歌③」的曲目為《人生與因果》、《孝女傳》、《雪梅教子》、《三戒勸世歌》、《煙花女配夫》、《落魄免失志》、《知恩圖報》、《賢妻良母》、《命運天註定》、《殺子報》、《水滸傳之林沖夜奔》。說唱者有呂柳仙、陳青雲〔註72〕、葉秋雲、黃秋田、邱鳳英（邱查某）、歐雲龍。此套 CD 中諸多

〔註70〕臺北：弘揚影視公司發行，無發行時間。
〔註71〕唱片封面目錄誤植為「台南運合記」。
〔註72〕應與「陳清雲」為同一人。

曲目均未註明說唱者姓名。

　　上述二家公司所發行的 CD 均是翻錄自舊有的唱片與錄音帶，說唱者也都是六○、七○年代錄製唱片的說唱者，顯見八○、九○年代以後，因為唸歌的沒落，唸歌的有聲出版品不再是主流商品，而隨著有聲出版品的科技化，商業公司也僅願以極低的成本重新「翻製」舊作。唸歌的創作、傳播原本就緊繫於商業活動，無論走唱、賣藥團、廣播電台或是有聲出版品都結合消費行為，然而，唸歌在市場上的邊緣化，因為失去了消費者的支持，也呈現出缺乏新意的老態。

　　由於傳統文化的沒落，許多文化單位和團體以文化保存為目的，致力於以有聲資料的方式記錄唸歌。所錄製的錄音帶有一九八六年「臺灣省教育廳」出版的《臺灣說唱音樂》〔註73〕有聲書，內有錄音帶二捲〔註74〕，所收的唸歌為《江湖調　蘭陽風雨情》、《江湖調　七字調　黑暗路》、《都馬調　求親》、《雜念仔　薛平貴回窯》、《吃圓仔歌》、《江湖調　陰調　清早蒙正下街》、《江湖調　蕭卻哭君》、《臺灣史詩》、《思想起》、《七字調　江湖調（開場白，古早的臺灣）》、《都馬調　親子關係》、《江湖調　勸守法向善》、《黃梅調　人心百態》、《江湖調　勸守份》、《七字調　勸教子》、《江湖調　勸孝順》、《七字調　江湖調（勸守分、勸戒賭）》、《順治一文錢》，說唱者有黃秋田、彰化哭、柯翠霞、廖秋、廖瓊枝、阿丁仙、呂柳仙、吳天羅、陳達、楊秀卿；一九九四年「臺灣歌仔協會」為楊秀卿錄製《楊秀卿的唸歌藝術》錄音帶一套十捲，演唱的曲目為《黃鶴樓》、《大明節孝》、《通州奇案》、《紙馬記》、《煙花女配夫》、《周成過臺灣》、《乞丐開藝旦》、《勸世歌》。

　　以文化保存為目的所發行的 CD 有一九九六年「台南縣立文化中心」出版的《蔡添登七字歌仔彈唱》〔註75〕，內有二片 CD 曲目為《乞食開藝旦》、《糊靈厝　四九報死》、《英台埋喪祭靈》。二○○○年「國立傳統藝術中心籌備處」出版《聽到臺灣歷史的聲音：一九一○～一九四五臺灣戲曲唱片原音重現》〔註76〕有聲書，內有十片 CD，為日治時期的唱片重新翻製，其中第

〔註73〕臺灣歌仔學會：《臺灣說唱音樂》（臺北：嘉映傳播事業，1994 年 6 月）。
〔註74〕另又發行 CD 二片。
〔註75〕涂順從採集：《蔡添登七字歌彈唱》（臺南：臺南縣立文化中心，1996 年 7 月）。
〔註76〕李坤城公開其收藏，由臺灣省礦溪文化學會製作：《聽到臺灣歷史的聲音——1910～1945 臺灣戲曲唱片原音重現》（臺北：國立傳統藝術中心籌備處，2000 年）。

十片 CD 為「勸世歌」、「笑科劇」，其中性質屬唸歌的曲目為《勸世文：人心感化》、《勸世文：煙花勸世》、《笑科：人心感化》、《笑科：世間了解新歌》、《風俗笑科：探花叢》、《笑科：狐狸遇妖精》，由高貢笑、汪思明、陳加走、吳大吉、徐阿葉等人所演唱。二〇〇〇年「國立傳統藝術中心籌備處」出版《本土音樂的傳唱與欣賞》〔註77〕有聲書，內有 CD 六片，其中第六片為「歌子說唱與民歌」，屬唸歌性質的曲目為《七字調》、《安童哥買菜》、《唸小姐》、《臺北遊》、《五工工》、《桃花過渡》、《病子歌》、《卜卦調》，說唱者有烏貓雲、許亞芬、鄭銘欽、陳達、何桂華、廖瓊枝等人，其中烏貓雲、許亞芬、廖瓊枝為知名的歌仔戲名角，唱腔上運用歌仔戲的演唱方式，音質細膩而優美，與傳統的唸歌風格差異甚大。「臺灣臺語社」於二〇〇一為楊秀卿出版《廖添丁傳奇》有聲書〔註78〕，二〇〇二年又出版《哪吒鬧東海》〔註79〕、《楊秀卿的臺灣唸歌》〔註80〕（內含《新編勸世歌》、《胡蠅蚊仔大戰歌》）二套有聲書。二〇〇二年，眭澔平為陳其麟錄製 CD《臺灣最後的走唱人——小琉球　其麟伯》〔註81〕收錄了二首唸歌《勸世歌》與《英台二十四送哥歌全本：臺灣的七字仔版梁祝》。二〇〇五年「新樂園臺灣歌謠工作室」錄製《王玉川、陳美珠臺灣念歌》CD，內含《夫妻相褒》、《勸孝》、《陳三門》三首唸歌。二〇〇八年「國立臺灣傳統藝術總處籌備處」出版《楊秀卿唸歌唱故事》有聲書，內附二片 CD，所收錄的曲目有《雪梅教子》、《昭君出塞》、《周成過臺灣》、《孟姜女》、《山伯英台》、《孟麗君》。

可知自一九九六年迄今，政府及民間的文化單位，不斷致力於唸歌說唱的保存工作，其中《聽到臺灣歷史的聲音：一九一〇～一九四五臺灣戲曲唱片原音重現》乃日治時期的唸歌唱片所翻製，由收藏家李坤城所提供，均是極為罕見的唸歌紀錄，無論是唸歌的愛好者或是研究者，皆能使用現代的播音設備，輕易的聽到日治時期的唸歌。除此之外，其他以文化保存為目的所錄製的 CD，多是錄自說唱者演唱當時的第一手資料，且多在錄音室所錄製。許

〔註77〕 林谷芳編：《本土音樂的傳唱與欣賞》（臺北：國立傳統藝術中心籌備處，2000年）。

〔註78〕 洪瑞珍編著：《廖添丁傳奇》（臺北：臺灣臺語社，2001年）。

〔註79〕 洪瑞珍編著：《哪吒鬧東海》（臺北：臺灣臺語社，2002年）。

〔註80〕 洪瑞珍編著：《楊秀卿的臺灣唸歌》（臺北：臺灣臺語社，2002年）

〔註81〕 眭澔平：《臺灣最後的走唱人——小琉球　其麟伯》（臺北：喜馬拉雅音樂事業公司，2002年）。

多說唱者今已凋零，而尚健在者，有的因年事已高自認音質不如當年，有的則仍謹守技藝不外傳的老行規，已無紀錄、保存的意願，故而，如今尚能以第一手資料所發行的唸歌 CD，實屬珍貴而難得。由前文所述，可知以文化保存和推廣為目的，而願重新錄唱的說唱者，以楊秀卿所錄製的數量最多，她於近二十年以來，已不再從事商業目的的說唱表演，她具有高度的本土文化意識，儘管她已年近八十，因為擔心唸歌就此消失，至今仍積極從事唸歌薪傳的工作，除教導學生唸歌說唱，也經常隨「洪瑞珍唸歌團」、「臺灣唸歌團」、「楊秀卿說唱藝術團」四處推廣唸歌藝術，並全力提供唸歌研究上的協助，因此她對於錄製 CD 以保留傳統文化乃持相當肯定的態度。

三、錄影帶、DVD、網路影音

　　隨著現代錄影設備的普及，唸歌不再侷限於聲音形式的紀錄、保存，數位科技帶來極大的便利，甚至只要一個人便可以帶著數位攝影機至表演場所將唸歌的立體表演錄製下來，影片也可透過個人電腦的剪輯，即能具有基本的觀賞品質。筆者曾以數位相機、數位攝影機紀錄唸歌的表演，透過影片，唸歌以「立體」的方式重現，從欣賞的角度而言，除了聲音以外，欣賞者還可以欣賞說唱者的神情、動作，及其與觀眾之間的互動、表演時的氣氛。影片所能提供的視覺和聽覺上的藝術享受，也遠較錄音室所錄製的聲音紀錄更為鮮活。從文化保存的角度而言，錄影也是較為完整的紀錄方式，唸歌的現場表演，是說唱者與觀眾共同參與的過程，在影片中，我們也能夠較明確的了解唸歌豐富靈活的表演型態。

　　筆者所見的唸歌錄影資料有黃秋田說唱的《通州奇案殺子報》錄影帶〔註82〕。「洪瑞珍唸歌團」於二〇〇四年為慶祝楊秀卿七十大壽，於國立傳統藝術中心舉行紀念音樂會，當晚的節目製作成《古月琴聲》DVD 發行，內含上、下二片 CD，唸歌曲目包括由楊秀卿說唱的《一生傳》、《周成過臺灣》、楊秀卿及蕭金鳳對唱的《賊強戲弄王鸞英》、鄭來好說唱的《因果報應》、王玉川及陳美珠對唱的《夫妻相褒》。二〇〇五年，「國立傳統藝術中心」出版《陳冠華的吹拉彈唱》有聲書，內附光碟三片，有陳冠華先生述說個人的

〔註82〕　彰化市，綜藝影視公司發行，錄影帶上沒有標明發行時間。搭配電視劇的演出而發行，錄影帶外盒印有「殺子報──是一則大陸通州奇案故事。內容精彩，劇情感人，集合三台電視紅星賣力演出，由民謠演唱家黃秋田先生，自編自唱，是一部百看不厭的傳奇民間故事，適合全家觀賞」。

背景與表演經歷。

另外，隨著網路的進步，許多唸歌的影音資料已置於網站供人點閱，如「臺灣唸歌團」已將該團的表演影片上傳至「You Yube」影音網站〔註83〕，筆者於二○一○年十月十三日搜尋該網站，搜得多部唸歌影片，茲將說唱者及其表演的曲目條列如下：

> 楊秀卿的《陳金枝考狀元》、《呂蒙正拋繡球》、《哪吒鬧東海》、
> 　　　《王鑾英挓蕃薯青》、《周成過臺灣》、《一生傳》
> 鄭來好的《因果報應》、《貓俗鼠添冤仇》
> 王玉川的《勸拔笑》、《勸有孝》、《周成過臺灣》
> 葉文生的《勸世歌》、《貓鼠冤》
> 鄭美的《七字歌仔》
> 蕭金鳳、楊秀卿的《強賊戲弄王鑾英》
> 洪瑞珍、許玉英、鄭美的《歌仔頭》
> 王玉川、陳美珠的《翁某相褒》
> 葉文生、鄭美、賈大雄的《周成過臺灣》

在網路化的新時代，唸歌的表演也順應時代的變遷，在網路找到了新的舞台。喜愛唸歌的欣賞者，只要打開電腦，連結網路，就能看到精彩的唸歌表演，也可以在網路上表達他們的觀感。唸歌說唱者所面對的觀眾將不再受限於當下的時空，說唱者與欣賞者正重新建立一種新的關係。而唸歌藝術在網路化的新時代，或許將會開啓新的契機。

第六節　其　他

臺灣有專門以販賣歌仔冊為業的小販，他們經常在人潮較多的地方，如公園或市場，將一本本的歌仔冊排列在地上販售。有的小販是向書局批貨，有的則是自己編寫，自己販售。許多小販擺攤時會一邊彈唱唸歌，藉此吸引民眾圍觀，推銷歌仔冊。擅長唸歌的說唱者在台灣被稱作「歌仔先」，歌仔冊的小販因會唱歌，故也被稱為「歌仔先」。吳瀛濤在《臺灣諺語》裡記載日治時期歌仔先販賣歌仔冊的情景：

> 「歌仔先」自編自唱，而於唱唸的一邊，同時推銷他自己所印的「歌

〔註83〕含該團前身「洪瑞珍唸歌團」時期的表演影片。

仔簿」。「歌仔簿」（歌詞集）是每本薄薄的，只不過六頁八頁的小冊
子，但攜帶輕便，人人一手一本，一邊聽著「歌仔先」唱唸，對於
三四十年前尚多文盲的鄉下人來說，不無助其「聽歌識字」，也大可
增加見聞，何樂而不為。〔註84〕

另外，在開文書局的《最新僥倖錢歌》裡有歌仔先推銷唱本的描述，唸歌的
開頭唱道：

> 列位諸君莫應化，艋舺現時改萬華，
> 望恁大家退恰（較）闊，靜靜通聽我念歌。
> 朋友兄弟坐伊定（坐定位），說出理由乎（給）恁听，
> 我說恁听就知影，不曉通念也聽聲。
> 我編只（這）歌七字正，通人（人人）聽見都聞名，
> 恁野（還）未看不知影（知道），先念一遍乎（給）恁聽。
> 歌仔新編捷捷（常常）添，這本念來恰甘甜，
> 乎恁听教（得）下（會）入耳，廣（說）到少年塊（在）開錢。

描述歌仔先於萬華表演唸歌時的情景，先請大家稍退於後讓出表演空間，再
靜靜觀賞他的表演。並強調他表演的曲目為新編的內容，較具新鮮感，以此
吸引觀眾。歌末又有：

> 二人治袋說世係，說到路尾煞（卻）冤家（吵架），
> 朋友那卜知詳細，着閣（又）再買第二冊。
> 二冊編來野（也）恰好，冤家（吵架）無成人勸和，
> 一個契兄相爭討，食醋冤家（吵架）險出刀。
> 二人食醋面卜病（變），險險打死牡丹坑，
> 頭本二人袋（在）相箭（爭），歌名叫做僥倖錢。
> 二本編來恰巧妙，契兄皇佔（被佔）擋不朝（住），
> 赶緊卜去共算賬，歌名叫做失德了。
> 僥倖錢，失德了，上下本，無校哨（說謊）。
> 買來念，真有調，第二本，恰巧妙。

表演即將結束，歌仔先向觀眾推銷歌仔冊，並介紹歌仔冊的內容和歌名，希
望觀眾看完表演以後購買歌仔冊，可供閒暇時唸唱娛樂。楊秀卿說，就他所
知，很多販售歌仔冊的小販，也僅是唸誦唱詞而已，並未合樂而歌。這一種

〔註84〕吳瀛濤：《臺灣諺語》（臺北：臺灣英文出版社，2001 年 5 月），頁 351 頁。

表演型態，是附屬於歌仔冊販售的表演活動，他以推銷唱本為主要目的，表演唸歌乃在「展現」唱本的內容，以故事的渲染力或趣味性刺激民眾購買唱本的意願。

第九章　唸歌的現況

第一節　閩南唸歌的現況

　　抗日戰爭發生之後，閩南的歌仔社紛紛解散，許多歌仔冊的出版社關閉，唸歌活動幾乎從民間消失。一九四九年以後，廈門市文學藝術聯合會和音樂工作者致力於唸歌的保存和推廣，使得唸歌得以延續。〔註1〕但是，一九六六年以後，歷經十年的文化大革命，閩南的唸歌也和其他曲種一樣瀕臨絕境，「傳統的錦歌（唸歌）說唱、曲目、曲牌嚴重喪失」。〔註2〕，許多傳統曲目的唱本遭到銷毀。文革結束後，閩南當地的文化單位和研究者眼見說唱者一個個相繼凋零，珍貴的「唸歌」文化正在逐漸消失，無不感到憂心，紛紛起而從事推廣、保存和傳承的工作。

　　廈門的「廈門文化局」、「群眾藝術館」到處蒐集唸歌唱本，其中以蒐得知名說唱者王雅忠的手抄唱本，尤為珍貴。群眾藝術館並將資深說唱者白水仙的唸歌錄音保存。從一九六六年到一九八○年，廈門當地幾乎沒有新的唸歌出現，吳福興說：「一直到一九八一年廈門成立經濟特區後，才又創作了《陳毅拜訪陳嘉庚》、《兩州好地方》、《林桃拳砸賣人行》、《娶媳婦》等反映廈門特區開放改革和愛國主義現代題材的新曲目。」〔註3〕他還說「廈門錦歌說唱因後繼無人，再沒有新的曲目出現，演出活動也因而停頓」〔註4〕。

〔註1〕　曾學文：《廈門戲曲》（福州：鷺江書局，1996年7月），頁30。
〔註2〕　吳福興：〈廈門錦歌說唱由來演變與興衰〉，《閩南文化研究》2003年第8期。
〔註3〕　同前註。
〔註4〕　同註2。

　　漳州曾經在二〇〇三年制訂復興唸歌的相關計劃，並成立了「薌城區錦歌社」、但是沒有群眾、缺少經費仍使計劃的推展受到極大的阻礙。雖然二〇〇六年，大陸政府將漳州的「唸歌」（錦歌）列為「國家級非物質文化遺產」，但對其現狀並未發揮實際的助益。漳州唸歌的傳承人王素華說：「無場地，無資金，無專門演出的團體，這就是漳州錦歌的現狀。」〔註5〕二〇〇七年開始，漳州師院將唸歌列為藝術系必修課程，及全校共同的選修課。並聘請唸歌傳承人王素華和石耀輝擔任指導老師。漳州師院藝術系副主任郭立紅說：「教會一個學生錦歌可能會帶動一個家庭的興趣，教會一個未來的老師，則能帶動更多的年輕人來瞭解錦歌。」〔註6〕冀望由學校教育的管道著手，培植專業的唸歌說唱者，以使其達到傳承的目的，但是如同「薌城區漳州錦歌社」副社長陳彬所說的：「只有具備廣泛的民間基礎，錦歌才能有鮮活的生命力。」若唸歌離開了民眾的生活，成為校園裡的一門學科，那麼它將吸取什麼樣的養分？會以什麼樣的面貌呈現？又如何在新的時代建立新的群眾？都將是它所要面對的考驗。

第二節　臺灣唸歌的現況

　　自二〇〇〇年以來，政府文化單位對臺灣傳統藝術的重視，喜愛唸歌說唱的民間人士受到鼓勵和支持，有感於唸歌即將從臺灣社會中消失，因此起而組織唸歌社團，推廣唸歌文化，使得民眾得以重見唸歌說唱的立體表演。推廣唸歌的社團以「洪瑞珍唸歌團」、「臺灣唸歌團」及「楊秀卿說唱藝術團」最具代表性，其他如周定邦組成的「臺灣說唱藝術工作室」、莊誼研組成的「哄哩岸臺灣說唱劇場」及廖瓊枝帶領的「廖瓊枝歌仔戲文教基金會」皆不定時舉辦唸歌說唱的表演活動。

一、洪瑞珍唸歌團

　　筆者於二〇〇七年至二〇〇八年之間，以「洪瑞珍唸歌團」為對象，試圖觀察及紀錄唸歌於當代時空所呈現的表演型態。該社團於二〇〇二年由楊秀卿的學生洪瑞珍組成，屬非營利組織，社團運作的經費來源，主要向政府文化

〔註5〕　林堃、郭騰達：〈拯救錦歌〉，《閩南日報》2009 年 7 月 30 日。
〔註6〕　轉引自林堃、郭騰達：〈拯救錦歌〉，《閩南日報》2009 年 7 月 30 日。

單位申請，如：「國立傳統藝術中心」、「文化建設委員會」及各地「文化局」
等。表演的地點多在西門町的「紅樓劇場」和各地文化中心。以年度爲單位，
排定演出的時間、地點和表演內容；於全國各地巡迴演出，亦曾爲宣慰僑胞
至美國三十幾州表演。每次演出前的宣傳管道由該團及相關網站、電台節目
和表演地點的公告，近來亦於表演場所外以貼有海報的廣告車透過擴音器告
知來往民眾。表演的時間多擇定假日的下午或晚上，每次的表演時間約爲三
個小時。配合表演場地的規定，有時需向民眾酌收清潔茶水費，有時則爲免
費觀賞。

　　爲求表演節目的豐富性，該團的節目以「唸歌」爲主軸，其間穿插民謠
彈唱、臺語詩歌吟唱，茲舉二〇〇七年十月十一日的表演內容爲例：

1. 《心悶洪瑞珍 e 歌謠人生》陳明仁唸詩
2. 《通州奇案》楊秀卿月琴彈唱
3. 《杜蚓仔歌》賈大雄、鄭美對唱
4. 《斷機教子》陳美珠電吉他彈唱
5. 《百家春／王寶釧採桑》許玉英月琴彈唱
6. 《鹹酸甜》賈大雄演唱

　　（中場休息）

7. 《呂蒙正剉材》施奕均月琴彈唱
8. 《臺灣民間故事》王玉川大廣弦拉唱
9. 《鏡前》趙天福演詩
10. 《貓仔老鼠冤》葉文生月琴彈唱
11. 《吃圓仔歌》楊秀卿月琴彈唱

節目中的唸歌表演有楊秀卿的《通州奇案》和《吃圓仔歌》、陳美珠的《斷機
教子》、王玉川的《臺灣民間故事》、許玉英的《百家春／王寶釧採桑》、施奕
均的《呂蒙正剉材》、葉文生的《貓仔老鼠冤》，其他則非。如此安排有其用
意，因唸歌表演式微已久，大部分的觀眾對於唸歌並不熟悉，若僅安排唸歌，
觀眾的專注力恐怕有限，故增加其他性質的節目，增加表演的彈性和豐富性，
以吸引更多觀眾，達到推廣的目的。且該團團長洪瑞珍極重視臺語文學，希
望藉唸歌團的表演場合推廣臺灣民謠及臺語文學，故有此規劃。

　　說唱者中又以資深說唱者楊秀卿、陳美珠和王玉川最能吸引觀眾的焦
點，也是唸歌團的靈魂人物，他們的年紀都已七、八十歲，但是「走江湖」

數十年，他們的表演場所由過去的市場、公園，轉移至現代的表演舞台，雖然表演的空間與過去大不相同，與觀眾的空間距離，也因為舞台與觀眾席的格局而變得遙遠，但是他們對於表演氣氛的掌控，有如靈活的伸縮鏡頭，時而貼近與觀眾說笑，時而又融入故事的角色情境，聲音、表情、動作無不牽引著觀眾，緊密的將「表演者」與「觀賞者」扣合，展現唸歌說唱的曲藝本色。

資淺的說唱者，多為楊秀卿的薪傳弟子，他們的年紀多約五、六十歲，均非職業說唱者，因喜愛唸歌而求教於楊秀卿和洪瑞珍，表演的經驗和技藝自不如終身以唸歌為業的資深說唱者，說唱的內容上多忠實承襲教導者或歌仔冊，尚未見其為唸歌的內容或形式賦予新的面貌，但他們的學習與演出，對唸歌的延續而言，卻具有相當重要的意義，或許假以時日，他們亦能為唸歌說唱開闢一條新的路徑。

「洪瑞珍唸歌團」的觀眾，以中、老年人為多，就其觀賞的動機，有對唸歌有興趣者、有對民謠有興趣者、有對傳統樂器有興趣者、有重視臺語教育者、亦有因其近似歌仔戲而前來觀賞者。筆者曾訪問七十餘歲的長者，他們認為唸歌是臺灣的傳統藝術，幼年時期曾經見過。觀眾群中，少見三十歲以下的臉孔，大學生或研究生多為學習、研究而來，國、高中生則未見過。值得一提的是，許多年輕夫妻帶著年紀尚幼（約十歲以下）的孩子一同來觀賞，幼童雖大都未認真觀賞表演，但諸多父母親都表示肯定的態度，認為「這是我們的傳統文化，要讓我們的孩子認識」，從文化推廣的角度來看，唸歌社團的努力似已看見初步的成果。

「洪瑞珍唸歌團」因洪瑞珍於二〇〇八年八月因病去世，今已改組為「臺灣唸歌團」，承繼「洪瑞珍唸歌團」的精神，以推廣、傳承臺灣唸歌為其宗旨。

二、臺灣唸歌團

「臺灣唸歌團」成立於二〇〇九年三月，團長為葉文生，成員有資深說唱者楊秀卿、王玉川、陳美珠、鄭來好、陳寶貴，以及新一代的說唱者鄭美、施奕均、許玉英、賈大雄等人。據該團網站公告〔註7〕，其宗旨為：

1. 結合本土歌謠、唸謠的朋友，傳承發揚台灣唸歌藝術文化。

―――――――――――
〔註7〕 參見該團網站資料。上網時間：2010 年 10 月 5 日。
　　　　「臺灣唸歌團」網址 http://www.liam7kua.tw/。

2. 參與各地藝文團體，活絡資源人才，發展鄉土文化。

3. 促進國際鄉土藝文交流。

4. 提倡優質娛樂，以達自娛娛人，美化人生。

該團成立二年以來，於國內、外多地巡迴演出。演出地點，以古蹟、寺廟為多，如板橋林家花園、八里廖添丁廟、臺北行天宮、臺北城隍廟；或受教育、文化單位之邀，於日本大阪「亞洲藝術饗宴——台日友好特別義演」〔註8〕、師大「歌仔冊研討會」、臺中中興大學、故宮博物院及臺灣大學「藝文中心」演出；亦有公益性的演出，如三芝雙連養老院、桃園愈健養護中心。〔註9〕

　　「臺灣唸歌團」對唸歌的推廣不宜餘力，除積極於各地演出之外，並運用數位化的方式，使唸歌與新時代結合，如架設「臺灣唸歌團」的網站〔註10〕，在網站當中公告表演訊息和經歷，並將表演的紀錄影片公開，供人點閱瀏覽，為唸歌的欣賞者提供了另一種欣賞的管道。值得一提的是，該網站將「綠色和平電台」的「古月琴聲」節目錄音檔全部置於網站上，該節目由洪瑞珍與楊秀卿、楊再興夫婦共同主持，於一九九四年七月十七日至二〇〇〇年六月十一日間播放，楊秀卿除了主持，並於節目現場彈唱唸歌，是非常珍貴的唸歌記錄。

三、楊秀卿說唱藝術團

　　說唱者楊秀卿一生以唸歌為業，經歷走唱、賣藥說唱、電台說唱、唱片發行的階段，經歷了唸歌由盛轉衰的過程。如第七章第二節所述，民國七十年代，唸歌沒落之際，楊秀卿開始與政府及許多文化單位合作，致力於唸歌藝術的傳承和推廣。歷經三十年的努力，唸歌已成為台灣傳統說唱藝術的代表，也成為各級學校重視的傳統文化。

　　二〇一〇年六月，楊秀卿正式成立「楊秀卿說唱藝術團」，作為其推廣唸歌藝術的里程碑，除了代表她以唸歌為生命的人生，更重要的是她將繼續為唸歌的未來而努力，期待唸歌除了作為一種被視為教材的傳統藝術，還能夠注入活血，建立新的面貌和新的群眾。

〔註8〕　2009 年 8 月 14 日於日本大阪市「NHK 會館」舉行的「亞洲藝術饗宴——台日友好特別義演」中演出。

〔註9〕　同註 8。

〔註10〕　同註 7。

　　二○一一年三月五日，「楊秀卿說唱藝術團」於南海劇場首演，也是唸歌表演首度售票演出。舞台和服裝的設計均經過專業的設計，據其團員表示，因爲售票演出，所以在細節上必須更加用心，務使觀眾值回票價。由此可見，發源於街頭的唸歌，進入表演廳，成爲舞台的演出節目之後，也開始利用戲劇的元素，運用布景、燈光、音響和服裝，將唸歌演唱精緻化，藉此吸引更多的觀眾。

　　隨著唸歌受到重視，表演唸歌的個人和團體也漸漸地增加，在良性的競爭和刺激之下，說唱者在唸歌表演的內容和形式上，更致力於推陳出新，而唸歌的未來也因此露出了一道曙光。

第十章　結　論

　　「唸歌」盛行的二百年期間，深入於民間，在民眾的生活中吸取養分，轉化成一首又一首精彩生動的歌謠，生活上它是民眾重要的休閒娛樂，精神上則寄託了民眾的思想和情感。它發源於閩南漳、泉一帶，清代隨著渡海移民來到臺灣，融合了臺灣的文化，創造出新的藝術生命。此後，閩南和臺灣的唸歌，在各自的土地上，汲取了不同的養分，它們說唱的內容、表演的形式和音樂的曲調也呈現出不同的樣貌，豐富了唸歌的內涵。

　　唸歌的內容非常豐富，本論文中依其主題分為十類。「愛情故事類」，以「孟姜女」、「梁山伯與祝英台」、「白蛇傳」及「陳三五娘」的故事最為盛行，流傳最廣，是閩、臺兩地耳熟能詳的故事。臺灣早期流傳的曲目多是大陸作者的作品，後來臺灣的作者也編作新歌，篇幅有了大幅的擴增，但主要情節仍多承襲閩南的說法。「公案故事類」，以包公斷案的故事為多，顯見包公在民間已是正義的化身；此類唸歌多於歌末表達「萬惡莫作，眾善奉行」的寓意，強調唸歌勸世的教化功能。「三國故事類」，多據《三國演義》所編作，作者以「忠於原著」的態度編寫，情節上缺乏新意，但是透過語言和體裁的轉換，將《三國演義》裡的故事以通俗化的方式傳播於民間。「孝順故事類」，以「舜的孝行故事」流傳最廣，故事內容與典籍、史傳的記載已有出入，情節產生變異，故事更加曲折、宗教色彩也更為濃厚。「神魔故事類」，主要取材自《封神演義》和《西遊記》，並承襲小說的主要情節，敘事中穿插許多與民眾生活相關的事物，如《哪吒鬧東海歌》凸顯了海族的特性，呈現出臺灣海島文化的特色。

　　「宗教故事類」，以傳達因果報應的宗教思想為主，「地獄十殿」為其敷

唱的重點，藉冥報思想勸人爲善。「新聞時事類」，在臺灣尤爲盛行，作者以生活中的時事爲題，將唸歌與民眾的生活作更深入的結合，爲唸歌注入了新血。「臺灣史歌類」，紀錄並傳達了臺灣人民的心聲，反映出艱困的歷史處境。「勸世歌謠類」，重視的是唸歌的教化功能，多由負面的角度闡述。「敘情歌謠類」，單人敘情著重個人內心情感的表達，雙人敘情除了可表現內在的情感，兩人間的行歌互動，產生了戲劇性的效果。

唸歌有如一座閩南語的寶庫，蘊含豐富的閩南語資料，如保留大量閩南語特有的詞彙、重疊詞的運用、特有的量詞，以及外來語和俗語等，在在呈現出閩南語的語言特色。唸歌以生動、活潑的閩南語作爲表達的工具，透過藝術的表現，運用豐富的修辭技巧，譬喻、摹寫、擬人、誇飾、對比、層遞……等，使得它所傳達的情感更爲眞切，敘事和描繪更加生動、傳神，展現出它豐富的文學價值。

唸歌產生自民間，它發揮了許多重要的社會功能，也使得它因此成爲富有活力的民間藝術。提供生活娛樂是唸歌最基礎且最重要的功能，人們在娛樂的過程中，無形當中獲得了知識的學習和道德的教化，它所產生的影響力，超越了文字的侷限，影響了廣大的群眾，在教育資源不足的環境底下，發揮了部分的教育功能。它與傳統的禮俗結合，作爲祝福和慶賀的管道，並營造了相應的氣氛。由於它在民間具有廣大的影響力，也因而成爲宗教宣揚及政治宣傳的工具，並能反映當時的社會問題，以期達到社會改革的目的。

唸歌的唱本「歌仔冊」，發源於閩南，隨著印刷技術的更替，發展出木刻、石刻、油印和現代印刷的樣式。閩南的出版商以廈門爲中心，抗日戰爭時結束營業。臺灣原向大陸出版商進口歌仔冊，因爲蘆溝橋事變，貨源中斷，卻促使了臺灣出版商聘請臺灣作者編寫新歌，唸歌的題材和創作因而開啓新的里程，發展出許多具有臺灣本土特色的唸歌。另外，出版商之間盜印、抄襲的情形甚爲氾濫，致使許多歌仔冊的內容相同或相似。尚有部分的手抄唱本流傳，以說唱者使用的抄本最爲珍貴，其中保留了立體說唱的軌跡，使得後人得以藉此略窺當時說唱的情形。

在唸歌的作者當中，包括少數的說唱者，他們大多沒有留下記錄，僅有閩南的王雅忠、孫烏鎮或臺灣的汪思明、楊秀卿等人由自己或他人紀錄唱詞。大多數的唸歌作者並不是說唱者，他們編寫的唸歌有些提供予說唱者演唱，大部分出版成歌仔冊，以一般民眾爲主要的消費對象。閩南的作者多以匿名

的方式發表，他們可能是不願公開身份的知識份子，寫作風格偏向書面語言，俚俗的用語較少；臺灣的作者經常於歌中表明身份，以表示該歌的版權和獨創性，他們的教育水平普遍不高，創作上運用大量俚俗、口語的用語，以生活化的語言風格，寫出民眾熟悉的人事物，親切活潑，寫作風格與閩南的作品呈現極大的差異。

唸歌說唱者大多出身貧困，為了謀生，自小學習技藝，學藝的過程倍極艱辛，而賣藝、跑江湖的生活也讓他們飽嚐人情冷暖，看盡悲歡離合，但也因此，他們累積了豐富的生活經驗和情感，他們透過歌聲所傳達的，已不僅是個人的生命經驗和情感，同時也是許多市井小民的生命經驗和情感，如同許多說唱者所言，一首好的唸歌，要唱到聽眾的心坎裡。雖然，為了生存，說唱者必須在意收入的好壞，但是當他們以真切的歌聲打動了人心，使聽眾真情流露時，對說唱者而言，那是金錢無可取代的喜悅，因為他們知道，在那一刻，他們的歌聲撫慰了許多和他們一樣為了生活而辛苦奮鬥的人們。

閩南的說唱者由鄉間轉入城市之後，為了適應市民的需求，大膽借用南曲的音樂和表演模式，為唸歌進行成功的改革，而發展出堂會式的表演型態，使得唸歌進入新的階段，創造了歌仔館林立，盛極一時的光景。臺灣的說唱者不以演唱傳統曲目自足，他們關心聽眾的需求，強調求新求變，也重視唸歌的社會功能，除了娛樂聽眾，還希望提供更多的生活資訊，或發揮教育和勸化的功能。因此，臺灣的唸歌在音樂方面，吸收了許多民謠、小調、戲曲的元素，曲調的運用更為靈活多變；在內容方面，朝向多元的發展，舉凡地方傳說、社會現象、新聞時事、政治批評、感情生活、道德勸說等題材，與民眾生活相關者無不取材；在形式方面，大量使用「口白」，經常採用「代言」的方式說唱，朝向戲劇化的方向發展。

唸歌具有庶民藝術的特性，紮根於民眾的生活，以柔軟而堅韌的姿態，隨著環境和時代的更迭而變化，順應民眾的需求，創造出多樣的說唱型態。「走唱」是最傳統的表演型態，說唱者流布於街井巷弄，歌樓酒肆，深入於民間，與聽眾距離最近，互動也最為密切。閩南的唸歌南曲化後發展出「歌仔館」的說唱型態，表演的場域由戶外改為室內，由移動變成了固定，唸歌表演朝向精緻化的方向發展，聽眾欣賞的水平提高，歌仔館之間的競爭愈趨激烈，刺激了說唱者對唸歌品質的要求。國民政府來臺後，臺灣因為「賣藥團」的開放，藥商藉著唸歌的號召力獲取龐大的利潤，民眾對說唱者而言，已不再

只是唸歌的聽眾，同時也是賣藥團的消費者，唸歌的表演動機有了明顯的利益考量，影響說唱者表演的熱度、內容的選擇和篇幅的長短，是附屬於賣藥團的說唱型態。隨著時代的進步，「電台」的設置，唸歌跨越了空間的侷限，透過電台的播送，傳播的方式更容易、更快速，影響的群眾更為廣大，藥商與說唱者的合作關係轉移至電台，說唱者演唱創新的曲目，以長篇分集的模式說唱，吸引聽眾收聽和消費，唸歌成為固定播出的帶狀節目，在篇幅上有了突破性的增長，一首歌甚至可達上百集。視聽產品的問世，使唸歌成了消費性的流行商品；說唱者在錄製唸歌的過程裡，沒有群眾、沒有掌聲，也沒有與聽眾的情感交流和互動，在逐步邁向現代化的社會中，它以更符合時代需求的方式傳播，但是唸歌離開了群眾，也失去了即興演出的活力和感染力。

然而，唸歌的腳步，終究趕不上時代日新月異的速度，「唸歌」在二十一世紀，無論在閩南或臺灣，都成了政府和文化工作者，致力於保存和推廣的「傳統藝術」，它紀錄了二百多年來，閩南族群的思想、情感、歷史、語言和文化，蘊含了豐富的文化資產，未來，它將會以什麼樣的新面貌，在新時代裡繼續扮演「為民而歌」的角色，將是研究者持續觀察的重要課題。

引用文獻

一、專　書

（一）古　籍

1. 〔清〕王先謙撰：《荀子集解》，臺北：蘭臺書局，1983 年。

2. 〔明〕宋濂等編：《元史》，臺北：鼎文書局，1995 年。

3. 〔唐〕徐堅撰：《初學記》，收入《景印文淵閣四庫全書》子部一九六「類書類」，臺北：臺灣商務印書館，1986 年。

4. 〔宋〕西湖老人撰：《西湖老人繁勝錄》，北京：文化藝術出版社，1998年。

5. 〔明〕張岱撰：《陶庵夢憶》，收入嚴一萍選輯：《原刻影印百部叢書集成》第九六○冊，臺北：藝文印書館，1965 年。

6. 〔清〕清聖祖御定：《全唐詩》第十冊，北京：中華書局，1960 年。

（二）近代著作

1. 中央研究院歷史語言研究所俗文學叢刊編輯小組編輯，《俗文學叢刊》第362～366 冊，臺北：中央研究院歷史語言研究所、新文豐出版公司，2004年 10 月。

2. 中國曲藝音樂集成全國編輯委員會編，《中國曲藝音樂集成・福建卷・錦歌》（一）、（二）冊，北京：中國 ISBN 中心，1998 年 11 月。

3. 中國民間文學集成全國編輯委員會、中國歌謠集成福建卷編輯委員會編，《中國歌謠集成・福建卷》，北京：中國 ISBN 中心，2007 年 7 月）。

4. 方寶璋撰，《閩臺民間習俗》，福州：福建人民出版社，2003 年 7 月。

5. 片岡嚴撰（日），《臺灣風俗誌》，臺北：臺灣日日新報社，1921 年 2 月，

（臺北：南天書局重新出版，1994 年 10 月）。

6. 片岡嚴撰、陳金田譯，《臺灣風俗誌》，臺北：臺灣日日新報社，1921 年 2 月 10 日，（臺北：大立出版社重新出版，1981 年 1 月）。

7. 王友蘭撰，《陳冠華的吹拉彈唱》，宜蘭：國立傳統藝術中心，2005 年 12 月。

8. 王友蘭撰，《楊秀卿唸歌說唱故事有聲書》，宜蘭：臺灣傳統藝術總處籌備處，2008 年 5 月。

9. 王育德撰，黃國彥譯，《王育德全集 3：臺灣話講座》，臺北：前衛出版社，2000 年 4 月。

10. 王耀華撰，《福建傳統音樂》，福州：福建人民出版社，2008 年 8 月。

11. 平澤丁東撰（日），《臺灣の歌謠と名著物語》，臺北：晃文館，1971 年 2 月，（後來收於婁子匡編：《亞洲民俗・社會生活專刊》第 78、79 冊，封面書名改爲《六十年前臺灣俗文學》，臺北：東方文化書局，1976 年）。

12. 伊能嘉矩撰（日），《臺灣文化志》，東京：刀山書院，1928 年，（臺北：南天書局重新出版，1994 年）。

13. 吳瀛濤撰，《臺灣民俗》，臺北：眾文圖書公司印行，2000 年 1 月。

14. 吳瀛濤撰，《臺灣諺語》，臺北：臺灣英文出版社，2001 年 5 月。

15. 車錫倫撰，《中國寶卷總目》，北京：燕山出版社，2000 年。

16. 周定邦撰、彈唱，《義戰嘉吧年——臺語七字仔白話史詩》，臺南：臺灣藝術說唱工作室，2001 年 7 月。

17. 東方孝義撰（日），《臺灣習俗》，臺北：同人研究會，1942 年。

18. 林谷芳編，《本土音樂的傳唱與欣賞》，臺北：國立傳統藝術中心籌備處，2000 年。

19. 金榮華撰，《民間故事類型索引》全三冊，臺北：中國口傳文學學會，2007 年。

20. 長泰縣文化館編，《長泰縣民間音樂資料》，長泰：長泰縣文化館，1981 年 9 月。

21. 姜昆、倪鍾之主編，《中國曲藝通史》，北京：人民文學出版社，2005 年 11 月。

22. 施炳華撰，《歌仔冊欣賞》，臺南：開朗雜誌事業，2008 年 4 月。

23. 洪瑞珍編撰，《廖添丁傳奇》，臺北：臺灣台語社，2001 年 4 月。

24. 洪瑞珍編撰，楊秀卿說唱，《哪吒鬧東海》，臺北：臺灣台語社，2002 年。

25. 洪瑞珍編撰，《楊秀卿臺灣唸歌》，臺北：臺灣台語社，2004 年。

26. 國立傳統藝術中心籌備處編，《本土音樂與傳唱——歌子說唱與民歌》臺北：國立傳統藝術中心籌備處，2000 年 12 月。

27. 婁子匡、朱介凡撰，《五十年來的中國俗文學》，臺北：正中書局 1998 年 11 月。

28. 張炫文撰，《臺灣的說唱音樂》，臺中：臺灣省教育廳交響樂，1986 年 6 月。

29. 張炫文撰，《歌仔調之美》，臺北：國立傳統藝術中心籌備處，1998 年 7 月 31 日。

30. 許常惠撰，《民族音樂論述稿》（一），臺北：樂韻出版社，1987 年。

31. 許常惠撰，《臺灣音樂史初稿》，臺北：全音樂譜出版社，1996 年 10 月 23 日。

32. 連橫撰，《雅言》，臺北：臺灣銀行經濟研究室編《臺灣文獻叢刊》第 166 種，1963 年 2 月，（後來收於《連雅堂先生全集：臺灣語典，雅言》，南投：臺灣省文獻委員會，1922 年 3 月）。

33. 陳建銘撰，《野台鑼鼓》，板橋：稻香出版社，2003 年 5 月。

34. 陳炳鑽撰，《人生因果勸世歌》共六冊，板橋：正一善書出版社，1988～1995 年。

35. 陳郁秀製作，《臺灣民主歌》，臺北：白鷺絲文教基金會，2001 年。

36. 陳香撰，《陳三五娘研究》，臺北：臺灣商務印書館，1985 年 7 月。

37. 陳益源撰，《俗文學稀見文獻校考》，臺北：里仁書局，2005 年 10 月。

38. 陳耕撰，《閩臺民間戲曲的傳承與變遷》，福建：福建人民出版社，2003 年 9 月。

39. 鹿耳門漁夫（蔡奇蘭）撰，《臺灣白話史詩》，出版地待考：出版處待考，1996 年。

40. 曾子良撰，《臺灣歌仔四論》，臺北：國家出版社，2009 年 3 月。

41. 曾永義撰，《俗文學概論》，臺北：三民書局，2003 年 6 月。

42. 曾學文撰，《廈門戲曲》，廈門：鷺江出版社，1999 年 8 月。

43. 黃文車撰，《日治時期閩南臺灣歌謠研究》，臺北：文津出版社，2008 年 10 月。

44. 楊秀卿演唱，洪瑞珍編註，《廖添丁傳奇》，臺北：臺灣臺語社，2001 年 4 月。

45. 葉龍彥撰，《臺灣唱片思想起》，蘆洲：博揚文化出版社，2001 年 12 月 15 日。

46. 鈴木清一郎撰，馮作民譯，《台灣舊慣習俗信仰》，臺北：眾文圖書公司，2000 年 10 月。

47. 福建省龍海縣地方志編纂委員會編，《龍海縣志》，北京：東方出版社，1993 年。

48. 福建省藝術研究所、廈門市台灣藝術研究室編,《閩臺民間藝術散論》,廈門:鷺江出版社,1989 年。

49. 臧汀生撰,《臺灣閩南語歌謠研究》,臺北:臺灣商務印書館,1995 年 5 月。

50. 臺灣省礐溪文化學會製作,《聽到臺灣歷史的聲音──1910～1945 臺灣戲曲唱片原音重現》,臺北:國立傳統藝術中心籌備處,2000 年)。

51. 劉月華等撰,《實用現代漢語語法》,臺北:師大書苑,1996 年 8 月。

52. 劉春曙、王耀華撰,《福建民間音樂簡論》,上海:上海藝文出版社,1986 年 6 月。

53. 劉復撰:《敦煌掇瑣》,收入馮志文主編:《中國西北文獻叢書續·敦煌學文獻卷》第十六冊,蘭州:甘肅文化出版社,1999 年。

54. 編委會工作組編,《中國民歌集成(福建卷)》,收於編委會工作組編:《龍溪地區民間音樂資料(下)》,北京:中國 ISBN 中心,1961 年 12,月。

55. 蔡添登彈唱,涂順從採錄整理,《蔡添登彈唱七字歌仔紀念專輯·二·梁三伯與祝英台的故事》,臺南:臺南縣立文化中心,1996 年 7 月。

56. 蔡源莉、吳文科撰,《中國曲藝史》,北京:新華書店,1998 年 1 月。

57. 魯迅撰,《中國小說史略》,臺北:風雲出版社,1990 年。

58. 簡上仁撰,《臺灣民謠》,臺北:眾文圖書公司,1992 年 9 月。

59. 藍雪霏撰,《閩臺閩南語民歌研究》,福建:福建人民出版社,2003 年 10 月。

60. 顧頡剛等撰,陶瑋選編,《名家談孟姜女哭長城》,北京:文化藝術出版社,2006 年 1 月。

61. 樂桂娟撰,《中國曲藝及曲藝音樂》,北京:人民音樂出版社,1998 年 3 月。

二、單篇論文

1. 王振義撰,〈淺說閩南語社會的唸歌〉,高雄:中華民國臺灣史蹟研究中心研究組編:《臺灣史研究暨史料發掘研討會論文集》,1987 年 8 月。

2. 王順隆撰,〈談臺閩『歌仔冊』的出版概況〉,《臺灣風物》第 43 卷第 3 期,1993 年 9 月。

3. 王順隆撰,〈閩台「歌仔冊」書目·曲目〉,《臺灣文獻》第 45 卷第 3 期,1994 年 9 月 30 日。

4. 王順隆撰,〈「歌仔冊」書目補遺〉,《臺灣文獻》第 47 卷第 1 期,1996 年 3 月 31 日。

5. 王順隆撰,〈閩南語「歌仔冊」的進化過程──從十一種全本《孟姜女歌》

的語詞・文體來看〉,《臺灣文獻》,第 48 卷第 2 期,1997 年 6 月。

6. 王順隆撰,〈論臺灣歌仔戲的語源與臺灣俗曲「歌仔」的關係〉,日本:文教大學文學部編《文教大學大學部紀要》,1998 年 2 月。

7. 向達撰,〈記牛津大學所藏的中文書〉,《北平圖書館館刊》,第 10 卷第 5 號,1936 年 10 月。

8. 吳勇宏撰,〈塑形於閱聽與傳唱之間──歌仔冊中廖添丁敘事的俠義化〉,《臺灣學研究》第 9 期,2010 年 6 月。

9. 吳姝嫱撰,〈歌仔冊《大舜耕田坐天歌》試探〉,《中國文化大學中文學報》,第 22 期,2011 年 4 月。

10. 吳福興撰,〈廈門著名歌仔說唱藝人:王雅忠和洪道〉,《閩南文化研究》2005 年第 6 期。

11. 抗日協會撰,〈抗日志士呂錦花終結養女制度〉,《抗日協會訊》第 4 期,2010 年 7 月。

12. 李賢淑撰,〈試論漳州錦歌的流派與藝術特色〉,《漳州職業大學學報》2004 年第 2 期。

13. 李獻璋撰,〈臺灣民謠專輯〉,《臺灣文藝》革新第 25 號(第 78 冊)、第 26 號(第 79 冊)合刊,1982 年 12 月。

14. 林太威撰,〈日治時期臺灣流行歌曲的商業操作──以古倫美亞及勝利唱片公司為例〉,《臺灣音樂研究》第 8 期,2009 年 4 月。

15. 林良哲撰,〈古早彈唱勸世歌──從瑞成書局出版之歌仔冊談臺灣通俗文化〉《大墩文化》第 48 期,2008 年 3 月。

16. 林清月撰,〈歌謠拾遺〉,《風月報》第 107 期,1940 年 4 月 15 日。

17. 林堃、郭騰達撰,〈拯救錦歌〉,《閩南日報》,2009 年 7 月 30 日。

18. 邱曙炎撰,〈「歌仔」是歌仔戲音樂的主要聲腔〉,《臺灣戲專學刊》第 9 期,2004 年 7 月。

19. 金榮華撰,〈記牛津大學所藏「臺灣陳辦歌」〉,《書目季刊》第 19 卷第 2 期,1985 年 9 月。

20. 洪炎秋撰,〈十年來的臺灣國語運動〉,《臺灣十年》,1955 年 10 月。

21. 徐常波撰,〈閩臺歌仔冊(唱本)探源〉,《閩南文化研究》2003 年第 8 期。

22. 張秀蓉撰,〈牛津大學所藏有關臺灣的七首歌謠〉,《臺灣風物》第 43 卷第 3 期,1993 年 9 月。

23. 陳兆南撰,〈陳三五娘唱本的演化〉,《民俗曲藝》第 54 期,1988 年 7 月。

24. 陳兆南撰,〈臺灣歌冊綜錄〉,臺中:逢甲大學編《逢甲大學中文學報》第 2 期,1994 年 4 月。

25. 陳兆南撰,〈臺灣歌仔呂柳仙的說唱藝術與文學〉,臺北:國立傳統藝術中

心、國立臺灣藝術大學編《2003 年說唱藝術學術研討會論文集》2003 年。

26. 陳建銘撰，〈曾二娘和金橋科儀〉，《民俗曲藝》第 54 期，1988 年 7 月。

27. 陳建銘撰，〈從歌仔冊看臺灣早期社會〉，《臺灣文獻》第 47 卷第 3 期，1996 年 9 月 30 日

28. 陳耕、曾學文撰，〈渡臺新歌〉，臺北：幼獅文化事業公司編《百年坎坷歌 仔戲》，1995 年 11 月。

29. 陳福興撰，〈廈門錦歌說唱（錦歌）由來演變與興衰〉，《閩南文化研究》 2003 年第 8 期。

30. 陳鏡波撰，〈臺灣の歌仔戲の實際考察と地方男女に及ぼす影響〉，《臺灣 教育》第 346 期、第 347 期，1931 年 6 月、1931 年 7 月。

31. 曾子良撰，〈臺灣地震歌之探討〉，臺北：國立傳統藝術中心、國立藝術大 學編《2003 說唱藝術研討會論文集》，2003 年。

32. 黃得時撰，〈臺灣歌謠之形態〉，《文獻專刊》，第 3 卷第 1 期，1952 年 5 月 27 日。

33. 楊劍利撰，〈近代華北地區的溺女習俗〉，《北京理工大學學報》2003 年第 4 期。

34. 劉春曙撰，〈閩臺錦歌漫議〉，《民俗曲藝》第 72、73 期合刊，1991 年 7、 9 月。

35. 稻田尹撰，〈臺灣の歌謠たついて〉，《臺灣時報》第 25 卷第 1 期，1941 年 1 月。

36. 蔡欣欣撰，〈風行與箝禁：試論「殺子報」案的流播改編與在臺演劇現象〉 《臺灣學誌》創刊號，2010 年 4 月。

37. 賴建銘撰，〈清代臺灣歌謠〉（上），《臺南文化（舊刊）》第 6 卷第 4 期， 1958 年 8 月 31 日。

38. 賴建銘撰，〈清代臺灣歌謠〉（中），《臺南文化（舊刊）》第 6 卷第 1 期， 1959 年 10 月 1 日。

39. 賴建銘撰〈清代臺灣歌謠〉（下）《臺南文化（舊刊）》第 7 卷第 1 期，1960 年 9 月 30 日。

40. 薛順雄撰，〈臺灣竹枝詞的價值研討〉，臺中：中興大學中文系編《第三屆 通俗文學與雅正文學學術研討會論文集》，2001 年 12 月。

41. 顧頡剛、吳立模撰，〈蘇州唱本敘錄〉，《民俗學集雋》第 1 期，1937 年 6 月 12 日。

三、學位論文

1. 丁鳳珍撰，《「歌仔冊」中的臺灣歷史詮釋——以張丙、戴潮春起義事件敘

事歌爲研究對象》，臺中：東海大學中國文學研究所博士論文，2004 年。

2. 竹碧華撰，《楊秀卿歌仔說唱之研究》，臺北：中國文化大學藝術研究所碩士論文，1997 年。

3. 李李撰，《臺灣陳辦歌研究》，臺北：中國文化大學中國文學研究所碩士論文，1985 年。

4. 杜仲奇撰，《歌仔冊「正派三國歌」之語言研究》，臺北：國立師範大學臺灣文化及語言文學研究所碩士論文，2009 年。

5. 林俶玲撰，《臺灣梁祝歌仔冊敘事研究》，嘉義：南華大學文學研究所所碩論文，2005 年。

6. 柯榮三撰，《有關新聞事件之臺灣歌仔冊研究》，臺南：成功大學臺灣文學研究所碩士論文，2004 年。

7. 陳家慧撰，《民間說唱藝師──王玉川研究》，臺南：成功大學臺灣文學研究所碩士論文，2009 年。

8. 曾子良撰，《臺灣閩南語說唱文學「歌仔」之研究及閩南語歌仔敘錄與存目》，臺北：東吳大學中文所博士論文，1990 年。

9. 劉秀庭撰，《「賣藥團」：一個另類歌仔戲班的研究》，臺北：國立藝術學院傳統藝術研究所碩士論文，1998 年。

10. 賴崇仁撰，《臺中書局及其歌仔冊研究》，臺中：逢甲大學中國文學研究所碩士論文，2005 年。

四、網路資料

1. 王順隆整理，「日本國立民族學博物館藏，戰前臺灣 SP 目錄」王順隆 2008 年 10 月 8 日公布於網站
網址：http://www32.ocn.ne.jp/~sunliong/columbia.htm，上網時間：2010 年 11 月 30 日。

2. 王順隆整理「家藏唱片錄音帶目錄」
網址：http://www32.ocn.ne.jp/~sunliong/record.htm，上網時間：2010 年 11 月 30 日。

3. 洪惟仁撰，〈台北民間歌謠〉，2004 年，置於洪惟仁：「民間歌謠教學研究網站」
網址：http://www.uijin.idv.tw/TAIWANSONG/infor.htm，上網時間：2010 年 11 月 30 日。

4. 陳兆南撰，〈臺灣歌仔江湖調的開拓者──汪思明〉，收於「國家臺灣文學館」的「臺灣民間文學歌仔冊資料庫」
網址：http://www.nmtl.gov.tw/index.php，上網時間：2010 年 11 月 30 日。

5. 陳益源、林依華撰，〈鄉土歌仔先──陳再得〉，收於「國家臺灣文學館」

網站中的「臺灣民間文學歌仔冊資料庫」

網址：http://www.nmtl.gov.tw/index.php，上網時間：2010 年 11 月 30 日。

6. 陳家慧撰，〈說唱活寶——陳美珠〉，收於「國家臺灣文學館」網站中的「臺灣民間文學歌仔冊資料庫」

網址：http://www.nmtl.gov.tw/index.php，上網時間：2010 年 11 月 30 日。

7. 「臺灣民間文學歌仔冊資料庫」，「國家臺灣文學館」網站

網址：http://www.nmtl.gov.tw/index.php，上網時間：2010 年 11 月 30 日

8. 「臺灣大學典藏數位計畫資源中心」網站，「臺灣大學典藏數位計畫資源中心/臺灣大學典藏數位化計畫/臺灣文獻文物/歌仔冊」

網址：http://www.darc.ntu.edu.tw/newdarc/，上網時間：2010 年 11 月 30 日。

9. 「臺灣唸歌團」網站

網址：http://www.liam7kua.tw/，上網時間：2010 年 11 月 30 日。

10. 「閩南語俗曲唱本「歌仔冊」全文資料庫」

網址：http://hanji.sinica.edu.tw/?tdb=kua-a-chheh，上網時間：2010 年 11 月 30 日。